JN116867

民俗学の射程

須藤 護／山田 貴生／黒﨑 英花
編著

晃洋書房

はじめに――このテキストを使うみなさんへ――

本書は「人間と文化」に関するさまざまな問題に興味を抱いている高校生、大学生、および一般の方々を対象として編さんされた。「人間と文化」に関する学問は、一般には自然科学に対して人文科学と呼ばれる分野である。そのうち本書で取り上げている分野は民俗学、民族学（文化人類学）、文献史学、考古学を中心にしている。

上記の分野を含めてすべての学問が成り立つには、研究対象、研究目的、研究方法という三要素が必須となる。そのうち一つでも欠けた場合その学問は成立しないことになる。考古学の場合は、研究対象として先史時代から歴史時代に至るまでの遺跡が中心で、発掘調査という手段で掘り出された遺構や遺物などの実物資料が研究対象になる。また研究目的は、これら遺構や遺物に対する整理分析と解釈をもとに、過去の歴史文化にアプローチすることである。これによって文化財としての価値が判明し、遺物の展示や歴史公園の整備が行われ、地域や国の歴史と文化を語る資料として、また今日的には観光資源として活用できることが期待される。

かつては研究目的として、過去の歴史文化を再構築する、つまり復元するという考えもあったが、これはとても不可能な作業であり、むしろ歴史文化の真実になるべく近づくことだと考えた方が合理であろう。

民俗学の場合は常民（主として生産活動に携わってきた人びと）の暮らしとその歴史が中心になる。年代的に比較的新しい時代を対象にしているので、現在なお形を残している生産体制や生産用具、生活用具等が研究対象になる。また現在なお継承されている生活様式、祭礼や年中行事、代々伝承されている伝説神話などが重要視されている。前者を有形民俗資料、後者を無形民俗資料と呼んでいる。

また研究の目的として、常民の暮らしの中にみられる知恵や知識、生産技術などが中心になる。そのような事柄は現代生活との比較を試みることで、現代という時代を考察、分析する上においても参考になることが多い。さらには将来の暮らしを見つめていく上において重要な資料を提供してくれている。

考古学資料として扱う種々の遺物（出土品）と、民俗資料として扱う民具（生活用具や生産用具）はいずれも有形資料であり、歴史をつないでいく上で双方の資料は興味深い問題を提供してくれている。たとえば、食用具としての埦（土器）から椀（木器）へ、そして碗（磁器）への移行に関する問題は、日本人の食生活の変化と継承を考えるうえで重要な資料を提供してくれている。

一方、民俗学は比較的新しい時代を扱っていることにより、当時の生活の体験者や生産に従事してきた人びとから道具の作り方や使い方の話を伺うことが可能である。これに対して考古学の分野では、主に地中に埋まっている年代的により古い生産、生活道具や自然遺物が主な研究対象になる。したがって生存者は存在しないので、民俗学の事例を参考に考察を深めていくことも行なわれている。お互いの学問分野で得られた資料を活用することで、問題を深めていくことが試みられているのである。この二つの学問はいずれも人類の歴史・文化を研究対象とするが、資料の年代範囲に前後の区別があるのみで、内在的には密接に繋がっていることが分かる。

研究方法も共通したものがみられる。考古学も民俗学も現場の学問であり、フィールドワークが主要な調査方法となる。考古学の場合はまず層位論と型式論が挙げられるが、前者は実物資料を得るための科学的な発掘調査法であり、後者は実物資料の型式変遷過程（編年）を知るために必要な方法論である。

一般的に遺跡は過去に形成された複数の堆積層からなり、中には住居址、道路、窯跡、井戸、墓、祭壇などの遺構と土器、石器、金属器、漆器などの遺物が含まれているため、最も新しい上の層から一層ずつ掘り下げながら、層毎に遺物を収集するが、各層を分別する主な根拠は土色、土質と遺物であり、層別によって遺構や遺物の相対的な前後関係は既に発掘調査段階で判明される。

また、遺構や遺物は人の手によって作られたもので、必ず用途に決められた器形のほか、時代や地域によって作法、装飾などの特徴があるため、その型式変遷過程を明らかにすることができる。型式変遷の新旧を堆積層の前後関係と対応させ、相対的な編年案が設定される。また、この編年案はまだ実年代に基づくものではないため、関連する歴史記録や自然科学の放射性炭素（C14）や年輪年代測定法などが駆使される。

たとえば、墓から古代のある年号が書かれた墓誌銘が出た場合は、関連する歴史記録よってその実年を判断することができるが、大阪府南部にある池上曾根遺跡の大型高床式建物の場合は、年輪年代測定法によって、その柱材が紀元前五〇年頃に伐採されたことが判明され、弥生時代の歴史文化研究に具体的な年代情報を提供している。

多くの研究者は考古学を一台の車に譬え、この両者を車の車輪と見ている。少なくとも車輪があれば車は動くのである。ところが、土器、石器、鉄器、漆器などは型式だけでなく、その材質、製法などには目に見えない謎が多いため、自然科学の研究手法による分析が欠かせない。また、人骨、獣骨、種子、花粉などから遺跡の年代、人種、性別、食生活、死亡年齢と原因、過去の自然環境を調べるためには、形質人類学、生物学、植物学、年輪年代学を含む学際研究が必要である。したがって、考古学には近代考古学方法論以外に自然科学との連携が必要であり、また、民俗学（民族学）、文献史学、美術史学、言語学、宗教神話学など、多くの学問と密接な関係を持っている。

民俗学（民族学）の場合も考古学と同様、フィールドワークが資料収集の中心になる。常民の暮らしや歴史に関する文献は一部を除いて多くはない。たとえ存在しても文字の読み書きができた当時の権力者や支配者から見た常民像であって、常民自体が残した記録は限られたものであった。したがって聞き書き（生活や生産の体験者から話を伺う）、参与観察（生産・生活の現場を実際に見せてもらう）ことにより得られる資料が主なものになる。また地域の神社の氏子に加わるなどして、地域共同体の中で人びと同じ活動することによって得られる資料も貴重である。

民具等の有形民俗資料の場合は、各地方に設立された民俗資料館や博物館、民家村などの野外博物館で見学することができ、また地方に出かけていくと当時使用した民具類を保管している家も存在するので、所有者の許可を得られれば調査は可能である。文献による検証が難しいことも考古学研究と共通している。

一方、文献史学は主に過去の文献史料を中心に整理分析を行う学問分野である。この種の資料は歴代の特殊な人物による記録が多いことが特徴である。なかには意図的に書かれた部分があり得るために、史実とそうでない部分をはっきりと分別する作業を経て、いかに真実の歴史文化にアプローチできるかということが大事な作業になる。たとえば第14章で述べるように、魏志倭人伝では朝鮮半島西海岸、現在のソウルと平壌の間にある帯方郡（土城遺跡）から女王卑弥呼がいる邪馬台国までの里程が一万二〇〇〇里もあると書いてあるが、対馬国から一支国（壱岐）などの諸国を経て行く方向として、ほとんど南か東南と記しているため、ごく自然に現在の台湾島近くの海域まで邪馬台国が伸びていたように思われる。言い換えれば、魏は同盟関係にある邪馬台国の領域を意図的に誇示し、呉に対して強い宣伝攻勢をする目的が読み取れる。

このほか、魏志倭人伝には民俗学や考古学に関連する情報も多い。たとえば、稲作を営む、倭人の中は長寿者が多い、生野菜をよく食べる、海水の深浅を問わず潜って魚介類を採る、酒を好んで飲む、体に身分の差を示す入れ墨をする、葬儀に棺は使うが、棺を入れる槨はない、航海安全のため「持衰」と呼ばれる男を同行させる、などのことが書いてあるため、多くの啓発を受けられるに違いない。

いずれにしても文献史料のみでなく、考古学にみる出土資料や民俗学で扱っている生業や信仰儀礼に関する資料など、他分野の研究情報の活用も考慮する必要があろう。

以上、学術研究の初歩的な知識について簡単に述べてきた。学問というのは、その独立性もあれば、学際研究の連携性も必要である。それぞれの学問には成立した時の基本的な考え方があり、必ず学習しておかなければならない基礎的な要素がある。樹木にたとえるならば幹の部分である。当該学問の幹の部分の学習が優先されるのであるが、関連する分野の知識の習得も無視できないことを念頭において頑張っていただきたい。

最後に、人文科学に興味を抱き大学で基礎的な講義を受け、また現地に入って学習したいと考えている皆さんに、本書の構成について記しておきたい。

本書は三部構成になっている。第Ⅰ部は「現場で学ぶ人びとの暮らし」とした。とくに民俗学の分野においては自らの足で現場に立つことが基本的な研究方法であるといっていい。その方法の中でもっとも好ましい方法は、地域社会のなかに入り込んで、地域の人びとと同じ目線で活動しながら学習するという方法である。

第Ⅱ部は「暮らしを支える知恵と技術」とした。民俗学の方法として通常行われている参与観察という方法である。地域社会には農業・漁業・商業・工業、そのほかさまざまな知恵と技術を具えている人がおられる。そのような人びとを訪ねて、自身が抱いているテーマについて観察し、話を聞き、資料化していくという作業である。

第Ⅲ部は「歴史を知る、現在《いま》を識《し》る」とした。自身の興味のあるテーマを検証するために文献、および歴史的有形資料の解読に努め、さらに文献に登場する地域や社会、自然環境など、また歴史的有形資料を観察することにより研究を深めていくという作業である。文献中の文章の理解だけでなく、その裏にどのような意思が込められているかを探ることが重要な作業になる。

二〇二二年三月

徐　光輝

目次

第Ⅱ部　暮らしを支える知恵と技術

第Ⅲ部　歴史を知る　現在《いま》を識《し》る

序章

民俗学という発想とその学風
――日本人の暮らしをたどることから――

はじめに

学問は一代でき上がるものではなく、何世代、何世紀もの間、数多くの研究成果が蓄積されていく中で形成されていくものであろう。民俗学の場合は研究の歴史が浅いために、その系譜をたどることは比較的可能な分野であろう。学問の場合は教育の場において、教師と学生の関係の中でその系譜ができ上がっていく例が顕著にみられる。これを「学風」「学派」などとよぶことができるであろう。先学の学問に対する考え方、学問に対する姿勢・方法論が継承され、その姿勢や方法は後継者によってさらに発展・深化していくことになる。

学風・学派が成立するのは、後から続く者がすでに蓄積されている先学の業績を学ぶことから始まるが、読んで、見て、聞いて覚えることから始まり、先学の真似をして自ら現地を歩いてみる、実際にやってみて覚えることへと発展させていくことになる。真似をするという行為はとくに重要視して良い行為であろう。

したがって大学等の教育の場以外においても学風・学派は形成されるものである。先覚者やその仲間が主宰する研究活動に加わることで、また先学の著作物に触れることで、その学風に共鳴した人びとによって引き継がれていく事例は少なくない。民俗学（Folklore）や民族学（Ethnology）の分野においては、学風や学派に関してはさほどきつい縛りはなく、自由に行き来することでお互いが業績を評価し、批判するというゆるやかな交流ができているように思う。

なお筆者が想定している民俗学は、研究者自身が生来より共通の習俗を身につけた国や地域、つまり自らが生まれ育った国や地域の研究をいい、それ以外の国や地域の研究を行なう場合を民族学研究と考えている。いずれの学問も比較研究を行なう上で大事な分野であることは間違いない。

1 民俗学という発想

（1）海洋民的性格をもった民族

① 多くの漁浦が存在した日本列島

それでは一度原点に戻って、民俗学という学問の発想はどこから出てきたのだろうか。また民俗学を深化させていくことにどのような意味があるのだろうか、という問題からはじめたい。四方を海に囲まれた日本列島には、岬や内湾の海岸線、また多くの島々に漁浦が立地している。よく知られた漁浦をあげると二二五か所ほどを数えることができるようである［森本 一九八二：八〇］。

さらに小さな魚浦やすでに撤退した漁浦を含めるとさらに増えるであろう。魚介類を求めて定着する人びとは、魚介が多く集まる漁場の近くに屋敷を定めるので、さほど広くない岬の先や島嶼部に居住することが多い。恵まれた漁場であれば多くの人が集まってくるので、狭い敷地に住居がさらに密集することになる。また魚介類が減少すると、新たな漁場を求めて移動することが少なくなかった。

数多くの漁浦と深い関係にあるのが「日本人は海洋民的性格をもった民族」である、という評価であろう。海洋民的性格とは海を恐れない進取の気性をもった民族、一定の居住地をもちながらも、魚介類を求めてどこまでも進出していく民族、またどこまでも続く海を相手に、物資輸送を行なう勇気ある船乗り的な気性を指しているように思う。今日ではこのような人びとを「海民」とよぶ研究者が増えている。

海民はそのような一面をもっていることは事実であろうが、ここでは日本人の海洋民的性格をもう一方の視点から観察してみたい。それは海民に限らず、平野部や山地、町場で暮らしてきた人びとの中に、つまりほとんどの日本人の心の奥深いところに、海洋民的性格が潜んでいるのではないかという想定である。

②山中の村まで運ばれた海産物

日本列島は漁浦が多い一方で、国土の七割近くを山に囲まれた列島でもある。中部山岳地帯から東北地方にかけての標高の高い険しい山は別として、比較的穏やかな山には深いところまで人びとは入り込み開拓をして住んだ。とくに古代末から戦国時代にかけて、戦いに敗れて住み着いた伝承をもつ村では、生活条件の厳しい山地帯が多かった。しかし山深い地帯の村むらは孤立していたのではなく、とくに魚介類や塩など、海産物を通して海辺の村むらとの交流があったことが知られている。

福島県南会津町は海から遠く離れた山地帯にある。秋の収穫が終わり冬を迎える前に収穫祝いが行われるが、その際に人びとが楽しみにしていたのがシンゴロウという食べものとコロが入った味噌汁であった。シンゴロウは粳米を炊いて擂鉢などで半分だけすり潰し、団子状に丸めて串に挿し、ジュウネンミソを塗ってイロリの火であぶって食べる。

ジュウネンミソは自家製の味噌にジュウネン（エゴマ）を炒ったものと砂糖を混ぜ、擂鉢で摺ったものである。これをイロリの火であぶのであるが、焦げ目がつくころには香ばしいにおいが漂うおいしい食べ物である。このときに出されるのがコロの味噌汁であった。コロはクジラの脂身を角切りにしたもので、祝いの日や珍しいお客さんを迎えたときなどにつくられる。

南会津町からさらに山に入った桧枝岐村では、正月準備で忙しい暮れにソバ粉で作った団子の中に、アズキ、ジュウネン、そしてコロを入れて焼いて食べたという。このような事例を通して南会津の一番奥の村までコロがいきわたっていたことを知る。

長野県では年取り魚としてブリとサケが不可欠であった。一般には長野市を中心とした北信地方はサケ、松本平を中心とした南信地方はブリが用いられたとされている。このうちブリは富山湾で水揚げされたものであったが、松本平に入ると「飛騨ブリ」とよばれた。富山湾から富山県砺波平野の町を経て飛騨古川・高山へ、さらに飛騨山脈を越えて松本平に入ってきたからであった。しかし南信地方でブリを食べられたのは一部の人であって、一般にはマス、イワシ、サンマが年越し魚であったという［田中 一九八〇：七］。

イワシやサンマも祝いの日には欠かせない魚であった。天竜川に沿って谷沿いに広がる伊那谷も山深い地方であるが、年取り魚として、また正月三が日、小正月、恵比寿講の御馳走としてイワシは欠かせなかったとあり［竹内ほか 一九七五：二五六］、群馬県六合村《くにむら》においても年越しにはイワシが食べられるほか、正月の年神様に供えるものとして、コンブ、イワシ、スルメがあり、稲荷様にもイワシを供えたという。滋賀県大津市田上地方の山の神祭りにおいてもイワシが欠かせない魚として登場する。山深い村であっても、一部の地域を除いて、獣や家畜の肉を神に供える地域はない。

海藻の存在も忘れることはできない。盆棚に供え、正月飾りにも必要なものであった。また冠婚葬祭の際には珍しい食品としてエゴの存在がある。エゴは海藻の一種で、これをトコロテンのように加工して酢醤油や味噌をつけて食べる。この食習慣は長野県から新潟県、秋田県、そして岩手県にかけての広い範囲に分布している。このほかコンブやワカメなどの海藻類もかなり山奥のむらまで入っている。

以上のような事例は四国山地や九州山地においても伝えられており、さらに多くの事例をあげることができる。特徴的なことはお節料理や冠婚葬祭の食べ物に、海産物は不可欠なものであったことである。今日ではお節料理の中にカズノコ、タヅクリ、タイ、エビ、コブマキなどが入っていないと、正月を迎えた気分が出ないと感ずるほど海産物が全国的に浸透している。

③熨斗鮑とトビウオの尾鰭

もう一点大事なことは、正式に贈答品を送る際には熨斗をつけることが常識になっている。熨斗は熨斗鮑（アワビ）の略である。またトビウオの尾鰭も熨斗鮑と同じ役割を果たした。福岡県志賀島では、裏口の板戸にトビウオの尾鰭を貼り付けておいて、お祝いの時などにものを贈るときは、その尾鰭をはがして贈答品に添えたという［早川 一九七六：三四二、野地 二〇〇一：一〇三］。滋賀県内においてもトビウオはめでたい魚として神饌に加わる魚であった。もちろん鮮魚ではなく乾燥したトビウオである。

海産物は海辺の村に限らずあまねく全国に浸透しており、年間の節目となる年中行事や祭り、人生の重要な節目に行なう儀礼の中にしっかりと定着していることがわかる。日本人の海洋的性格は、民俗文化の基本的な部分を確実に形成しているのである。そして人びとの心の深い所で醸成されてきた文化であった。

これらの文化を担ってきた人びとは「常民《じょうみん》」と呼ばれた。常民は歴史上にはほとんど登場してこなかった民衆のことである。主として生産活動にたずさわってきた人びとであった。この常民の暮らしとその歴史の問題に立ち入ることなしに、はたして日本人や日本文化を語ることができるのであろうか、という考えが民俗学という学問を発想させたのではないか。魚介類の捕獲、魚介類の加工、奥地まで運んでいった人びと、そして地域において年中行事や人生儀礼を継承してきた人びと、そのほとんどは常民であったのである。

上に記してきたことは一つの仮説ということになるが、民俗学の先駆者たちは「常民」を主人公として、民俗学構築のための資料を積み上げてきたように思う。その成果が形として現れてから今日まで一〇〇年余を経過している。その間、常民の暮らしとその歴史を踏まえた上で民俗学が体系化されてきたと考えていいであろう。

2 民俗学の学風

「民俗学の学風」という問題に取り組むとき、筆者の脳裡に浮かぶ先学は宮本常一である。未だ宮本常一を語るほどの資格も能力も具えていないが、著作集をはじめ膨大な著作物を読む機会は多かったし、講演や直接話をうかがう機会も多かった。その話の中に渋沢敬三が登場し、柳田国男の名もしばしば登場した。宮本の学風形成の過程で、両先生の影響がことのほか大きかったことが伝わってくる。ここでは学風・学派の形成について、民俗学の体系化とその進化に尽したことで知られる柳田国男と渋沢敬三を中心にみていく。

(1) 柳田国男の学風

柳田国男は明治八（一八七五）年の生まれで、明治、大正、昭和の時代を生きた人である。農商務省の官僚として地方の実情を視察して歩く中で、常民の生活文化に関心をもったといわれている。具体的には、明治四一（一九〇八）年に九州山中の宮崎県椎葉村の村長中瀬淳から狩猟習俗についての聞き書きを行ない、同じ椎葉村の椎葉氏所蔵「狩之巻」等の文書を筆写・整理して『後狩詞記』をまとめた〔柳田 一九六四：一〕。岩手県遠野では遠野市土淵町出身の民俗研究者佐々木喜善が採集した民話を基にして著した『遠野物語』（明治四三年）があり〔柳田 一九六三：一〕、同じ明治四三年には道祖神、赤口神、荒神など石の信仰物に関する問題について有識者との書簡をまとめた『石神問答』（〔柳田 一九六三：一〕）を著している。

以降、新聞記事等を含めて三七巻にのぼる著作集を刊行したことで知られるように、膨大な資料の蓄積と著作を積み上げていく。その作業を通して日本民俗文化（常民文化）の起源論、形成論、伝播論の構築を目指していた。そして「日本人とは」という命題を構想し追い求めた研究者であり、民俗学の先導者であった。

①柳田国男の研究方法

柳田の民俗学研究の方法論は上記三冊の著作が手がかりになるであろう。その方法論は地域の有識者から話をうかがい、現地で保存されている記録を筆写して資料化する作業（『後狩詞記』）、共に民俗学を志ざす研究者が収集した資料を整理してわかりやすい形で叙述していく作業（『遠野物語』）、そして一つのテーマに沿って有識者との情報交換することで蓄積された資料をまとめる作業（『石神問答』）ということになろう。

その上で興味深いことは、柳田が目指していたものは時代を直視した研究であったことである。とくに自身の専門であった農政の問題に関しては数々の提案をしている。たとえば明治四三（一九一〇）年に刊行された「時代ト農政」［柳田 一九六三：一二］では、地域の気象状況、土地利用状況、土地所有状況等を踏まえた上での農業政策が必要であり、「監督庁から様式を示して算盤と筆とで空欄に記入させたようなもの」では十分ではないことをつよく指摘している。つまり農業政策は机上での作業ではなく、全国一律のものでもなく、現地の状況を踏まえた上で構築する必要性を提起しているのである。この種の提案ができるのは柳田が自らの足で各地をめぐり、地域の歴史や人びとの暮らしを知ることに努め、その地域に適したきめ細かな農業のあり方を模索し、いかに地域が豊かになるか考えていたからであろう。柳田の学問がまさに現在学であることを実践した事例である。このような考え方はそのほかにも『日本農民史』『都市と農村』［柳田 一九六三：一六一、二三七］といった著作の中にも表れている。常民の生活の歴史を掘り下げ、将来を見据えた提案をしているのである。

一方、柳田の「民間伝承」に対する考え方は以下の文章に象徴されているであろう。

「我々の学問は（中略）人間生活の未来を幸福に導くための現在の知識であり、現在の不思議を疑ってみて、それを解決させるために過去の知識を必要とするのである」

「（古文書に記された記録は、限られた人が記した一回きりの事実であるのに対して）日本人の先祖たちが繰り返し、繰り返し行なってきたという事実から、その方がむしろ確かな事実ではないかと考えた」「先人が繰り返し行ってきた事実を掘り起こしていくこと、先人が今までに通ってきた路を知るということ。それは自らを知ることであり、すなわち反省である」(「郷土生活の研究法」[柳田 一九六四：二六一])。

このような柳田の考え方は、農政に関する考え方と共通する部分が顕著にみられる。

②郷土研究の方法

柳田の学風が日本各地の郷土研究に興味を抱いている人びとの間に浸透していくことになったのは、研究会の開催と機関紙の刊行であったかと思う。昭和九(一九三四)年には郷土研究を志す有志の集まりである「木曜会」の第一回目を柳田の自宅で開き「民間伝承の会」を設立、その動きの中で雑誌『民間伝承』の刊行が始まる。この雑誌によって多くの郷土史家らの投稿があり、若い研究者がフィールドワークでの成果を投稿することで、地域の研究者が育っていったことがうかがえる。

柳田の方法論が優れていたのは民間伝承を重要視したこと、機関誌を通して全国に残されている資料の収集に務めたことであろう。広範囲にしかも豊富な資料を収集する過程で、柳田が描いていた問題意識が具体化していったように思う。数多くの資料から変化したものと変化していないものを抽出し、変化したものについてはなぜ変化したのか考察する、また変化せずに伝承されてきたものの中に、常民文化の根幹をなすものがあるのではないか、という考え方がうかがえる。

それは「現在の不思議を疑ってみてそれを解決するため」「人間生活の未来を幸福に導くため」「自らを知る事」「過去の知識を必要とする」といった柳田の言葉の中に現れている。上記の目的をかかげ、常民の暮らしに関する豊富な資料を収集し体系化することで、自らの論を組み立てる作業を行なった、と考えていいのではないか。

資料収集の過程では、機関誌『民間伝承』が大きな役割を果たした。柳田と同じ思いを抱いていた若い人びとに郷土研究の重要性を伝え、その発表の場を用意することで多くの同人が育っていった。結果的に全国各地から資料が集まり、その豊富な資料が柳田の論考をさらに深め、広げていくことにつながったのだと思う。一方、資料収集に努めた地方同人たちは、柳田の方法論を学ぶことで郷土研究の重要性を再認識し、自らの研究意識を高め、研究が深化していくことにつながったのではないか。

民間伝承の会は昭和九（一九三四）年に発足後、一二年間で一〇〇〇人もの会員を擁した。機関誌『民間伝承』は昭和一〇年九月に第一号を発刊し昭和三二年四月まで続いた。その間日本で最初に行なわれたとされている共同調査が『山村生活の研究』と『海村生活の研究』であった。前者は昭和一二年にその成果が刊行され、昭和一四（一九三九）年には『海村生活の研究』調査を終了している。その刊行は戦後の昭和二四年であった。この調査に従事した多くは二〇歳代から三〇歳代前半の若い研究者であり柳田自身は還暦をすぎた頃であった。

同じ昭和二四（一九四九）年には「民間伝承の会」が「日本民俗学会」に改称された。民俗学研究の組織が再編成され、全国的な規模で会員相互の交流と研究体制ができ上がった。国学院大学、東京教育大学（現筑波大学）、成城大学等に民俗学の科目が開設され、主に「民間伝承の会」等で実績を積んだ研究者が学生の育成に携わることになる。日本民俗学の学風が形成されていく時期であった。加えて日本の各地に「民俗学研究」の会が結成されることで、柳田民俗学を継承する学風が普及・定着し、民俗学研究が全国的レベルで展開されていくことになる。

③柳田国男が果たした役割

民俗学の分野において、柳田国男が果たしてきた役割についてはとても言い尽くすことはできないが、以下に述べるの三点に関しては大方の理解が得られるのではないかと思う。第一点目は研究者としての柳田自身のことである。各時代において日本人が歩んできた道とその暮らしに向き合い、日本人の奥深い所から湧いてくるような精神活動を掘り下げることに努めた研究者であったように思う。そのことは冠婚葬祭、年中行事、信仰、昔話や伝説等を中心にして、主に無形の民俗文化に関する研究が多かったことで理解することが可能であろう。

第二点目は、民俗文化を掘り下げていくための方法論を提示したことであろう。その方法は先にあげた三冊の著作の中に現れているので繰り返さないが、基本的資料を収集するための一つの手本になったように思う。個人で行なう研究はもちろんのこと、「山村生活の研究」や「漁村生活の研究」等の共同調査においては、共通の問題意識と調査手法をもつことによって初めて成り立つ調査・研究であった。

第三点目は日本各地において、地域の歴史や生活慣習に興味を抱いていた多くの人びとに成果の発表の場を提供したことであろう。「民間伝承の会」の設立、『民間伝承』等の機関誌の発行がそれを示している。そのことによって柳田が求めていた幅広い資料の収集が可能になり、日本民俗の概要が明らかになったのは大きな成果であった。

その成果は柳田の著作に反映していることはもちろん、『分類農村語彙上下』『分類漁村語彙』『分類食物習俗語彙』『歳時習俗語彙』『葬送習俗語彙』等を含めた一二冊に及ぶ民俗語彙の編纂、加えて『改定総合民俗語彙全五巻』『民俗学辞典』等の編纂に表れている。全国各地からの情報が集まってこなければなしえない成果であった。以上のような業績を残したことで、「日本民俗学の創始者」という評価が与えられたものと思う。

(2) 渋沢敬三の学風

渋沢敬三は明治二九（一八九六）年の生まれである。太平洋戦争中の日銀総裁、戦後の大蔵大臣として日本経済の舵取りをされた人、その後国際電信電話株式会社の初代社長、金融制度調査会長を歴任するなど、戦後の日本経済界に多大な貢献をした人として知られている。その一方で、アチック・ミューゼアム（後の日本常民文化研究所）を主宰し、多くの研究者を育て、有形民俗資料である民具の収集に努めた人であった。

そのきっかけは、中学生時代から友人と共に化石、貝殻、昆虫などに興味をもち、収集をして自宅の屋根裏で保管したことからはじまった。その後玩具の収集、達磨の収集から藁製の履物であるアシナカの収集、民具の収集へと幅が広がっていった。しかもその数量は数万点という量になっていた。多くのものを集めることによって、文化の違いや文化の伝播のあり方などの方法論を見出すことに努めたのであった。

① 学問に向き合う姿勢

ここでは渋沢自身の学問に向き合う姿勢と、アチック・ミューゼアムの同人と共に構築してきた方法論について注目してみたい。渋沢の学問に向き合う姿勢は原資料を重要視することであった。徹底した資料収集を行い、その資料を基に幅広く、より深化した研究を行なうことができるよう整理をして研究者に渡すことであり、自らも研究に従事した。

社会経済史学会第一一回大会での講演（昭和一六年）で以下のように述べている。

「現在のアチックの仕事は純学術的に見てけっして価値が高いと自ら思っていないのであります。これを鉱業にたとえるならば原鉱を選鉱して多少の品位を高め、これを学者皆様方に提供するので、素材の処理作業に外ならないのであります」

「私は本というものは必ずしも学者だけが書くものではないと思っていましたし、農民、漁民の体験記録、あるいは現実的な主体的経験の記録と申しますか、（中略）もう一つ事実に即した人間の汗の記録といったように意味で（中略）農民にも漁民にも書いてもらっているのであります」［宮本 一九七八：二二三・二二五］

以上の渋沢の学問に向き合う姿勢は、そのままアチック・ミューゼアムの同人が共有し、継承してきた学風であったと考えていい。渋沢は学問を志す人びとへの力強い支援者である一方で、自身も忙しい公務の合間をぬって研究活動に力を注ぎ、『日本魚名の研究』（一九五九年）、『日本釣漁技術史小考』（一九六二年）などの著作を残しているが、学問に向き合う姿勢は著作の中にも貫かれている。

そしてもう一つの渋沢の学風は、さまざまな分野の専門家が協力し合うことで、真の学問を育てていくことができるというものであった。それは「調和的発展」という言葉で表現された。異なった分野の研究者が特定地域において、また特定のテーマを掲げて共同調査を行なうことで、見落としがないように、そして多角的な視点からものをみることが必要であると考えていた。昭和九年から一〇年代にアチック・ミューゼアムの同人によって行なわれた鹿児島県十島《としま》村、静岡県三津《みと》（現沼津市）、朝鮮慶尚北道達里《きょんさんぼくとたるり》・多海島《たへと》、岩手県二戸郡石神村、瀬戸内海、三重県先志摩などの調査がその試みであった。

この共同調査がさらに発展した形が人類学・民族学・民俗学・社会学・言語学・地理学・宗教学・心理学等の学会が参加した学会連合の結成であった。渋沢は合同の研究会を提唱し、共同調査の提案をする。その結果、昭和二五年から対馬を第一回目として、能登、奄美大島、佐渡、下北、利根川、沖縄の共同調査が実現した［宮本 一九七八：三三］。

②『豆州内浦漁民史料の研究』など

「豆州内浦漁民史料」は渋沢が病気療養中、伊豆の内浦（現沼津市）に滞在中に、当地の網元であった大川四郎左衛門氏から聞き書きをした際に、大川家には永正一五（一五一四）年から明治一九（一八八六）年に至るまでの膨大な量の漁業関係の古文書が収蔵されていることを知る。昭和六年のことであった。渋沢はこの古文書を借り受けて、アチックの同人に協力を求めて二カ月ほどをかけて筆写に没頭した。この光景を目の当たりにした大川氏は、収蔵していた古文書のすべてを寄贈することを申し出た。

渋沢は東京帝国大学経済学部研究室に保管することを約束して、膨大な古文書を東京に持ち帰ることになる。現在この古文書は文部省庶民資料館に納められているという。この古文書の山がまさしく原鉱であり、筆写した資料が多少の品位を高めたもの、と解釈することができる。この資料を基にして上梓されたのが祝宮静《ほうりみやしず》を中心とした研究者による『豆州内浦漁民資料の研究』であった［渋沢 一九六一：四八］。

この文書整理がきっかけになってアチック・ミューゼアムの祭魚洞《さいぎょどう》文庫の中に、漁業史研究の資料が蓄積されるようになっていく。その後、祝宮静『近江国野洲簗漁業史資料』、山口和雄『九十九里旧鰯網漁業』、『富山県氷見の鮪鰤漁業』、伊豆川浅吉『土佐捕鯨漁業』、桜田勝徳『漁業習俗』、大西伍一『旧漁民事跡略』など、漁業関係の資料の蓄積がおこなわれ、続々と研究報告書が刊行された［渋沢 一九六六：一九二］。

③「民具図彙」作成と『民具問答集』

渋沢の学風を知る手掛かりは原資料の収集であり、その精度を高めることであった。古文書のほかに各種の多くの原資料が収集されたが、なかでも主要な資料として民具があった。民具は今日の大量生産システムによる製品とは異なり、人の手によって一点ずつ作られたものであり、生産活動や家庭生活を営む際に人びとの手足となった道具類である。

この貴重な民具を寄贈してくれた数多くの人びとに対して、また民具研究を志す研究者が利用できる形にする目的で「民具図彙」作成の計画を立てた。しかしこの計画は途中で行き詰ってしまう。その理由は民具に対しする知識があまりにも貧弱であったこと、そして収集した点数が十分でなかったことであった。民具は単に道具というものではなく、その中には地域の自然環境、共同体の在り方、家族の在り方など多様な要素を備え、人びとの想いや工夫もこめられていた。動植物のように科学的な視点で対処することが難しい原資料であったのである。

「民具としての物的存在だけでなく、人との交渉、家との交渉、村との交渉というふうに生きた民具として見る時、我々はあまりに何物も知らないことにむしろ唖然としてしまったのであった」、また「これは同時に我々が少しはものを知っていると思っていた錯覚に対する懺悔なのである」と正直に述べている。

この研究の反省から立てられた計画が『民具問答集』の作成であった。実際に民具を作り使用している人びとから話を聞き、一つの民具がもっている具体的な物語を集めることであり、その成果をまとめたものが昭和一二年に刊行された。この『民具問答集』の刊行には五二名の回答者と一〇名ほどのアチックミュウゼアムの同人が関わっている。

しかしながらそれでも十分な成果を上げることができなかった。その理由は研究のもっとも基本となるべき真実の生

の資料（第一次資料）が貧弱であったからで、

「次の課題として第一次資料をできるだけ拡充する必要があることをこの作業を通して確認した」「問題は今後かかる第一次資料を拡充して、もって第二次資料を抽出し得るようにその土台を大にし、これに普遍的妥当性を付与せしめることにあると思う」と述べている。渋沢の研究姿勢が端的に表現された言葉であろう［渋沢 一九六一：二五］。

アチックミュウゼアムはその後も民具収集を続け、昭和初期から集めた民具は昭和三八年頃には三万点を数えている。この研究は渋沢の考え方を受けついで磯貝勇、宮本馨太郎、宮本常一等が資料整理と研究を重ねて今日に至っているが、先学が残された業績を継承し深化させる作業は今日なお続いている。人びとの暮らしはそれほど多様であり、繊細であることがこの作業を難しくしているのである。

④花祭り

渋沢はアチックミュウゼアムの同人に対して、自らの出身地の研究に努めることを期待していた。民俗（民族）調査のもっとも大事なことは、地元の人びととの信頼関係を構築していくことであり、それが比較的可能な地域が自らの出身地であると考えたからであろう。また腰を据えて問題に取り組めることも大きな利点であった。

『花祭り』は早川孝太郎の著作である。早川は明治二二（一八八九）年、愛知県南設楽郡の出身で、本来は画家であったが後に研究者として名を残した人である。早川の出身地に近い北設楽地方では「花祭り」とよばれ霜月に行なわれる祭りが継承されていた。この調査を応援したのが渋沢であった。渋沢は「花祭りを調査するのは賛成だが、小さな本にまとめるのは反対である。徹底的に調査してみたらどうか、本にまとめるのはそれからでいい」と早川にアドバイスをしている。その後早川は足しげく北設楽地方（奥三河）に通うようになり、花祭りの全貌を明らかにするという克明な記録を残した［渋沢 一九六一：一四〇、宮本 一九七八：二一〇］。

昭和五年に一七〇〇頁に及ぶ著作が出版され、質量ともに不朽の名著であると渋沢は評価をしている。七年ほどの歳月をかけた大著であった。その後昭和一〇年ころまでの間に、地元の研究者と共にこの地方に残る中馬《ちゅうま》制度、盆踊り、民具などの調査を行ない、奥三河地方の生業、交易、年中行事など、暮らしの全体像を明らかにすることに努めた。

さらに大事なことは、早川が調査に入っている時期に合わせて、渋沢と何人もの同人が花祭りの見学と北設楽地方を歩いていることである。専門や立場の異なる人びとが参加することで間違いや見落とすことが少なくなり、その見方や調べ方がお互いに啓発されるものがあると考えてのことであった。多くの目で物をみることは大事なことであり、この北設楽地方の経験がアチックミューゼアムの活動を方向づけたとされている。

⑤『男鹿寒風山麓農民手記』と『安芸三津漁民手記』

『男鹿寒風山麓農民手記』の著者は吉田三郎（明治四〇（一九〇七）年生まれ）といい、小学校を卒業後、秋田県男鹿半島の寒風山麓で開拓に従事した農民であった。『男鹿寒風山麓農民手記』はその開拓時代の記録である。吉田が二〇歳代後半のことで、昭和一〇年に刊行された。開拓地での農業や鹿猟などの狩猟、衣食住や年中行事の話など、生業と生活にかかわる記録が中心になっているが、厳しい環境の中で農業を経験した者でなければ語ることのできない話、苦しい生活の中でも楽しかったことなどが綴られている。

たとえば、腰までつかるような湿田での作業をはじめとして、とくに寒い季節の農作業はつらいものがあった。後に基盤整備が行なわれて水田が乾田化され、農作業は楽になりしかも米の収穫量は多くなった。しかし、日照りが続いた年には水争いが激しくくりかえされ、その結果村の人間関係が荒れていった話は考えさせられることが多い。その反面、若い男たちが工夫を凝らして夜這《よばい》を成功させる話があり、サナブリ（田植え終わり田の神を送る祝い）には村中の老若男女が集まり、酒とご馳走を持ち寄って大宴会がひらかれる話など、東北地方の農村の暮らしを克明に描いた話が多く収録され貴重な資料になっている［宮本ほか 一九六〇：二七九］。

『安芸三津《あきみつ》漁民手記』の著者は進藤松司である。進藤も明治四〇（一九〇七）年生まれであり、瀬戸内海に面した広島県安芸郡安芸津町の漁浦の出身で、やはり吉田三郎と同様二〇歳代後半に『安芸三津漁民手記』をまとめた。渋沢のすすめによるもので昭和一二年に刊行されている。家庭の事情により学問の道に入ることがかなわず、冬季間は杜氏の出稼ぎに出て、春から秋にかけては沿岸漁業に従事してきた。漁民として一生を送った人であった。その生活の中で漁民が必要としてきた習慣、漁撈生活の諸相（漁法・漁船）、漁民と風、漁民と雨、潮流の変化と名称、漁村の年中行事、漁民の習俗といった漁民でなければ体験できないことを具体的に記した興味深い著作である［進藤 一九九四］。

この地方の漁師は「瀬戸内海の七漁具漁師」とよばれ、タコ、イカや小型の魚を対象にした小規模な漁撈が中心であった。しかも季節によって魚種が異なるために多くの種類の漁具が必要であったのである。このほか瀬戸内海を上下する魚はタイをはじめとしてボラ、ハマチ、サワラ、サバ、ワチなどがあり、突き漁、釣り漁、網漁、タコ釣り、タコ壺漁、イカ筌漁など非常に多彩であった。そのため漁撈技術や天候はもちろん、海や山に関する知識、船の知識など、先人からの知識と知恵の伝承が代々行なわれてきたのである。

以上二名の著作のほかに佐藤三次郎『北海道幌別漁村生活誌』、丹田二郎『越後三面村布部郷土史』、宮本常一『周防大島を中心とした海の生活誌』、吉川金治『鍛冶道具考』などの著作が世に出された。いずれも無名時代の著作である。しかし、内容がすぐれ、資料としての価値が高いものであれば、年齢、学歴、職業、社会的地位などは問題ではなく、いかに自らの職業や地域の生活に興味を抱き、幅広い観察眼をもち、正確な記録を残すことができているかということが基準になっていた。

アチックミューゼアムはその後日本常民文化研究所という名称に代わり、多くの同人や研究員による民具研究、地域研究のほかに、水産誌研究、塩業史研究、絵巻物研究など、多様な研究活動を進めていった。現在の研究所は神奈川大学に移管され、二〇二一年度に創立一〇〇周年を迎えている。

⑥宮本常一と柳田国男・渋沢敬三

宮本常一は吉田三郎、進藤松司と同じ明治四〇年の生まれである。大阪で教員時代を過ごし精力的に郷土の歴史や民俗の調査を行なっていた。子どもたちにも両親や祖母・祖父から話を聞くように勧め、その話をまとめた「とろし」という文集を発行している。そして雑誌「旅と伝説」に昔話を投稿したことで柳田国男の目にとまり、柳田に師事することになる。昭和六年のことであった。柳田からは年中行事や冠婚葬祭など、主に無形民俗の研究法について大きな影響を受けた。柳田が主導した『海村生活の研究』では「家族および親族」「住居」という項目を担当している。

昭和一〇年四月に、大阪民俗談話会の席上で渋沢と初めて対面する。そのときはアシナカ草履の研究に関する話を聞き、学問としての民具研究のあり方について大きな感銘を受けたと記している。その後自身の方法論を確立していく過程で、渋沢敬三の考え方に傾倒していった。

昭和一四年から一九年までと、昭和二一年から三八年まで当時東京三田にあった渋沢邸を拠点にして、断続しつつ二五年の長きにわたってその庇護を受け、各地を歩き回ることになった。その間、日本全国に足跡を残し、多くの人から多くのものを学ぶという貴重な経験をされている［宮本 一九七八：三二］。生涯において柳田国男をこえるほどの著作を残されたが、そのほとんどは常民の生活に関するものであり、ある時は農家の庭先で、田んぼの畦道で、山中の作業場での聞き書きが少なくなかったという印象をつよくもっている。

後に宮本は「渋沢先生から得たものは信仰に近いものであると思っている」と語っている。同じように、武蔵野美術大学で教鞭をとられた昭和四〇年から五〇年代にかけて、そして日本観光文化研究所の所長（196頁参照）に就任した同時代に、宮本の周囲には多くの若者が集まっていた。その中で「宮本先生は神様のような存在であった」と思っている人は多い。現地調査や研究会はもちろん、食事の席上や道を歩いているときであっても、宮本が話を始めると皆懸命にメモをとる姿があった。柳田国男と渋沢敬三から宮本常一へと継承された学風が、当時の学生や若者たちに確実に伝わっていたことを感じている。

おわりに

大学等の教育機関において恵まれていることは、「民俗学入門」「民俗学概論」といった講座が用意されており、基礎的な知識をあらかじめ学ぶことができることである。また現地における聞き書きや実測調査、そして報告書をまとめるに際して、先生や先輩、同僚の作業を真似ることから始まるであろう。

基礎的な知識や作業が身に着いた段階で自分自身のテーマを設定し、その方法論を見出すことに努めることになるが、基本的な部分は後輩たちがまた真似をすることになる。よって基本的なものの見方や方法論に関しては、次の世代へ、またその次の世代へと受け継がれていくことになる。学風というものはこのようにして形成されていくのであろう。

戦後の日本社会は大きな変化をとげていることから、時代をさかのぼり、古くからの暮らしの歴史をたどることが難しくなっている。しかしながら、柳田国男や渋沢敬三の時代に登場した研究者は、同時代に生きた社会と向き合ってきたのであり、私たちも現代社会と正面から向き合うことが大事なことになる。

そして原石となる一次資料、つまり「真実の生の資料」を確実に収集すること、しかも比較検討できるほどの豊富な資料を収集するという基本は変わっていない。第1章から終章及び二編のコラムはその試みを記したものである。私自身をはじめとしてまだまだ未熟な部分があることは否めないが、これから民俗学を学ぶ若い世代にとって一つの試金石になれば幸いである。

なお本書においては特殊な地名や固有名詞を除いてルビはつけない方針を採っている。また民俗学に関係する用語についても特別な場合を除いて解説はしていない。不親切であると思われるかもしれないが、関係する文献や地図類、辞典等を開いて自ら調べてほしいと思っているからである。

（須藤　護）

参考文献

渋沢敬三『犬歩当棒録』角川書店　一九六一
渋沢敬三「豆州内浦漁民史料成立の由来」『豆州内浦漁民史料の研究』隣人社　一九六六
進藤松司『瀬戸内海西部の漁と暮らし』平凡社　一九九四
竹内利美・長田尚夫・井上正文『南伊那農村誌』慶友社　一九七五
田中磐『しなの食物誌』信濃毎日新聞社　一九八〇
早川孝太郎『早川孝太郎全集』第一―二巻　未来社　一九七一―七二
早川孝太郎『早川孝太郎全集』第九巻　未来社　一九七六
宮本常一『日本民俗文化大系③　渋沢敬三』講談社　一九七八
宮本常一ほか『日本残酷物語第二部　忘れられた土地』平凡社　一九六〇
森本孝ほか『日本人の生活と文化三　海の暮しとなりたち』ぎょうせい　一九八二
柳田国男「遠野物語」『定本柳田国男集第四巻』一九六三
柳田国男「石神問答」『定本柳田国男集第一二巻』一九六三
柳田国男「時代ト農政」『定本柳田国男集第一六巻』一九六二
柳田国男「後狩詞記」『定本柳田国男集第二五巻』一九六四

第Ⅰ部

現場で学ぶ人びとの暮らし

左写真　尾形家住宅の屋根のなかでの文化財救出作業（第１章）.

右写真　屋台の土用干しが終わり、屋台庫へ収めるためにかつぐ関係者.
筆者は欄干にのり太鼓のリズムを「口ずさむ」（第２章，寺口氏撮影）.

第1章

触ることと語ること

——被災資料整理の現場から——

はじめに

我々の日常は物質に囲まれている。我々が関わる物質には、生活雑貨や食器、携帯電話のような小さなものから、物質とは意識せずに触れる景観まで、さまざまなものがある。朝、起きてから夜、寝るまで、物質と何らかの関係をもたずに生きることはない。そして人びとは日々、物質に何らかの秩序を与えて整列させ、配置している。しかも我々が物質と関わるときには、身体に備わる五感をつかって経験することが多い。

ところが日常に秩序立って配置された物質が秩序を失い、人も物質の秩序回復を諦める事態が生じることがある。その状況の一つが自然災害である。

二〇一一年三月一一日に起きた東北地方太平洋沖地震では岩手、宮城、福島の三県を中心に太平洋岸各地が津波災害を経験した。災害後、マスメディアは連日、茶の間に「被災地にはガレキが散乱している」と伝えた。マスメディアがガレキと呼んだのは、人びとが秩序をつくって生活空間に配置し、見たり、触ったり、聞いたり、臭いを感じたり、場合によっては舐めて味わったりして身体を通して経験してきた家財などの物質だった。

筆者は東北地方太平洋沖地震のあと、一〇年にわたって国立歴史民俗博物館（以下、歴博）の職員として文化財レスキューに携わってきた。文化財レスキューは博物館や資料館、民間などにあり、被災した文化財(1)を救う活動である。筆者はその活動を宮城県気仙沼市小々汐《こごしお》の尾形家住宅を対象に続けてきた。

きっかけは二〇〇八年に歴博が展示室に尾形家住宅の土間と居間二部屋の三部屋を実物大で再現することになったことにある。しかし、本格的な調査を始める前に、住宅は津波によって一〇〇メートル流され、屋根だけが残った。被災の翌月、現地を視察したとき、所有者の尾形さんに模型制作を続けることを認めてもらい、住宅の調査と家財の収集を進めた。

収集した家財は二万点になった。家財の収集には所有者である尾形さんやそのご家族、親類の方々も参加した。また収集した二万点の家財は安定した状態で保全するために泥やカビを落とし、家財の状況によっては脱塩などの作業をし、資料登録をする必要があった。それらの作業を担ったのは、気仙沼市教育委員会が募集した市民だった。

参加した人びとは尾形家の家財を触り、メンテナンスをする活動を通じて、たびたび、自分が手にとった家財に関連する経験を語った。人びとの語りが花咲く場面に、筆者も参加者として同席し、語りに耳を傾けた。その体験から、物質には人びとが過去の経験を語るきっかけをつくる何かがあるように感じた。以下では人びとが語り出す行為を、物質に触ることと関連づけて検討し、被災地で家財などの物質を残す意味を考えてみたい。

1　被災した家の跡地で聞いた当事者たちのモノ語り

（1）小々汐大家《おおい》・尾形家と尾形家住宅

小々汐は震災前、五四戸の集落であった。集落のうち二戸を除き、五二戸が尾形姓を名乗っており、ほぼすべてが尾形家と親類関係にあるとされ、同族集団をつくってきた(2)。尾形家はその同族集団の総本家としての役割を担ってきた家であり、屋号を大家という。

尾形家は江戸時代から明治、大正にかけて、集落の経済的な中心だった。尾形家は江戸時代中期にイワシ網漁の網元として漁を経営して栄え、御塩木山《おしおぎやま》(3)を管理し、田畑の経営にも積極的に取り組んだ。尾形家はこのように江戸時代以降、イワシ網漁と山林の活用、田畑の経営と多角的な経営をすることで生計を立ててきた。

しかし昭和初期の一九三〇年代になると、イワシ網漁の不振や湾内で新たにカキ養殖が広まったことをきっかけに、次第に漁業をやめ田畑の経営に集中していった。現在の当主が少年時代の一九五〇・六〇年代には、自分の家の生業を農家ととらえていたようである。

また尾形家は政治的にも要職を担った家である。江戸時代には肝煎《きもいり》と呼ばれる地域のまとめ役だった。明治、大正にかけては当時、小々汐が所属していた旧鹿折村で議員や村長などを歴任し、一時期は尾形家住宅が村役場となったこともあるという。さらに昭和、平成と、尾形家は気仙沼市の議員を輩出し、地域の人びとの支持を得て活躍してきた。

地域で経済や政治の中心を担うことは、文化的な中心を担うことでもあった。尾形家には集落の人びとを集めて行う年中行事が多数あった。尾形家は、オシラサマをはじめとしてさまざまな神仏を祀り、また正月や盆のほか、数多くの年中行事を続けてきた。

経済や政治、文化を伴う活動の痕跡は住宅に物質として蓄積されてきた。人びとが集落のなか、あるいは集落の外と行き来すると、人だけではなく物質も移動する。それらの物質が、家屋のあちこちに蓄積され、家という空間を構成し、暮らしの景観となってきた。

(2)身体の感覚を頼りに藁撲《わらぶ》ち石をみつける

二〇一二年六月、筆者は小々汐で藁撲ち石を探していた。藁撲ち石は藁縄を綯《な》うときなどに藁を木槌で叩いて柔らかくするのにつかう石で、尾形家住宅の入口を入った土間の上がり框《かまち》の横にあった。この石はかつて日々の道具をつくるときや、一年の始まりと終わりを区切るノウハダテやススハキの年中行事でつかわれ、ハレとケの両面で家を象徴していた。

この石は被災後、二度発見された。一度目は二〇一一年七月である。住宅の建材や漁網、生活物資が折り重なった山を取り除き、数センチのヘドロを除けた地中に埋まっていた石を発見した。その後、住宅再建の可能性があったため、整地をする業者などにもお願いをして石を現地に保存していた。ところが翌年になって担当する業者が変わり、二月に最終的な整地作業が行なわれると、石は現地ではみつけられなくなってしまった。

そこで二〇一二年三月、五月に探したが、みつけることができなかった。六月に再度、現地に行ったところ、尾形さんの奥さんと出会ったので、もう一度お願いをして一緒に探してもらった。住宅の跡を歩くなかで、奥さんは地中から出ている二つの水道栓をみつけた。勝手口の両側に水道栓があったことから、二つの栓の間が勝手口であると推定した。

そこから奥さんが台所のあった部屋の分、歩いて前に進み、さらに土間に面した囲炉裏のあった場所を身体の感覚を頼りに推定した。そして歩く感覚を頼りに上がり框の角を特定し「藁撲ち石は、このあたりにあったと思います」と言った。

筆者がその場所にスコップを立てるとコツンという音がして、藁撲ち石がみつかった。探しはじめてから発見まで二〇分ぐらいの出来事だっただろう。文章で書くと何でもない出来事であるが、四カ月間、住宅の礎石などのよく似た石をみたり、土を掘り返してみたりして、現地で探し続けた経緯に照らすと、奇跡的な出来事だった。

この出来事で、筆者は物質と身体的感覚との関わりを意識するようになった。また現地に立ち現地の人びととともに行動し、ともに考える参与観察法の意味を再認識した。我々はふだんから視覚的に説明できる世界ばかりを生きているわけではない。むしろ、感触や身体の動く感覚でしか表現しようがない経験の世界を生きる。民俗学は語りに注目して人びとの経験を言葉として拾うことを得意にするが、筆者が藁撲ち石探しを通じて知ったのは視覚とともにある、触覚や聴覚、嗅覚などをともなう身体的な経験の世界であった。

（3）藁撲ち石とそのまわりの経験を語る

上記のような経緯で藁撲ち石を発見し、喜んでいるところに尾形家の親類A氏がきた。石をみたA氏は「これには、いい思い出があるんだよなぁ」と、思い出を語り始めた。初めに語ったのは、何年も年末年始に参加していた尾形家の年中行事の経験だった。

語った経験は以下のような内容である。A氏は子どもの頃から何十年も祖父とともに正月一一日にノウハダテに参加した。親類の男の人たちがみんな尾形家に集まった。若者が藁撲ち石で藁を叩いて、中年以上の人たちは縄綯《なわな》いをした。この年中行事は、尾形家の奥さんが嫁入りした、四〇年ぐらい前まで続けていたという。

話は、さらに藁撲ち石のまわりで起きたことに広がる。まずノウハダテの日に尾形家の曾祖母がつくった餅の話に及んだ。その餅の美味しさや、餅に黄粉《きなこ》をまぶしたことなどが語られた。つぎに、別の年のノウハダテの日に、湾内の漁場の使い方のことで宮城県庁に交渉に行くことになり近隣の人が集合しているところに自転車を漕いで新聞記者がやってきて、海岸沿いの曲がり角を曲がり切れずに海に落ちた話になった。そのとき、集まったみんなで新聞記者を助けて尾形家に連れて行き、土間の囲炉裏に服を脱がせて座らせ、当時の当主の着物を着せて写真を撮った思い出などが語られた。

このとき、語り手のA氏は藁撲ち石のところから囲炉裏のあったところに移動し、新聞記者がその場所で震えていたことを、ジェスチャーを交えて語った。A氏は物質をみて過去の経験を語ることをきっかけに、石と囲炉裏の間を移動して身体で過去を追体験し、その空間で起きた複数の出来事を思い出して語ることになったのである。

（4）物質と語りの関係と物質のもつ時間的多層性

この経験はまるで民俗学の聞き取り調査の教科書のような展開であった。ここで指摘しておかなければならないことは二点ある。一つは、物質と語りの関係である。もう一つは物質がもつ時間的多層性についてである。

まず前者の物質と語りの関係を検討しよう。この事例は、かつて物質をつかった経験をもつ人が、物質をみたことをきっかけに過去の経験を言葉にしたものである。人びとが物質をみると語り出すことは、福祉活動や博物館活動でもよく知られ、回想法という方法が確立している［仲 二〇一五：六八―七四］。これは物質が身体感覚と密接に関わっており、触る感触がさまざまな経験を想起させるからである。地域にくらしてきた人びとにとって、物質は当たり前のものであり、あえて言語化して説明するまでもない存在であることが多い。ところが災害のようにくらしの環境を一変させるような状況が生じると、物質がきっかけとなって人びとが経験を言葉にする場面は多々みられる。

逆に物質や景観が失われることによって、言語にならなくなる場合もある。小々汐で被災した建材や生活物資が片付けられ、宅地が更地になり、さらに防潮堤建設のために土地が大きく形を変えはじめた二〇一五年以降、尾形さんに震災前の話を聞こうとしても言葉が出てこない場面に出会うことは多くなった。このことは触覚や聴覚、嗅覚などを通して身体的な経験をする物質との触れ合いが、いかに重要であるかを示している。

もう一点、物質がもつ時間的多層性について述べたい。藁撲ち石の事例が示しているのは、物質は時間の多層的な側面を語るきっかけをつくることである。先に述べた事例では、藁撲ち石をつかった何十年もの経験が語られている。同時に、年中行事としては繰り返されるものの、異なる年の経験として、新聞記者の話がでてくる。このように一つの物質に対して言語化される語りは時間的な多層性をもっている。物質そのものだけでなく、物質に関連して起きる異なる時間の出来事が複数語られる。触覚をはじめ、聴覚、嗅覚などの身体的な経験をともなって得られる情報は見た目以上に多いのである。

この点、物質は写真と異なる。写真は被写体が写っている時点の経験を想起させる。写真は視覚情報に訴えるメディアであり、人びとは視覚情報が写り込んでいる時点の出来事を中心に語る。もちろん話が派生して、ほかの時間の事柄が語られる場合もあるが、時間的多層性をともなって語られる可能性は物質を目の前にしたほうが多い。

本節では、物質の所有者や関係者たちにとっての物質と語りの関わりをみてきた。以下では物質と直接関わりのなかった市民たちが物質に触れて言語化した語りをみていこう。

2 個人の経験を語る物質から地域の経験を語る物質へ

(1) 気仙沼の文化財レスキューに参加した市民たち

二〇一一年六月下旬、気仙沼市教育委員会を通じて市民七名が文化財レスキューの現場に派遣された。派遣された市民は、災害にともなう国の緊急雇用促進事業にもとづき、教育委員会が保管する資料を整理する目的で集められていた。集まった市民のうち、文化財関連の仕事を経験したことのある人は二名であった。ほか五名は食堂の経営者や水産加工業者、船員などであり、各人がもつ背景は異なっていた。彼らは文化財に対して最初から共通の理解をもっていたのではなく、物質文化の整理を通じて次第に文化財の意味や文化財からみえる地域の姿を共有していったのである。

市民たちは最初、教育委員会の職員による「気仙沼の重要な文化財を整理するから、数日手伝ってあげて欲しい」という説明で派遣されてきた。したがって彼らにとって、尾形家資料は気仙沼市内の事柄とはいえ、自分とはかけ離れた事柄でしかなかった。

ところが資料整理が進むうち、人びとは泥落しや整理作業で扱う物質のなかに自分もつかった経験のあるものや、背景情報を調べて興味が湧くものを多数みつけ、物質に関わる自分の経験を語る場面が増えた。尾形家資料は、尾形家に関わった人びとが個人的経験を言葉にする物質から、気仙沼市民が気仙沼という地域の経験を言葉にするための物質に成長したといえるだろう。以下では漆椀の整理を例に経験が語られた状況をみていこう。

(2) 漆器の掃除を通して語られた経験

尾形家から救った資料のなかには、大量の漆器があった。客の出入りの多かった尾形家は漆椀を多くそろえていた。

おそらく古いもので、震災前から剝離などの状況はあったと思われるが、被災後、時間が経って発見されたこともあり、傷んでいた。作業に参加した市民は、痛んだ漆椀についた泥を落として、状態がよいものは真綿を使って磨いた。

漆椀を真綿で磨くことを提案したのは作業に参加した女性B氏だった。彼女の実家は漆屋で、彼女は子どものころ父親の工房で作業を見ていた。そして文化財レスキューの現場で大量の漆器を整理していたある日、自分の父親が漆器を真綿で磨いていて、自分も手伝っていたと言いだしたのである。その発言をきっかけに、終戦後の気仙沼地域の漆屋の仕事を聞くことになった。

話は以下の通りである。漆器は漆が剝げると、元の漆を剝いで塗り直すもので、何度も塗って使った。塗ってほしくなると各家が注文するので、工房に持って帰って塗っていた。時々、家の柱などを塗る注文もあり、そのときには父親が泊まり掛けで塗りに行っていた。彼女は漆器を塗る注文は尾形家のあった小々汐からもあったと記憶している。家には鳴子や川連漆器で有名な秋田県湯沢市川連の漆職人のほか、少数だが輪島や二戸の職人が来ていた。職人がいるときには、家のよい場所は職人の生活空間となって、寒いところで寝起きした。漆屋で必要な漆は、漆かきに行って調達していた。家の後ろにも何本かの漆の木があったが、多くは岩手県水沢あたりの正法寺《しょうほうじ》の山で、お金を払ってかいた。お金を払って漆をかかせてもらうことを「ヤマカリ（山借り）」と言った。

B氏の語りが示すように、尾形家の資料は整理に参加した市民にとっては他人のものであったが、整理の過程で資料を触りながら、資料から自分の経験を思い出し、資料を自分の経験に引き付けて理解するようになった。また参加した市民が語りながら作業をすることで、資料は自分たちとは関係のない「彼らの資料」から、自分たちの暮らしを知るための「自分たちの資料」になった。さらに各々が語ることで、同じ場にいる、同様の経験のない人たちにも経験が共有され、気仙沼の文化を再発見することにつながっていった。

3　語りと身体を結びつける

(1) 経験を切り離す西洋近代の思想

これまでみてきた二つの事例でA氏、B氏が言葉を発するきっかけとなったのは、物質に触ったり、その物質があった場に身体を置いて追体験したりすることだった。逆に物質や追体験する場がなければ、人びとは自らの過去の経験を言葉にしにくいのである。

現代は語ることと、身体的な接触や経験を切り離し、別の事柄として理解することが多い。それは我々が視覚優位の西洋近代の文化や思想を取り入れ、近代化を推し進めてきたことと関わっている。丸山真純は西洋近代の文化や思想は視覚優位の社会をつくり出してきたと指摘する［丸山 二〇〇五：一〇九―一三九］。現代社会はあらゆる現象を描画し、データにして可視化しようとする。視覚優位の社会は、視覚化された結果と観念的な理解を重視する。

エドワード・S・リードは、西洋近代社会は物事が結果に至る過程を問わず、人びとの日常経験を価値のないものとみなし、観念の体系から排除すると論じた［Reed 1996：邦訳 二二―二三］。リードは哲学的な視点から人びとの日常経験の復権の可能性を検討した。リードは人びとが五感をつかって獲得する情報は、この世に流通する視覚化済みの情報よりもはるかに多いとする。そして、経験や身体性と観念を切り離す考え方を決定的にしたのはデカルトだと論じた。デカルトが「われ思う、ゆえにわれ在り」と述べたときの「われ」は、自身の心的状態であり、実態としての身体をもつ私ではなかった［Reed 1996：邦訳 二八］。

(2) 体験にもとづいた言葉を引き出す

物質の多くは文字情報をともなわず、それ自身がもつ情報も少ない。その状態を補う方法として二つの方法がある。

一つは形質や素材、制作方法、物質同士の比較などに注目する考古学的な方法である。もう一つはその物質と同様の物質を使った人に経験を尋ね、語りから生活世界や社会を復元する民俗学的な方法である。

本章が扱ったのは後者である。人びとが物質に触れ、五感をつかって獲得した経験を語る行為に焦点を当てる民俗学的方法は、物質が存在する空間や社会の意味、理解の仕方をあきらかにしようとする。

本章で注目した人びとの経験は、西洋近代の文化や思想がとるに足らないものとして意識的に排除してきたものである。しかし民俗学はあえて人びとの経験や解釈に価値を見いだし、語りを記録することで現代に生きる人びとの暮らしの意味を知ろうとしてきた。

人びとの経験や解釈は、物質とともにある暮らしを経験した人物さえ存在していれば、いつでも聞きとれそうである。しかし第1節の（4）でみたように、人びとは物質に触れる機会を失うと、語りのディテールを急速に失ってしまう。

東北地方太平洋沖地震の被災地では、二〇一一年以降、高台移転や防潮堤建設などにより、生活空間の様相が劇的に変化し、以前と同じ感覚で地域を体験することが難しくなった。地形が変わり、かつての景観が失われ、経験を語るためのよすがとなる物質が失われるなかで、人びとがこれまで言葉にしていなかった経験を語る機会は、急激に減っていった。

このような状況のなかで、文化財レスキューで救った物質は、人びとが過去の経験を取り出して言葉にし、自分たちが築いてきた文化を見直す手段となったのである。

おわりに――五感をつかった経験の世界に近づく――

本章では、人びとが物質に触ったり見たりすることによって経験を語り出す行為に注目し、被災地で家財などの物質を残す意味を論じてきた。

第1節では、物質と触れることが、その所有者や関係者が具体的な経験を語るきっかけとなることを確認した。つぎに第2節では、物質に直接関わった経験のない人びとが、物質への接触を通じて自らの経験を語る可能性を確認した。そして第3節では、経験の軽視と視覚優位に傾倒する西洋近代の思想や文化を取り入れた社会のなかで、民俗学があえて人びとの経験に注目し、語りとして記録しようとしてきたことを論じた。

現代社会に生きる我々は、可視化した情報の価値を否定することはできない。確かにインターネットを通じて誰もが簡単に可視化された情報を得られるようになった。しかし人びとが接触を含む五感をつかって経験しながら、言葉にしていない情報の量は、すでに世の中に流通している情報の量よりもずっと多い。

この言葉にされていない人びとの経験の世界に接近しようとするならば、調査者がフィールドに身体を置き、物質に触ることで語りが生まれる場に居合わせ、人びとの経験にもとづく語りに接近することが欠かせないのだろう。

注

（1）二〇一一年、東北地方太平洋沖地震被災文化財等救援委員会が文化財レスキューを統括した。この活動で救う対象は指定や登録の文化財のほか、民間所在の家財を含んでいた。

（2）小々汐集落は血縁関係のほか、擬制的な親族関係をもつ人びとによって構成されており、それら全てを総称する言い方として親類という言葉をつかう。

（3）慶長の津波（一六一一年）の復興策として、仙台藩は沿岸地域で製塩を奨励した。製塩に必要な薪を供給する山を御塩木山という。尾形家は小々汐の御塩木山を管理し、小々汐で製塩が禁止された際、尾形家が山を買いとった。

参考文献

〈邦文献〉

仲久徳［二〇一六］「「共に生きる」社会と博物館の役割」『共生科学研究：星槎大学紀要』一一。
丸山真純［二〇〇五］「近代の認識形式としての視覚優位性――視覚と空間・主体／客体・知・表象を中心として――」『経営と経済』八四

（四）。

〈欧文献〉

Edward S. Reed［1996］*The Necessity of Experience*, Yale University Press（菅野盾樹『経験のための戦い――情報の生態学から社会哲学へ――』新曜社、二〇一〇年）。

（葉山　茂）

第2章

神呼ぶイベント的祭屋台（太鼓台）

――播州三木大宮八幡宮の祭より――

はじめに

現在の祭の多くは、イベント化が進み神事性が薄れたと指摘される。大宮八幡宮（兵庫県三木市）の屋台（太鼓台）の石段上りによる宮入が行われる秋祭と、鬼の踊りが数度行われる一月の鬼追（写真2－1）もその例外ではない。特に瀬戸内地方の太鼓台やだんじりなどは神事性が薄れたイベント化の象徴として、SNSなどで扱われることが頻繁である。(1)(2)だが、必ずしも「イベント化の進行」＝「神事性の薄れ」とは言い切ることはできない。大宮八幡宮においては、他地域同様にイベント化した祭を経て、かえって神事性を保とうとする動きを確認した。(3)そこで、本章では秋祭や鬼追いがイベント化したことと、それを通して神事性を大事にする面が見られたことを指摘した上で、屋台の果たした役割を検証することを本章の目的とする。

なお本章では、大宮八幡宮の祭事に当事者として参加して見聞したこと＝子どもの頃から今にいたるまで法被を着て、(4)祭りの準備作業、見物、飲食などを共にした中で得た資料と、神社と地域に残された文献を活用した。

1　屋台運行開始時の大宮八幡宮の氏子域と信仰の特質

（1）大宮八幡宮の氏子域（写真2－1）

戦国時代、三木とその周辺の播州地方は別所氏の領地であった。しかし、天正八（一五八〇）年別所長治の代に羽柴秀吉の過酷な兵糧攻めにより、別所一族は切腹、領主は羽柴方の中川秀政となる。その後、池田輝政や松平氏等への領主の変遷と三木城廃城を経て、一八世紀には、三木の町は岩壺神社氏子域の上五町《かみごちょう》（大塚町《おおつかちょう》、芝町《しばまち》、東條町《とうじょうまち》、平山町《ひらやまちょう》、滑原町《なめらちょう》）と大宮八幡宮氏子域の下《しも》五町《ちょう》（明石町、新町、上町、中町、下町）に分かれていた（図2－1）。屋台運行開始時に近い幕末より明治初めの神職・池田春翟《き》による『大宮社記（以下、『社記』）』明治三（一八七〇）年では、大宮八幡宮は四村も氏子域とし、別所氏の産土神とされ（第1節（2））、長治の首塚と胴塚は氏子域内にある（図2－1）。

別所長治に対する三木の人の思いは今も強く、城跡の稲荷神社では今でも別所公春祭りが行われている。胴塚横の延宝六（一六八一）年の石碑には「土民に負《そむか》」ないで「身を殺し衆を守」るために切腹を自ら提案した名君の賛辞を記している。

また、江戸時代は神仏習合の時代であり、大宮八幡宮には八幡大菩薩と書かれた明治以前の扁額が残り、もともとは菩薩号が使われていたことが分かる。隣の真言宗月輪寺《がちりんじ》との関係が強く、月輪寺八幡宮と呼ばれ、一方、月輪寺は大宮月輪寺などと呼ばれていた。大宮八幡宮は隣の月輪寺《がちりんじ》と表裏一体の関係であった。

（2）屋台運行開始時の大宮八幡宮の信仰の特質

池田春翟『社記』に記された、天正八（一五八〇）年に罹災したとされる三木八幡宮（大宮八幡宮）の再建伝承は、次の(a)～(c)のとおり〔永尾卯之助 一九五七：二九－三〇〕であり、①、②、③のことが分かる。(5)

(a) 播磨国美嚢郡三木八幡宮御鎮座之（中略）別所氏累代御産土神ト奉崇敬（中略）

(b) 天正八年曽末裔別所長治落城之時八幡宮亦罹災　同十一年癸未九月十三日（屋台運行開始時期の祭礼日）中川清秀子秀政采邑中ヲ以皆造営御産土神（中略）

(c) 慶長八年癸卯十二月姫路城主池田輝政八幡宮徒于今地本在前田町杣八幡宮也（中略）遷宮後邑氏号大宮（後略）

秋祭での屋台の宮入

出所）2013年10月12日 筆者撮影.

鬼追い式で踊る鬼

出所）2012年１月19日 筆者撮影.

写真２－１　大宮八幡宮の祭

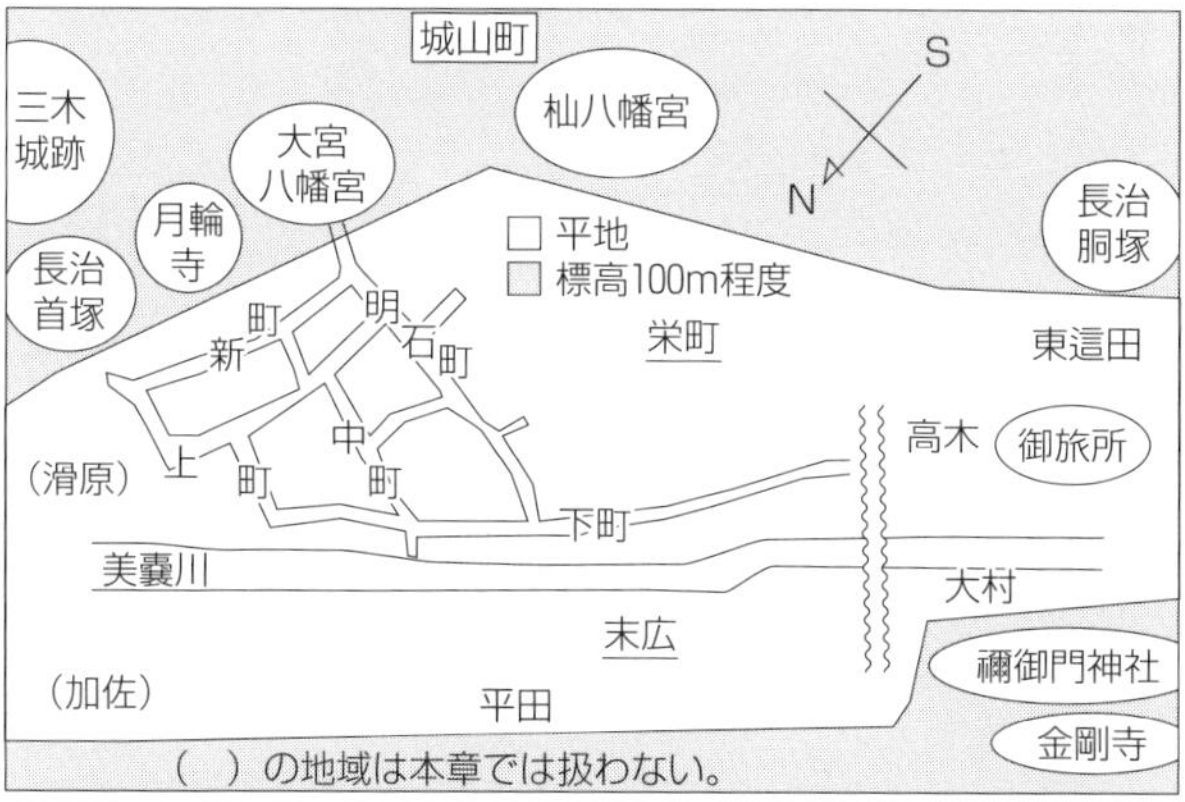

社記記載	地名（屋台所有・明治初期．同・現在．各施設所在等）
下五町	明石町《あかしまち》（○．○．杣八幡宮），新町《しんまち》（○．○．首塚，大宮八幡宮），上町《かんまち》（○．×），中町《なかまち》（○．×），下町《しもまち》（○．○）
四村	平田（×．○），大村（×．○），高木（○．○．お旅所），東這田《ひがしほうだ》（×．○．胴塚。現在氏子離脱）,
無し	栄町（×．○），全末廣（以下，末広）（×．○），城山（×．○）

図２－１　大宮八幡宮氏子域概要図

出所）下五町と美嚢川は「播州三木郡前田町絵図」享保元（1716）年」をもとに筆者作成.

（　）は筆者がつけたもの

①(b)三木合戦後の再建は中川秀政によること、その日は九月一三日で、屋台運行開始時の祭礼日であり、当時の祭礼を権威づける伝承であること
②(a)三木八幡宮が別所氏の産土神であったこと
③(c)杣八幡宮が大宮八幡宮の本宮《もと》で、現在の地は移転したあとの地であること

①の中川秀政は、鬼追いの創始においても関わりのある人物である。中川秀政が朝鮮出兵で死した後、秀政の家来・横山義章の子・胤義に加藤清正は鬼面を月輪寺に奉納することを命じたという。その面が鬼追い創始の時に使われたとされ、今も残っている。

③の杣八幡宮は、屋台運行前は大宮八幡宮の摂社としての扱いをうけていたが、天保期には一時期東京に移転していたが、明治初めには戻っている［兵庫県美嚢郡教育委員会 一九二六：七七七］。その後本宮伝承を掲げていることから池田春翟ら大宮八幡の神主の関与が、考えられる。

多くの氏子の参加を要する屋台運行が始まったと伝わる頃［永尾克 一九五七：一九］、あるいはそれから間もなくの幕末より明治はじめにかけて、上記の伝承が掲げられていたことになる。明治初めには、高木屋台が神輿を御旅所まで先導し、下五町の各屋台がその後ろをついていくという祭をしていた(6)［井本 一九八〇：五七］。

屋台運行開始時期は、鬼追い、秋祭りともに別所氏のあとの三木の領主である中川秀政にかかわる創始伝承が意識され、屋台は神輿を先導・後追いをするためのものであった。屋台運行開始時の大宮八幡宮の信仰の特質としては、別所氏への崇敬、杣八幡宮の本宮伝承があげられた。

2　イベント化する大宮八幡宮の祭

（1）秋祭のイベント化

屋台運行前の一八世紀には、檀鶴と呼ばれる芸能を伴う風流を下五町が年交代で受け持った。氏子達は桟敷を設け、神とともに能を見た［石田 二〇〇二：一四八―一五四］。この当時には祭はイベント化していたといってよく、この形態は文政時代（一八一八～三〇）まで続いたことが確認できる。芸を奉納したのは黒田家など大庄屋の子息であった[7]。

昭和初期にはこぞって屋台を大規模改修し、より豪華なものとなった（明石町青年団の先輩各氏、一九九六年）。この頃から台車が大宮八幡宮の屋台にも用いられるようになり、氏子域中に豪華な屋台を見せ回ることが可能となった［原 一九五七：二四―二五］。図2‐1で示したように、居住地拡大などがなされた下五町以外の屋台が宮入に参加しはじめ［コタニ 一九八九：一四―一七］、賑やかになったが、居住地拡大ができなかった上町、中町の屋台は現在はない。戦後には高度経済成長を背景に、屋台は競うように豪華になった。バブル崩壊後もその傾向は続き、二〇一〇年には下町屋台が播州最大級の屋台を新調する等、屋台はより大きく華やかになった。

昭和三〇年代には、高木屋台が夜に神輿の先導をするのみで、他の屋台は神輿の後追いをしておらず現在にいたる（表2‐1）。これも、屋台の神事的な役割が弱まった一面といえる。神輿は屋台運行中に小学校高学年の子ども達が担ぐ（表2‐1）が、彼らが「タイコ（屋台の俗称）のところにいきた」が

表2‐1　秋祭の時程（10月体育の日前）

屋台運行の時程（2016年）	土	日
各屋台台車運行等	午前中	午前中
御旅所近くに屋台集結	15:00	14:00
神社石段下屋台集合後宮入り開始	17:00	16:00
屋台宮出開始	19:30	19:30
神輿運行の時程（2017年）		
神輿に祭神を移し御旅所にむけて出発	18:00	—
御旅所出発	—	12:00
神輿宮入開始時刻	—	15:30

出所）当該年の運行表や関係者の聞きとりにより筆者作成.

る風景は、遅くとも一九七〇年代から現在まで続いている。

屋台が収蔵庫へ帰着後、青年団員が屋台の上にのぼり、伊勢音頭を歌い盛り上がる様子は、一九八〇年代には見られた。一九九〇年代頃から、宮入前や宮入後に屋台を所定の位置に据えたあとにも、伊勢音頭が歌われはじめた。栄町屋台では、宮入前の伊勢音頭での担ぎ上げと同時に花吹雪がまかれる。昭和末期頃には町外在住の人による担ぎ手の助っ人参加が見られ、法被姿の若者が路上で酒盛りする様子を「チャラい」というのは、例年のことである。

二〇〇〇年代より、祭二日目は、大宮八幡宮境内で各屋台の青年団長が取り仕切る八秋会によって、差し上げ（両腕を上に伸ばしてあげること）るというイベントが恒例化するなど、祭はより華やかになった。その頃より、宮出後の夜にライトアップされた三木鉄道三木駅前の広場で、下町、栄町、末広屋台などが合同で担ぎ合わせるようになった。

さらに、末広屋台は自町内で屋台を据えて露店を出すなど、イベント的要素が強くなった。祭前の太鼓練習は、子ども達の祭への関心を高める目的もあり、各屋台蔵の扉を開けてその様子を公開し、周辺住民が寄り集まるようになった。そして、二〇〇五年からは参加者確保のために、秋祭は土日開催となった。以前は認められなかった町外在住の外孫の青年団加入も現在は見られるようになった。二〇〇〇年代ころのイベント化は、担い手の確保が大きな目的の一つといえる。上述の通り、担い手の範囲は祭の中心を担う人を見ても、下五町の大庄屋一族→下五町氏子域→下五町以外の氏子域→氏子域外の外孫と広がってきている。

（2）復活した鬼追いとそのイベント化

幕末頃の鬼追いは一月七日の夜に赤、黒、計二匹の鬼が一度だけ踊っていた［松村 一九九〇：六］。その施行は横山氏ゆかりの人たちによるものだった(8)（月輪寺ご住職のお話）。

その鬼追も昭和一二（一九三八）年に一時中断し、一九六三年に氏子有志の鬼追い保存会によって大宮八幡宮の預かり行事として復活した。現在では各町の宮総代が保存会を組織して施行している。施行日も一月の成人式の日のあとの土日開催（現在は日曜日のみ）となった。鬼の踊りは、子鬼もふくめ、赤黒双方数体ずつ出され、しかも、踊りは一度だけではなく、数度踊られるようになった。踊りが終わると面を外した鬼役による、餅投げが行われるなどイベント的要素の強いものとなった。さらに、二〇一三年には鬼追い保存会結成五〇周年を祝い、鬼は宮の外を出て町内を巡行して町を盛り上げるイベントも行われた。

3　イベント化した祭を通して、保たれ見直された神事性

(1) 秋祭屋台関係者が呼び戻した神事性

以上のように、大宮八幡宮の秋祭は、屋台運行を中心にイベント化が進んだ。その分、神事性が薄れた面も見られたが、屋台運行を通して逆に神事性が復活する面も見られたので、その点を以下述べていく。

二〇〇三年の屋台新調時、末広屋台は別所長治や三木合戦を彫刻の題材に選んだ。三木の屋台にふさわしいものとしてこの題材をえらんだという。井波（富山県）彫刻師を三木に招待し、城跡など案内した後に、作ってもらった（当時の屋台関係者Y氏、二〇二一年一一月二二日）。

明石町屋台は、明石町域内の杣八幡神社にも、屋台の刺繍新調時や、近隣地が明石町屋台運営の当番にあたったとき（写真2-2）も、本宮へのお参りとして屋台を担ぎいれて差し上げた。さらに、神への敬意を表するために二〇一〇年より大宮八幡宮に宮入後本殿前に屋台を据え、太鼓に合わせて柏手《かしわで》を打つという参拝を六年間行なった。その後、屋台を止めないのが正しいお参りの仕方だという意見によって廃止となった。近年では、「祭の主役のオミコッサン（神輿）」とすれ違う時に必

写真2-2　秋祭の日に杣八幡宮に参拝する関係者

出所）2019年10月12日筆者撮影.

ず屋台を差し上げている。

「タイコばっかりやのうて、神輿のこともちゃんとせんと祭やない。」（現役を引退した屋台関係者の酒席での言葉、同席の関係者も同意、二〇一四年一〇月一七日）。

「タイコの近くにおられへんけど、こんな祭もええなあ。昔はオミコッサン（神輿）嫌がっとったのになあ」（屋台運行が一番賑わいを見せる時間帯、青年団を引退した三〇〜四〇代の友人たちと屋台から離れて神輿の行列に参加した時、神輿をながめながら二〇一七年一〇月七日）。

これらも、神輿の大切さや、賑やかさだけでない祭の良さも理解しているからこその言葉であろう。

八秋会による一斉の差し上げが定例化したころに近い二〇〇〇年代頃、石段を登り宮入した屋台は必ず本殿前で差し上げを行い、そのときは、他の屋台は差し上げをしないことになった。これも、屋台による神への挨拶を尊重する習慣といえる。

二〇一四年、市制六〇周年イベントとして、市内各地約三〇台の屋台が集った。大宮八幡宮氏子地の各屋台も参加したが、「これはイベントの遊びやし、楽しくやったらええ。本番は祭や」という声が、青年団員や関係者からたびたび聞かれた。

二〇二〇、二一年は新型コロナウィルスの流行で、屋台運行は中止され、神事のみ行われた。それでも、神事への参加が義務の各町区長らの他に、祭に参加している人たちも参拝した。中には、法被を着て参拝する若い人たちや、親子もみられた。

（2）鬼追いで保たれた神事性

現在鬼追いは、各町から出される宮総代で組織される鬼追い保存会によって運営されている。その保存会をサポートしているのが、鬼笑会と呼ばれる有志の組織であり、その多くが、明石町屋台、新町屋台の青年団ＯＢでもある人たちである。

宮の預かり行事となった今も、鬼役は月輪寺で着替えて住職の読経を受け、住職に連れられて隣の大宮八幡宮に向かう。境内の不動明王前で神職が先導・儀式の主導役を交代する、神仏習合の名残をとどめた鬼追い式が行われる。鬼が月輪寺内でうける読経、大宮八幡宮内でうけるお祓い時の写真撮影は禁止されている。本殿近くで「神事なので、写真撮影は禁止です。」と呼びかけるのは主に鬼笑会の人たちだった。

前述の鬼追い保存会五〇周年の町内巡行も住職と神職が共に鬼を先導する形をとった。予定に入っていなかった別所長治の首塚にも鬼が参拝した。これは別所長治の命日に近い日に鬼追い式が開催されたことによるものであるという（鬼笑会Ｄ、Ｅ氏 二〇二一年一一月七日）。

写真２-３　杣八幡宮の祭で相撲をとる青年団員

出所）2019年９月８日筆者撮影.

（3）大宮八幡宮氏子域の他の祭への関与

大村屋台の氏子たちは、地元の禰御門《ねのみかど》神社への奉仕も行っている。それが年七度ほどあり、そのメンバーの中には青年団長も入っており、「屋台だけが祭ではない」という（二〇二一年一一月二二日）。平田、大村の屋台関係者はそれぞれ、三年に一度の金剛寺の鬼追い式の当番にも関わっており、行事を大事にしている様子が見られた。

杣八幡宮では、九月の敬老の日に明石町屋台奉昇地区の大日、杣宮、清水によって例祭と子ども相撲が執り行われる。子どもの数が減る中で、祭を盛り上げようと、明石町青年団員たちが参加し、団長対副団長、同級生対決の相撲などで盛り上がりを見せた（写真２-３）。高木では、地元の大歳神社の夏祭りに近年購入した子ども屋台を出すようになった。高木と明石町の例は、華やかとは言えない祭の娯楽性を持たせる・イベント化する関わり方といえる。

おわりに

第1節では、本宮としての杣八幡、別所氏の氏宮としての大宮八幡宮が屋台運行当初の信仰の特質としてあげられた。第2節では、幕末より現代にかけて庶民が力を持ち、大宮八幡宮の秋祭り、鬼追いはともにイベント化してきたことが分かった。

そして、第3節ではイベント化した屋台の祭を経験した人たちによって、神事的側面を大事にしようとする以下の傾向がみられた。

①別所長治への弔いや顕彰の思い
②神輿・祭神への敬意と神事の尊重(9)
③本宮と伝わる杣八幡宮の尊重
④賑やかとは言えない氏子域内の他の神社などの素朴な祭に携わり、楽しむ様子

とはいえ、屋台運行開始時に掲げられた別所長治の氏宮伝承を知る人が多いとはいえない。それでも、「下のもん」が楽しむ様子を見て笑う青年団長や、「好きなようにせえ、わいらがケツふいたるがい。」と若い人にいう年配者を毎年目にする。「身を殺し衆を守」る若き名君の心持ちは、今も受け継がれているのだろう。

イベント化した祭の屋台は、社寺に人びとを集め、関わる機会を増やし、その人びとの心に神仏を呼び寄せる、天の岩屋戸の歌舞に近い役割を果たしていた。同様の事例は他地域でも見られる。イベント化した祭は神事性を高める力、さらに神事性のあるものを楽しみに変える力を持っていることが今回の研究では分かった。そして、その中心にあるの

は、イベント化の象徴ともされた屋台・太鼓台・だんじりなどであった。

屋台やだんじりの役割を今後も考えることが非常に大切だが、［田中、吉田：二〇一一　一九八］によるとこれらの運行グループに研究者が入ることは、曳く技術、担ぐ技術など研究とは別の評価軸があるために難しいという。屋台・太鼓台・だんじりの研究は、完成された研究者よりも、研究とは異なる評価軸や習慣を受け入れやすい若い研究者に門戸が開かれた分野だと言えよう。

注

（1）森田は、芸能奉納の目的から岸和田のように曳行自体を目的とするものに変化したものがあること、濱田ははげしい曳行のために芸能奉納目的のものもだんじり本体が変化したことを指摘した［森田 二〇一五：二〇、濱田 二〇一七：一六二―一六三］。また、神事と神賑の関係については、前掲森田書籍や森田玲［二〇一九］『日本だんじり文化論』創元社に詳しい。

（2）祭のイベント化は［小松 一九九七：三八］で指摘された。［田中、吉田 二〇一一：一八八―一九〇］は、岸和田地車祭などに見られる祭りにおける『「過剰としての放埒」の追求・祭りのオーソプラクシー化』は、脱宗教化を前提とするとしている。

（3）本章では、祭の行事中賑やかとはいえない厳かな行事や神に祈る行事を、神事性のある行事とする。同様の事例は註九参照。ブログ『月刊「祭御宅」』（blog. goo.ne.jp/hol_my_ow）で、筆者は大阪市（二〇一九年七月一五日）や兵庫県加西市、西宮市の事例（二〇一九年八月三日）をあげた。

（4）筆者も明石町に青年団（一六～三二才・筆者一八～二九）、奉昇会（三〇才位～六〇才位）として所属。

（5）『社記』には長治に対する御霊信仰の要素も見られるかも知れないが紙幅の関係上ここでは触れない。

（6）池田春翬「大宮神社日記」明治四年九月二十三日条。

（7）三木市立みき歴史資料館企画展『タイコと三木　鑑賞の手引き』二〇二〇年五月七日～六月二一日。

（8）藤原［二〇〇六：八九―九〇］では、播州の鬼追いは夜に決まった家筋の者により行われていたことが指摘された。

（9）倉田［二〇一八：四〇―四二］は、太鼓台関係者による過去あった神事復活の事例、森田玲は祇園祭でコロナ禍中神輿の巡行が中止になりながらも神事に馳せ参じた神輿のかき手がいたことを報告した（弘道館オンライン講座「日本の祭と神賑」二〇二〇年八月二〇日）。

参考文献

飯沼賢司［一九九六］「宇佐放生会を読む」『大分県地方史 一六一』大分県地方史研究会。

石田安夫［二〇〇二］「古文書に見る三木地方の祭礼の変遷」『三木の祭』三木市観光協会。

井本由一［一九八〇］「明治初年の三木町」『三木史談 三』三木郷土史の会。

倉田健太［二〇一八］「現代の太鼓台にみる神社との相補的な関係」『香川の民俗』香川民俗学会。

コタニマサオ［一九八九］『なんでもかんでも三木』神戸新聞社。

小松和彦［一九九七］「神なき時代の祝祭空間」小松和彦編『現代の諸相五　祭りとイベント』小学館。

田中滋、吉田竜司［二〇一一］「祭りのオーソプラクシー化と社会変動――曳山祭を事例として――」『龍谷大学国際社会文化研究所紀要』龍谷大学国際社会文化研究所。

永尾卯三郎［一九五五］『大宮八幡考』青甲社。

永尾克［一九五七］「屋台の変遷について」『杉のしづく』大宮八幡宮。

濱田時実［二〇一七］「現代の神社祭礼におけるダンジリの再検討――南河内の二神社の事例から――」『京都民俗 三五』京都民俗学会。

原寅一［一九五七］「屋台々車の始まり」『杉のしづく』大宮八幡宮。

兵庫県美嚢郡教育委員会［一九七九、原本は一九二六］『美嚢郡志』名著出版。

藤原喜美子［二〇〇六］『オニをむかえ祭る人びと』御影史学会。

松村義臣［一九九〇］『ふるさと三木文庫六　池田春嶂手帖後編』三木郷土史の会。

宮元健次［二〇〇〇］「日本建築の配置における北斗七星思想の影響について」『国際社会文化研究紀要』龍谷大学国際社会文化研究所。

森田玲［二〇一五］『日本の祭と神賑わい　京都・摂河泉の祭具から読み解く祈りのかたち』創元社。

由谷裕哉［二〇一九］「柳田國男「人を神に祀る風習」と「松王健児の物語」とを繋ぐもの」『北陸宗教文化三二』北陸宗教文化研究会。


（山田　貴生）

第3章 共同体の衰退と家族の変容
――中国東北地方朝鮮族農村の事例から――

はじめに

二〇〇二年、大学院生だった筆者は中国東北部の瀋陽市から車で三〇分ほどの朝鮮族のX村に定期的に通っていた。瀋陽市は中国東北部の中核都市であり、筆者のふるさとでもある。X村に通った目的は中国が経済的発達をとげていく中で、村の生活がどのように変化していったのか、その背景について関心を抱いていたからである。

X村の朝鮮族は、一九八〇年代末の経済開放政策、一九九二年の「中韓国交樹立」の後、国による経済改革である経済開放路線の波に乗り、高い現金収入を求め、都市や沿岸部へ出て行く人が多くいた。特に韓国へ渡る者が多く、そのほとんどが出稼ぎや女性の国際結婚であった［張 二〇〇七：一一三―一七四］。

ところが、二〇〇六年このX村は、村全体がある民間の開発会社に売却され、半ば強制的な立ち退きを余儀なくされた。当時の村長と開発会社が強引に計画を進め、人びとは補償金を一銭も受け取れないまま家と畑を手放すことになった。その過程で、若中年層（二〇代～六〇代）を中心に村から出て行く世帯が後をたたなかった。

本章では、二〇〇五年までの離村や出稼ぎによる人の動きに加え、突然大規模な開発による世帯流出によって、X村は、どのような影響を受けたのかをみていきたい。具体的には以下の三点について検証する。主な調査方法は住民からの聞き取りによる。

①開発会社によって居住地を追われたX村の住民の対応に関すること。
②従来、長男同居を原則としてきた親の扶養形態、および家族形態の変容に関すること。
③学校の教育現場への影響と学校側の対応に関すること。

今回の調査で注目していることは、人びとは急激な時代の流れと大きな生活環境の変化を経験したにも関わらず、朝鮮族社会において、変わらずに残っているものを見出すことができたことである。それはなぜなのか、その理由について考察してみたい。

調査は二〇一四年三月におこなった。以下、筆者の聞き書きに応じてくれた話の内容は、日本語に訳してから文字化し「　」で記した。また、重要と思われる事柄は点線で示している。

筆者自身も朝鮮族の一員として、より共感的、より内発的な声を聞くように心がけて、資料を集めた。

1　従来の居住地の消失と住民の対応

X村の景観は、一戸建ての家があり周辺に畑がある。しかし、二〇〇六年六月X村に開発会社関係者が訪れて、村人を集め村の開発計画を通知した。その内容は、現在の家を壊し、数棟のマンションを建てること、村人には建設後にマンションの一室を与える、ということであった。割り当てる一室とは、九〇平方メートルの3LDKかあるいは、六〇平方メートルの2LDKであった。しかも、これは村戸籍に関係なく、現在の居住者世帯のみに与えるということであった。当時、戸籍を村に残したまま離村した世帯も多かったがその場合は権利がなかった。つまり、居住している村

写真３－１　従来の居住形態

出所）2014年３月筆者撮影.

写真３－２　X村の新しい居住形態

出所）2014年３月筆者撮影.

人は、マンションに転居する代わりに、家と畑を無償で手放さなければならない必要があるということだった。家族を三人と設定しても、延床面積を二〇〇平方メートル、一人あたりの畑地面積一〇〇平方メートル、一世帯五〇〇平方メートルの所有地を失うことを意味する。

住民は降って沸いたような理不尽な開発に抗議した。当時、村人は合わせて三〇人弱であり、そのほとんどは高齢者であったが、団結して座り込みの抗議を一カ月間続けた。しかし、現実は変わらず、数カ月が経過すると疲労も重なり、徒労感からあきらめの雰囲気が広がった。そして最終的には承諾のサインをした。その後、新築マンションに入居するまでの約一年間、賃貸生活を送ったという。道を挟んだ地域にある漢民族の村で借家を借りる世帯や、他地域の息子や娘の家に一時的に同居した者もいた。この間の家賃は自己負担であった。

ところが、最後まで立ち退きをしない住民も二世帯あった。この二世帯は、妻が韓国に出稼ぎに出ていて、その仕送りで夫と子どもだけで生活していた。しかし、当時、土地は全て開発会社の所有になっていたため、電線も切られ、部屋には電気が通らなくなった。現在、一世帯は都会へ、もう一世帯は韓国に出ていて、家屋だけが残っている（写真３－１）。

二〇〇七年一〇月、マンションは完成した（写真３－２）。村の景観だけでなく、人びとの生活形態も激変した。マンションは全部で七棟あり、一棟に九六世帯入居できる。しかし、四棟しか入居者がなく、残りの三棟は未入居の状況である。すでに入居している四棟についても合わせて一六〇世帯が入居しているが、そのうちX

表３－１　Ｘ村の住民の入居世帯状況

2005年	2014年	33世帯（備考）
60世帯（高齢者34世帯）	生活世帯	若中年層８世帯（夫婦の一方が出稼ぎ）
		高齢者９世帯（夫婦世帯２、親１人暮らし７世帯）
	空き家	16世帯（家族全員が韓国に出稼ぎ）

出所）聞き取り調査の資料により筆者作成.

村の入居状況は表３－１に記したとおりである。

二〇〇五年ではＸ村の世帯数は八七戸であり、実際に居住している世帯は六〇戸であった。これは、戸籍だけ残して移住した世帯が存在したからである。しかし、その六〇世帯も表３－１にあるように、二〇一四年三月にはその半数の三〇世帯がいなくなっている。三三世帯にほぼ半減し、高齢者世帯も三四戸から九戸になった（表３－１）。Ｘ村の世帯数が半減した理由として、高齢者の死亡による世帯減と開発を契機に移住した世帯があったことがあげられる。Ｘ村の三三世帯以外の残り世帯は、ほとんどが近隣から引っ越しをしてきた漢民族で、Ｘ村で商売をしている者が多い。他の朝鮮族村からも六世帯が引越ししてきた。Ｘ村は形態のみならずその居住者も大きく変貌した。

２　生活環境の変容と家族形態の変容

（１）Ｘ村民の受け止め方

開発前のＸ村では、家族が食べる穀物や野菜は自給しており、秋になると大量の白菜、大根、唐辛子などで半年分近くのキムチを作り貯蔵していた。また、一年間食べる味噌の麹を大豆から作るのが行事の一つでもあった。マンションに入居する際に畑を失ったため、野菜はすべて購入する生活へと変わった。水田は以前と変わりはないため米は今までとおり自分の耕作地でまかなうことができるが、白菜や大豆などの野菜を購入する費用が必要になった。現在、その費用は韓国に出ている家族からの仕送りで補われている。

では、X村の人びとは上記のような村の変貌をどのように受け止めているのだろうか。調査対象者のK家の母親（七〇代）と長男の言葉を中心にみてみよう。

X村のマンション建設に伴う家屋の撤去は、ちょうどK家の長男が韓国に渡った年だった。彼はX村の変化について「必然現象《bìránxiànxiàng》（当然のことである）、若い世帯は、ほとんど韓国へ行き、村には年寄りと子どもしか残っていない。だからこうなるのは仕方のないこと。まもなくX村はなくなる。他の朝鮮族地域も同じ。都市などへの移住で、本来の朝鮮族村はなくなりつつある。これが今の現実」と語っていた。彼は、X村の変化が当たり前の成り行きであり、仕方のないことと自分に言い聞かせ、あきらめているようみえた。

その母親も「最初は悔しくて抵抗もしたけど、マンション暮らしも意外とよかったと思っている。以前はオンドル部屋だったので、特に冬は火をおこさないと寒くて眠れなかったけど、今はその作業がいらなくなり楽になった。狭くて窮屈感もあるけど、昔の生活と比べるといろいろと便利だからいい。私みたいな年寄りは現在のように便利が一番」と、昔より生活のインフラが快適になったことにある程度満足していた。

大半の土地が奪われ、悔しさでいっぱいであっても、その代償として手に入れた便利な生活環境や、個々人の力では抗えなかった開発など、朝鮮族社会全体の変化という現実を受け入れるために納得しているようであった。それが「当然のことである」、「仕方のないこと」という言葉からも汲み取ることができる。

（2）生活基盤の再構築及び新たな親の扶養形態

①生活基盤の再構築

近年、朝鮮族社会では同じ出自、同じ文化をもつ韓国で定住するというケースがある。それは、親の「同胞一世[1]」という身分を利用し、親世帯、子世帯が韓国で定住しているケースである。父親が「同胞一世」の場合、韓国国籍のため韓国で永住することは可能である。この方法で二〇〇六年以降、X村では二世帯の親世帯、子世帯が韓国に定住している。この場合、X村にある戸籍は抹消される。韓国にいるその他のX村民は、中国籍なので定期的にビザを更新しながら韓国で就労している。

他の方法で韓国に定住する例もある。たとえばK家の次女（五〇代）は、一九九〇年代末にインフォーマルな形で韓国に嫁ぎ、その後、韓国籍を取得して、一人息子（現在三〇代）を数年前に五年間滞在できる親族訪問ビザで呼び寄せた。彼は、韓国滞在中に韓国籍を持つ漢民族の女性と結婚して現在は韓国で暮らし、韓国籍の取得を希望している。

K家の長女（五〇代後半）も中国で夫を亡くし、一九九〇年代初めころ韓国へ嫁ぎ定住している。K家の長男（五〇代）は、一九九〇年代末から都会でバーを経営していたが、離婚後、一番上の姉（K家の長女）の招待で二〇〇六年に親族訪問で渡韓した。彼も、韓国籍を持つ朝鮮族の女性（元小学校の教員）と同居生活をしており、二〇一四年に入り結婚の法的手続きをはじめた。彼も韓国で永住権を取るつもりでいるという。

親と離れて韓国で暮らそうとする理由については、「まともな生活の最低条件が先進国へ出稼ぎに出て働くこと。……韓国は同胞民族だから行きやすい。」と語っていた。他方で、X村で一人暮らしをする母親（七九歳）は、「親は、子どもが貧乏生活するのがいちばん心苦しい……こんなに밝은《バァルグン》세《セ》상인데《サンインデ》（自由な世の中なのに）こんな農村に残ってどうするの？ いくらでもチャンスがあるじゃない……」と、子どもはX村に留まらず、外へ出て働けるうちに稼ぎ、裕福な生活を送るのが親にとっての望みで、それこそが親孝行と考えていることがわかる。

二〇〇五年まではX村では「挙家離村」[2]や若年と中年層の女性が韓国へ嫁ぐ傾向が強かった［張二〇〇七：一五四―一七四］。二〇〇六年以降は、「同胞一世」の身分を利用した親世帯、子世帯による韓国に定住するケースも現れている。若中年層を中心に生活基盤を韓国で再構築しようとする生活戦略がうかがえる。親を扶養する家族が韓国で生活基盤を再構築する際には、二つのパターンが検出できた。一つは、家族全員で韓国に定住しようとするケースであり、いまひとつは、少数ではあるが若中年層の男性（K家の長男、K家の次女の息子）が韓国へ嫁いで定住するケースである。

以上から分かることは、朝鮮族は韓国へ移動することを手がかりにして、高収入を得てよりよい生活をすることを目指していることである。つまり、韓国は常にこのような人びとの受け皿となっている。そこでは、彼らが求める高収入が実現できる。そのため、親の日常的な世話を断念せざるを得ないという現実を、親子で受け入れつつ選択している。

② 新たな扶養形態

次に生活基盤の再構築下において、X村に残る九世帯の高齢者の扶養をみていく。高齢者は単身生活者であり、出稼ぎに出ている子どもや嫁いだ娘から仕送りを受けて生活している。また、仕送りによる親の扶養形態には、家政婦を雇うケースも二世帯ある。そのうちの一世帯が既述のK家である。K家の家政婦（五〇代）は、近隣の朝鮮族村の出身である。

家政婦は月一回～二回の休日はあるが、基本的には二四時間住み込みで単身の高齢者に付き添い、身の回りの世話や一日三食の準備、家の片づけなど全てを担う。費用は月二〇〇〇元（約三万四〇〇〇円）である。K家では子どもが全員でその費用を負担する。その他の生活費も韓国にいる娘二人からの仕送りがあり、長男も韓国に出てからは負担している。家政婦を雇うのはここ数年、朝鮮族村において急速に増えている。

R家も家政婦の人件費は、出稼ぎに出ている息子二人が負担している。家政婦は六〇代で、退職後に市内から来て住み込みで働いている。この家政婦は、住み込みの仕事が自分にとっていちばん都合がいい、と言う。

以上みたように、X村では子世代が村を出ており、親の近くに住むケースが非常に少なくなっている。そのため、身の回りの助けが必要となった場合は家政婦を雇い、その費用を子ども全員で負担する、という新たな扶養の形態にとって変わっている。親も子どもを近くに縛りつけておくより外へ出て稼ぎ、裕福な生活を送って欲しいと願っている。それが「子どものため」と思う親心であり、他方で子世代は、経済力をつけて親の身の回りの世話を自分たちの代わりに他人にしてもらおう、という考えがある。家政婦の雇用は、親子両者の意向を反映したX村朝鮮族の新たな扶養形態といえるだろう。

長男同居を理想としていた従来の家族形態から考えると、現在のような実情は伝統的な形からは逸脱しているようにみえる。しかし、兄弟姉妹でお金を出し合い親に仕送りをする行為や、子世代によりよい生活を送って欲しいと願い外へ送り出す親の行為は、従来の自民族における「孝」の理念の継承であるといえる。

次節では、X村にある小学校と中学校を取り上げて、世帯流出にともなう人口減少によって学校がどのような影響を受け、それに対して学校はどのように対応しているのか、また教育機関が再編される過程で起こった変化をみることにする。

3　少数民族学校の変容と再編

瀋陽市は五地域に区分されており、X村はそのなかの瀋北新区にあたる。各区にはそれぞれ朝鮮族中学校が一校設けられている。瀋北新区内には一八の朝鮮族村があり、小学校は各村に設置されていた。

一九七八年に国が実施した「一人っ子政策」により出生数が減少し、さらに、一九八〇年代末の経済改革開放政策の影響を受けて、多くの朝鮮族村で若中壮年層を中心とした都市、沿岸部への移住、韓国への出稼ぎが続出した。それにともない各村の児童数が減少していく。教育委員会は、各村一校の小学校体制を維持できないと判断し、瀋北新区内にある一七の小学校をX村の小学校に合併することに決定した。地区の中心であるX村に中学校がすでに立地していたことが主要な要因であったと考えられる。

小学校の合併は一九九九年から始まり、二〇〇二年には瀋北新区全域で小学校はX村の「朝鮮族中心小学校」の一校となった（表3－2）。各村を往復する送迎バスが運行され、遠距離からも通学できるようになった。また、二〇〇二年の小学校合併の完了を機に、校舎は中学校の敷地内に移築された。従来は小学校六年間、中学校三年間の教育課程だっ

表3－2　瀋北新区における小中学校教育制度の変化および生徒，教員数の変化

年	児童生徒の数	教員の数
1990年（小学校合併前）	360名（区全域の小学校児童）	17名
2002年（9年一貫教育実施初年）	450名（児童生徒）	60名
2014年3月	61名	42名
	小学生：28名（X村7名） 中学生：27名（X村4名） 幼稚園児：6名	朝鮮族教員：38名 漢民族教員：4名

注）2002年に小中9年一貫教育制度が導入された．そのため単純な比較はできないが児童や生徒数の推移を把握することができる．
出所）聞き取り調査により筆者作成．

たが、九年間の小中一貫教育制へと変更され、校名も「瀋北新区朝鮮族学校」となった。以下、一九七八年の「一人っ子政策」実施から一〇年後の九〇年代初頭、二〇年後の二〇〇二年、三〇年後の二〇一四年における生徒数の推移と教育体制の変化をみていく（表3－2）。

表3－2をみると、一九九〇年には瀋北新区全域の小学校の児童は三六〇名、教師は一七名であった。この当時の中学校の生徒数と教員数は資料不足のため不明であるが、単純にこれらの児童全員が中学校に進学すると考えると、当初は小中学生合わせて七〇〇名程度の児童と生徒が存在したことになる。ところが二〇〇二年の新制度の小中学校の生徒は四五〇名に減少している。さらに二〇〇二年から二〇一四年の一二年間で四〇〇名弱が減少し、生徒数は七分の一程度となった。X村在住の児童生徒数はそのうちの一一名である。児童生徒数の顕著な減少は、一人っ子政策の影響はもちろんだが、子育て世代の村人の流出を物語っている。

教育内容の変化も顕著である。朝鮮族の学校でありながら漢民族の教員が四名着任しているのである。担当教科は、二名が中学英語（二〇〇〇年着任）、一名が体育（二〇〇二年着任）、一名は化学（二〇一〇年着任）である。

従来、朝鮮族の中学校で学ぶ外国語は、朝鮮族教員による日本語であった。そのため、朝鮮族は大学に進学後は日本語を選択することが多かった。二〇〇〇年に入り中学校で英語の授業が主科目として導入されたことを機に英語を義務教育としている漢民族の教員を着任させた。朝鮮族学校では、日本語はそのまま継続となり、日本語と英語のいずれかを生徒が選択できるカリキュラムへ再編された。漢民族の教員を招くことは、少数民族の学校として存続できるように現在の状況に対する朝鮮族学校側の対応であった。

おわりに

以上、X村では村の景観をはじめ、家族形態や親の扶養形態の変容、学校の再編など、この間に多くの変化が確認できた。

村の景観を激変させたのは大規模マンション開発であり、X村の人びとは居住地と畑地を失い、二〇〇五年に居住していた世帯の半数近くが二〇一四年までに「挙家離村」をしたことが確認できた。それ以前から世帯の流出傾向はあったが、大規模マンション開発がそれに拍車をかけたことは明らかである。それまでにみられた「挙家離村」の傾向に加え、生活基盤を韓国で再構築しようとする傾向も検出された。こうした離村の動きによってX村に残っている親世帯はみな単独生活で、家政婦を雇うという新たな親扶養の形態が現れた。これは、従来の家族形態からは逸脱しているようにみえる。しかし、親扶養の実態を詳細にみると、兄弟姉妹で仕送りを行い、家政婦の手配をするなどの子世代の行為があり、他方では、子どもには裕福な生活を送って欲しいと願い外へ送り出す親の意向があった。これらは、まさしく「孝」の理念に基づく行為であると考えられる。

また、世帯数の流出は人口減少を招き、朝鮮族の学校教育に大きな影響を与えたことも明らかになった。X村を含む周辺村でも児童生徒数の激減が浮き彫りになり、教育委員会は学校教育を存続させるために小学校の合併や小中一貫教育制度を実施した。中学校では英語も主科目として導入され、担当できる漢民族の教員が充てられた。また、一部の科目では朝鮮族教員の不足を受けて、漢民族の教員を招く学校側の対応がみられた。このような対応は、朝鮮族居住区内の学校を存続させるための知恵であったように思う。

「文化は時代の変化に対応しながら変容していくものであり、受け皿が備わっていればほかの文化を受け入れる性質と、自らを変容させていく柔軟性をもっている」という一面と「民俗文化（伝統的なものの考え方、価値観）はあたかも遺伝子のように人びとの体の中に深く浸透し、世代を超えて継承されていくものと、その時代を背負った人びとが意識的に残すという、強い意志や行為によって継承されていくものがある」という［須藤 二〇一三：iii―v］。

この仮説のようにX村の朝鮮族は、今日に至るまで政治的変動や一連の社会変革に適応せざるを得ない現実は確かにあった［張英花 2007］。それは既述のK家の長男が語った「当然のことである」、「仕方のないこと」という言葉にも集約される。

しかしながら、社会や経済の変化に一方的に組み込まれるのではなかった。すでに記してきた各家庭の調査事例からは、韓国に渡ることで積極的にチャンスをつかみ、よりよい生活をしたいというつよい意思がみられた。しかも伝統的な生活の形が大きく変化していく中で、自民族の根幹となる「親孝行」という「孝」の理念は維持されている。民族の奥深い所で醸成されてきた基本的な理念は、世代を越えて確実に継承されていたのである。

注

（1）一九九九年、韓国政府が規定した「在外同胞基本法」によれば、朝鮮族の場合、第二次世界大戦の時代に韓国から中国に移住した際、韓国国籍に登録されていて戸籍が残っている者は「同胞一世」の身分に適応される。詳しくは、劉京宰［二〇〇四：一一九―一二二］を参照。

（2）韓国をはじめとする近隣都市部や沿岸部へ移住を指す。中国政府が規定した戸籍制度により「挙家離村」の場合でも戸籍はX村に残る。韓国籍を取得した場合は抹消される。

参考文献

須藤護［二〇一三］『雲南省ハニ族の生活誌』ミネルヴァ書房。

竹田旦編［一九九九］『中国東北部朝鮮族の民俗文化』第一書房。

張英花［二〇〇七］「中国朝鮮族の家族における祖先祭祀と女性役割の変容」（博士論文）。

劉京宰［二〇〇四］「東北アジアの構図からみた朝鮮民族の流動と拡散」、桜井龍彦編『東北アジア朝鮮民族の多角的研究』ユニテ。


（黒﨑　英花）

第4章

天津の「鬼市」
——中国都市部における路上古物市場の特質に関する一考察——

はじめに

本章では、中国の天津市で鬼市《guishi》とよばれる路上の古物市場が歴史的に有してきた特質の一端をあきらかにしていく。

筆者は語学留学を契機に天津に一年ほど暮らした。当時、下宿先のアパートの向かいの部屋には八〇代の老婆が暮らしており、彼女の長男が身の回りの世話をしに頻繁に来ていた。彼は、共同トイレの水栓の補修や練炭ストーブの配管交換など、日曜大工のような作業を日常的におこなっていた。筆者はしばしばそれらの作業を眺め、時に尋ねたりした。ある時、彼は日曜大工に用いる道具や材料を「鬼市」という市場で調達してくることを教えてくれた。聞き慣れない市場の名称だったため、「どのような物が売られている市場ですか？」と彼に尋ねると、「何でもある」と彼は答えた。独特の呼称と得体の知れない市場に興味を抱いた筆者は実際に市場を訪ねた。市場につくと、中古の電化製品や工具・部品、古着、骨董品、用途不明のガラクタまでもが路上に所狭しと並べ売られ、歩くのが困難なほど多くの人で賑わっていた。その独特の雰囲気に筆者は圧倒された。

留学を終え帰国した後、結婚・子育てなどにより研究から一時離れていた筆者は、研究を再開するにあたり、この鬼市を研究対象とすることに決め、大学の休暇期間を利用し現地調査を断続的におこなった。現地調査では、天津市図書館や档案館で鬼市に関する文献史料の収集、実際に鬼市での参与観察・インタビュー調査などをおこなった。

多くの人が集まり、多様な古物が売られる鬼市の特徴を掴みあぐねていた筆者は、調査の過程で知遇を得た商人・張さんに「鬼市のことがなかなか理解できない」と相談したところ、「お前も売買をやってみるとわかるだろう」と助言を受けた。実際に売買をおこなうと、購入時には高い値段で商品を売りつけられ、出店時には安く買い叩かれる、といったことを頻繁に経験した。そのような中、ある日、天津の観光地で開かれていた骨董市場を訪れた際、自身が以前鬼市で安く買い叩かれた商品が売られていることを発見した。筆者の商品を安く買い叩いた人物は、古物の転売をおこなう骨董商人だったのである。

天津市図書館で収集した中華民国期の新聞史料においても、鬼市と古物の転売に関する記事があることを発見していたことから、歴史的に鬼市が天津における古物の流通にとって重要な役割を担っていたのではないか、という一つの仮説が浮かんだ。そこで本章は、古物の流通に注目し、文献史料に加えて市場での参与観察、インタビューで得た情報などをもとに、古物流通の拠点としての鬼市、という歴史的特質の一端をあきらかにしたい(1)。

1　天津および鬼市の概要

本章の調査対象地である天津市は、中国の華北平原の東北部に位置し、市の西北には首都の北京市が隣接しており、東は渤海湾に面している。天津は明の第三代皇帝・永楽帝の即位後、国都であった北京防衛のための軍事的拠点として創建された。明清期にかけて天津は交易拠点として経済的にも重要な都市となる。第二次アヘン戦争以後、一八六〇年から外国租界（治外法権をもつ外国人居留地）が建設され、天津は急速な近代化を経験した。一九二〇年代末には、人口が一〇〇万人を越え、上海・北京に次ぐ大都市となった。天津市は新中国成立後、北京市・上海市・重慶市とともに最高位の都市であり省と同格の一級行政区画である直轄市の一つとなった。現在、面積は一万一九一六・八五㎢、人口一五五六・八七万人をかかえ、市全域のGDPは一兆八五九五・三八億元にのぼる〔天津年鑑社 二〇一八：二四―二五、二七〕。

「天津鬼市探秘」によると、天津の鬼市は、一九世紀末に西関街という路上で貧しい人びとが二〇人程集まり古着の売買をしたことが始まりとされる。その後、市場は警察による取り締まりから逃れるため場所を転々と移動した。時代が下るにつれ市場は拡大し、古着に加え中古の日用品や骨董品などが売られ専門的な古物市場の性格を強めた。一九三〇年頃を境にこの市場は西広開という地域に移り、一九九八年の閉鎖まで移動することはなくなった。西広開は、もとは居住地ではなく広大な墓地や荒れ地であったため、人から干渉を受けることが無かった。西広開に移転後、市場はますます拡大した。普通の古物に加え盗品が売られはじめ、人目を避けるために交易時間が早まり、夜明け前に交易がおこなわれた。ランプの明かりをたよりにおこなわれた交易は、遠くから見ると墓地で鬼火が飛んでいるように見えることから「鬼市」の名がつけられたという〔胡 一九九四：九八―一〇〇〕。

一九四九年、新中国成立後、特異な市場であった鬼市は当局による管理・再編が図られ、天明市場や南開区廃品旧物市場と名を変え、社会主義にもとづく計画経済に組み込まれた。一九六六年から始まった文化大革命期には「資本主義の尻尾」とみなされ閉鎖された〔櫻井 二〇一九〕。

しかし、文化大革命収束後の一九七〇年代末、かつて鬼市で商売をおこなっていた人びとにより市場が再開され、古物市場は徐々に活気を取り戻した。一九八三年二月、天津市南開区政府がこの市場を天宝路旧物市場と名づけ正式に批准した。工商・税務・公安の各部門が連携し、経営人員の入場時間・交易方式などの規定を定めた。また、一九九〇年頃より天津市内で「創建文明市場」というスローガンを掲げた消費者の権益を守るための活動が展開され、偽物や低品質な商品の販売・量り売りの詐欺などの不法行為が取り締まられた。一九八〇年代に多くの違法行為がみられた同市場も九〇年代には文明市場の称号を得るにいたる〔天津市南開区地方志編集委員会編 一九九八：四九六〕。こうして中華民国期にみられた鬼市の特色は取り除かれたという〔馬・趙 一九八九：一四二〕。

改革開放後、順調に発展していた同市場は、一九九八年市場周辺の再開発を機に再び閉鎖を余儀なくされる。二〇〇〇年代に入ると、天宝路旧物市場で商売をおこなっていた人びとは、路上や空き地を不法占拠する形で古物市場を形成した。当局は、現代化を進める都市にはそぐわない非衛生的で文明的ではない市場と見做し、厳しい取り締まりを実施した。鬼市とよばれる古物市場は、取り締まりと移動を繰り返しながらも今なお存続している。

2　鬼市と古物の流通の歴史性

(1) 新中国成立以前における鬼市と古物の転売

ここから冒頭で述べたように、天津の鬼市が歴史的に重要な古物の流通拠点となってきた、という点に着目し、それこそが同市場の一つの特質となっていることをあきらかにする。まず、文献史料にもとづき新中国成立以前の実態について見てみよう。「鬼市一瞥 都市黒暗的一角 上」（『大公報』一九三五年一月三一日）という中華民国期の新聞記事によると、当時の鬼市の売り手と商品の供給源が三点紹介されている。一つは、「喝破爛《hepolan》」とよばれた廃品回収をおこなう人びとが買いつけた品で、彼らは廃品・故紙・縄の一部・瓶、時には没落した名家の木器や書画なども安い値段で買いつけ、その後鬼市にて売り出した。二つ目は、没落した名家の子弟が売りに来る品で、彼らの多くはアヘン中毒者で、アヘン欲しさに家財を売り出した。日中に売ると「面子」がなくなるため暗闇に乗じて鬼市で売った。三つ目は、盗賊が城内や外国租界で盗んできた「小貨」とよばれる盗品・略奪品で、堂々と販売できないため夜明け前に鬼市で売った。

鬼市で売られたこれらの古物は多様な転売先とつながっていた。『天津市地名志 〇四 南開区』によると、北門里の骨董店・瑞古齋の馬恵清は毎日鬼市に通い、宋代の『千里江山図』、元代の『水村図』、唐代の『調嬰図』など希少な書画を見つけ出し、莫大な財を築いた。後に彼は当時の天津で最も栄えた商業施設であるフランス租界の観業場の三階に骨董店を開いた。観業場で売られた希少な書画・骨董品は、その後香港を経て海外へと転売されたという［南開区地名志

編纂委員会編 一九九八：五九九]。

一方、日用品は市内各地の「破爛市」とよばれるガラクタ市に転売されていた。「天津低級生活素描 鬼市和破爛市」(『大公報』一九三三年五月四日)という新聞記事によると、「破爛市も鬼市同様各種の廃品・中古品を売っている」が、「それらの間には一つのあきらかに異なる点が存在する」とされる。「鬼市において見出した商品は「バラバラ」で「グチャグチャ」で「劣悪」であった」が、「整った印象を破爛市から見うけることが出来る」という。「たとえば、一足の靴を我々が鬼市で見た際、靴は泥や埃にまみれているが、しかし、その靴がもし種々の手続きを経て破爛市において並べられたならば、我々はその靴がひとつの飾られた商品のように思えるだろう、破爛市と鬼市との関係はちょうど小売と卸売りとの関係と同じであり、この原因が破爛市の商品の大部分が鬼市から買い集められてきたことに由来する」と説明している。すなわち、当時売られていた雑多な古物の中で、書画・骨董の類は市内中心部の骨董店へ、日用品は購入した後に補修や清掃など手が加えられたうえで市内各地の破爛市へと転売されていたことがわかる。

(2) 改革開放初期における天宝路旧物市場と古物の転売

改革開放初期の天宝路旧物市場の様子を記録した「〝鬼市〟的変遷」によると、同市場で売られた古物は黒竜江省・遼寧省・山東省・河北省・河南省へと転売され、都市と農村、郷鎮企業と自営業などを結びつける役割を果たしていたとされる。たとえば、河北省遷西県西流古村から来た一二名の商人は同市場に来るたびに二〇〇〇元以上の衣服を、河北省撫寧県劉守営村の二名の商人は毎回三〇〇着以上の古着を買い付けた[馬・趙 一九八九：一四三]。

また、天宝路旧物市場で購入した古物をその後、天津の市中心部に近い沈陽道古物市場という骨董市場で転売していた人も少なくなかった。沈陽道古物市場は、一九八七年に中国で最初に開かれた骨董市場で、古代の陶器や明清期の家具、著名な作家の書画や珍しい古籍をはじめ、金・銀・銅や木・牙・竹・玉や翡翠のアクセサリーなどあらゆる骨董品が売られ、全国各地の骨董商人が骨董品を求めて同市場に集まった。たとえば、ある六〇代の天津の男性は、一九九〇年代に国営企業に勤める傍ら、出勤前に天宝路旧物市場を訪れ商品を仕入れ、毎週木曜に沈陽道古物市場で玉器の類を転売していた経験を筆者に語ってくれた（二〇一九年三月二四日）。

3　長江道綜合市場における古物の売買

（1）長江道綜合市場の概要

二〇一九年一～三月にかけて、筆者は長江道綜合市場という市場で参与観察とインタビュー調査をおこなった。この市場は、かつて天宝路旧物市場で古物の売買をおこなっていた人びとが多く参与する市場で、天津市街中心部である南開区の東西を貫く幹線道路の長江道、南北に走る紅旗路という幹線道路との交差点近くの奥まった元国営工場の跡地の空き地を不法占拠する形で二〇一八年一〇月から二〇一九年三月まで開かれていた。市場の広さは一五〇〇㎡程で、露天商の数は平日には一〇〇戸程、土・日曜日には二〇〇戸前後の露天商で賑わった（写真4－1）。[2] 市場は夜明けから昼頃まで開かれるが、一部の者は冬でも夜明け前の四～五時から売買をおこなっていた。[3] 午前七時頃、市場の管理員による費用の徴収が始まる。一部の売り手は管理費の徴収前に商品を売り払い、市場を後にしていた。

筆者が調査を開始した二〇一九年一月二〇日は、春節（旧暦の正月）前であり、市場の入口には「賀新春長江道年貨市場隆重招商中　経営：食品、海鮮、干貨、水果、糖果、春聯吊銭、年画等各種商品」と書かれた横断幕が掲げられていた。「年貨市場」とは、年画や窓・扉に貼る正月飾りなど新年を祝うための品物を扱う市場を指す。

しかし、「年貨」を扱う露天商は全体七七戸中、二戸と少なく、古物を扱う露天商が五〇戸と半数以上を占めていた（表4－1）。

同市場において社会的な属性が確認できた古物の露天商の人数は少ないものの、概して天津の五〇代以上の男性が多い傾向がみてとれた（表4－2）。彼らは親族・友人の不要物を貰い受けたり、住宅街のゴミ箱を物色したり、廃品回収所への買い付けを通して古物を仕入れていた。

市場の買い手は、売り手以上に流動性が高く、市場に訪れるすべての人を記録することは不可能であったが、買い手にも一定の傾向が存在する。定年退職後、趣味でほぼ毎日鬼市を訪れるある六〇代の天津の男性は、毎日鬼市に遊びに来る理由を二点あげてくれた（二〇一八年三月一二日）[4]。一つは、「古物の価格が安いこと」である。同市場で、「ガラクタ」（破爛）とよばれる雑多な古物は、通常一～二元程で買うことができる。たとえば、ある七九歳の天津の男性は、床を磨くためのモップの柄を一元で購入していた（二〇一九年三月九日）。彼は頻繁に市場を訪れ、ある時は何も買わずに市場を散歩し、商品を眺め、さまざまな人と雑談に花をさかせていた（二〇一九年二月一四日）。

もう一つは、「他では買えない珍しい古物が買えること」である。たとえば、ある七〇代の天津の男性は、自身が同市場で買った茶壷を筆者に見せてくれた。茶壷に貼られた生産地の表記から、「元々この茶壷には中国茶の中

写真4－1　賑わいをみせる週末の長江道綜合市場

出所）2019年2月筆者撮影.

表4－1　2019年1月23日の出店数内訳

品目	海鮮	ドライフルーツ・乾物	果物	砂糖菓子	正月飾り、吉祥絵	新品生活雑貨	古物	その他(裁縫・キリギリスなどの虫売り各1)
出店数	4	2	1	0	1	11	50	2

出所）筆者作成.

表4－2　古物露天商の年齢、本籍地、性別

年　齢	40代以下 0	50代 5	60代 10	70代 2	80代 3
本籍地	天津市 23	河南省 1	黒竜江省 1		
性　別	女性 3	男性 22			

出所）筆者作成.

でも最も高価な種類の一つである龍井茶が入っていただろう」と老人は語った。続けて老人は、「二〇年前に買っていれば、これは中の茶葉込みで二〇〇〇元はしただろう（中略）高級茶葉の壺はその鮮度を維持するために質が高くなくてはならない」と教えてくれた。老人はこの茶壺を三〇〇元で購入したという。そして、「三〇〇元でも人に売らない」と筆者に語った（二〇一九年一月二八日）。長江道綜合市場は日用品から珍しいものまでさまざまな古物が安く買える市場であることが窺える。

（2）古物の転売

茶壺を購入した老人は、筆者に「捡漏《jianlou》」（掘り出し物を見つける行為）と、「抓貨《zhuahuo》」という同市場でよく使われる象徴的な言葉を教えてくれた。後者の用語、「抓」は「つかむ」、「貨」は「商品・物品」を意味し、この文脈においては、買い手が転売を目的に「商品を仕入れる」という意味で用いられる。すなわち、この語は同市場において自身の生活に必要な物や趣味の物を買うのではなく、転売目的で古物を買う人びとが少なくないことを教えてくれる。さらに興味深いことに古物の転売先は実に多様な広がりをみせていた。

たとえば、転売で生計をたてているある四〇代の天津の男性は、エルメスの革靴（一八〇元）や、海鷗（中国の歴史ある時計メーカー）の古い機械式腕時計（一〇元）などの有名ブランドの古物を長江道綜合市場で買い入れていた（二〇一九年三月二日）。彼はその後、鼓楼という天津市中心部の観光地にて毎週木曜に開かれる骨董市場でこれらを転売していた。

また、ある七〇代の河北省の農村出身の女性は、長江道綜合市場で毎日古着のみを一着あたり約一元で数十着も買っていた[5]。彼女は二五年ほど前に天津に出稼ぎに来て以来、古着の転売で生計を立ててきた。以前、彼女は出身の農村とその近郊で古着を転売していたが、現在は古着をアフリカに転売する仲買商人に卸しているという。三〇年以上趣味で鬼市に通い続けている五〇代の天津の男性によると、アフリカへ古着が転売されるようになったのは二〇〇〇年以降であるという。アフリカに古着を転売する商人は、農村からの出稼ぎの人たちに古着を大量に買わせて、大きなコンテナを船に積み、天津の港からアフリカまで輸送し財を築いた。アフリカではナイキやアディダスといったスポーツ系ブランドの古着が好まれており、仲買商人は古着を買い取ったのち選別し、アフリカへ転売するのに適さない服を再び鬼市で売ったという（二〇一九年四月二四日）。

このように、ブランド品や骨董品のような高値で売れる物は観光地の骨董市場へ、古着はアフリカへと転売されていた。紙幅の都合で省略するが、インターネット上や郊外の中古品市場で転売する人びともおり、長江道綜合市場は多様な古物の流通のハブ軸のような役割を果たしていた。

おわりに

本章であきらかにしてきた内容をまとめると、まず、天津の鬼市は、毛沢東時代を除き、珍しいものから日常の生活用品まで雑多な古物が集まる地点であった。時代の変化により、売られる古物やその転売先は具体的に異なるものの、価値の高い古物はいつの時代においても市の中心部の骨董市場へ、古着をはじめとする日用品の類は中華民国期であれば市内中心から少し離れたガラクタ市で、改革開放初期においては郊外の農村へ、さらに二〇〇〇年以降はアフリカへと、より経済的に発展の遅れた地域へと転売先が広がっていたことがわかった。このような古物の流通のあり方とその拠点としての役割を近代以降の天津の鬼市が一貫して担っていたことがあきらかとなった。このような近代以降の古物の流通拠点としての鬼市の特質は、これまでの民俗学・人類学者たちからは看過されてきたことであった。今回、紙幅の都合で論じることができなかった点も少なくないが、それらは改めて別稿で詳述したい。

付　記

なお、本章は国立民族学博物館の特別共同利用研究員制度（二〇一七・一八年度）ならびに外来研究員制度（二〇二〇・二一年度）を利用しおこなった研究にもとづくものである。

注

（1）鬼市は中国において古代から存在する市・交易の呼称である。日本の民俗学者や人類学者は戦前から沈黙交易（無言貿易とも称する）の一形態としての鬼市に関心をよせていた。たとえば、南方熊楠は唐代の『輦下歳時記』や『番禺雑記』記載の鬼市を事例として紹介している［南方 一九一七］。これら古代の事例を含む広義的な意味における鬼市については相田洋［一九九七］が最も包括的に取り扱っている。相田は鬼市について多くの史料を引きつつ沈黙交易の形態を整理している。この整理に従うと、本章で取り扱う鬼市は夜市型沈黙交易が零落した黒市や夜市・暁市とよばれる闇市的性格を有する市となる。この闇市的性格を有する鬼市については沢田瑞穂［一九七三］が扱っており、北京・西安・南京などの事例が簡単に紹介されている。このような異なる時代と異なる地域における鬼市と本章で扱う鬼市との関係の考察については別稿に譲りたい。

（2）二〇一九年一月二七日（日）一八四戸、二月二三日（土）一九一戸。同年一月二九日（月）九九戸。

（3）二〇一九年二月二六日（火）早朝五時に売り手が三人、買い手が六人ほど来ていた。

（4）この情報は西関街旧物市場という古物市場でのインタビューにもとづく。同市場が二〇一八年四～五月に取り締まりを受けた後に新たに開かれた市場が長江道綜合市場であった。この男性は長江道綜合市場にもほぼ毎日遊びに来ていた。

（5）二〇一九年四月三日、一二日におこなった参与観察で彼女は複数の露天商から計三〇着の古着を三五元で購入していた。これは長江道綜合市場が取り締まりを受けた後、躍升里という一帯に移った際の記録であるが、彼女は長江道綜合市場にも毎日訪れ古着を買っていた。

参考文献

〈日本語文献〉

櫻井想［二〇一八］「近代天津における鬼市の変遷と都市管理」『中国――社会と文化――』三三。

櫻井想［二〇一九］「毛沢東時代における天津鬼市の歴史的変遷に関する覚書」『龍谷大学大学院国際文化研究論集』一六。

澤田瑞穂［一九七三］「鬼市考」『天理大学学報』二四（六）。

相田洋［一九九七］『異人と市――境界の中国古代史――』研文出版。

南方熊楠［一九一七］「無言貿易」『人類学雑誌』三二（一〇）。

渡辺惇［一九九九］「都市下層民と幇会・黒社会」天津地域史研究会編『天津史――再生する都市のトポロジー――』東方書店。

〈中国語文献〉


付燕鴻［二〇一三］『窩棚中的生命――近代天津城市貧民階層研究（一八六〇―一九三七）――』山西大学出版。

胡蘊輝［一九九四］「天津鬼市探秘」『天津文史資料選輯』六二。

劉海岩［二〇〇三］『空間与社会――近代天津城市的演変――』天津社会科学院出版。

羅澍偉主編［一九九三］『近代天津城市史』中国社会科学出版。

馬均英・趙洪［一九八九］「〝鬼市〟的変遷」、『今日南開』編委会編『今日南開』天津人民出版。

南開春秋編輯部［二〇〇四］「〝鬼市〟――天津最大最久的旧物市場――」『南開春秋』一五。

南開区地名志編纂委員会編［一九九八］『天津市地名志 〇四 南開区』天津人民出版。

天津市南開区地方志編修委員会編［一九九八］『南開区志』天津社会科学院出版。

天津市年鑑社編輯［二〇一八］『天津年鑑 二〇一八（総第三三巻）』天津年鑑社。

周俊旗主編［二〇〇二］『民国天津社会生活史』天津社会科学院出版。


〈英語文献〉

Hershatter, G. [1986] *The Workers of Tianjin, 1900–1949*. Stanford, California: Stanford University Press.

（櫻井　想）

第5章

村の誇りを創出する
――雄琴神社社格昇格運動を中心として――

はじめに

地域神社の近代化について考えることが本章の課題である。近世期、地域の人びとの紐帯として機能していた氏神（鎮守社）が、近代になって「国家の宗祀」として新たな位置づけがなされ、国の神社制度に合わせた変化を遂げていく。それは人びとの神社への意識を変えていった。中でも社格は、その象徴的な意味を持っていたように思える。

社格とは、明治四（一八七一）年に公布された神社の新たな位置づけ（明治四年五月一四日「官社以下定額・神官職制等規定」と同年七月四日「郷社定則」）が元となり展開したものである。官幣・国幣といった国家の管轄となる「官社」と、地方官管轄の「諸社」に区別され、地域にあっては、府（藩）県社―郷社、それに附属する村社という序列となり、その後それ以外の小祠を「無格社」とした。こうした社格は、地域の神社に新たな価値を付与し、近代の地域社会の中で一定の役割を果たしていく。昭和二一（一九四六）年に社格は廃止され、現在、社格を意識することはなくなったが、かつては地域住民にとって大きな関心事であった[1]。

ここで問題とする「郷社」は、明治四年の郷社定則によれば、戸籍一区につき一社が目安とされ、あるいは数ケ村の中で各村に氏神がある場合は、その中核となる一社を指し、残りの氏神は、郷社に附属する村社等にされた［阪本 一九九四：八三―九八］。

滋賀県の場合、明治四年に各社が明細帳を提出し、明治九（一八七六）年に県社・郷社とそれに附属する村社が決められる。この時点で県社二社・郷社は二一社（翌年一社加わる）であった。郷社は、県内各郡に一～三社が加列された。郷社定則の規定よりも広範囲な郡を目安に加列したようだが、この数はあまりにも少なかったためか、明治一四（一八八一）年から一九（一八八六）年の間に、五七社が郷社に昇格している。延喜氏内社も多い県内の事情から、由緒の明確な神社が請願により昇格されていったようだ。しかし政府は明治一九（一八八六）年六月八日付甲第一四一号で「社格ヲコフモノ（請うもの）亦比々（日々）トシテ絶エス」と昇格への請願が過熱していた状況から「神社新規ノ社格及昇格ヲ許サヽル事」との原則を示す。「但特別ハ縁故アルモノハ事由ヲ具シ伺出ツヘシ」［三宅 一九二一：一三四］とあり、特別な理由がある場合は申請できることになっていた(2)。

その一方で、地域社会はより高い社格を求めて昇格運動に躍起となる。本章では、滋賀県大津市雄琴二丁目に所在する雄琴神社における明治時代後期の社格昇格運動（村社から郷社へ）の経緯を追うことを第一の目的としている。こうした昇格は、多数の実態があるが、その経緯が紹介されることはあまりなかったように思われる。幸い雄琴神社には、その記録が残されており、その概略を紹介することは意味があると考え、以下整理してみた。

1　雄琴神社と小槻氏

(1) 雄琴神社の祭神小槻宿祢今雄と小槻氏

かつて雄琴は、琵琶湖の西岸を南北に通る旧北国海道に沿って家並が続く農村である。集落の高台に雄琴神社（大津市雄琴二丁目）は位置し、琵琶湖や対岸の湖南平野が見通せる、まことに景色の良い場所に立地している。

現在、雄琴神社の祭神は「大炊神今雄宿祢命」である。雄琴神社の祭神がなぜ今雄宿祢命になったかといえば、中世、雄琴庄・苗鹿庄が、小槻氏の荘園であったことに由来する。この小槻氏の祖が、小槻宿祢今雄であり、雄琴庄にあった雄琴社は、小槻氏の祖を祀ることから同氏の氏神とされた。

小槻氏は、古代、近江国栗太郡にあった地方豪族とされ、この小槻氏の系譜を引く今雄が、朝廷に出仕するようになったのは、平安時代前期のことである。京都に居を構えて以後、小槻氏は太政官に出仕し、平安時代後期以後は弁官局左大史（大夫史）の職を世襲し、五位以上の官位に就き、「官務家」とも呼ばれた。この役職は文書の作成や保管、記録を司り、朝廷のさまざまな情報管理にあたってきた。このため、朝廷の執務にとって不可欠な家であった。ただ、中世官務家として世襲していく小槻氏と、その祖とされる今雄との関係を再検討した井上幸治は、それが後世の附会で、小槻氏が官務家として確立していくなかで、「小槻宿祢今雄」という人物を創り出したと指摘している（井上 二〇一六：三四三）。それはともかく小槻氏は、鎌倉時代以降壬生家と大宮家に別れ、それぞれが大夫史を勤めていたが、その後、大宮家は絶えたため、壬生家が世襲し、明治維新を迎えるまで継承される。千年の長きにわたり、大夫史職を世襲してきたことになり、小槻家（のち壬生家）は、宮廷官吏として同じ職務を絶えることなく継承してきた稀有な家だったのである。(3)

この小槻氏は、いくつかの荘園を領有しており、代々氏の長者が管領する重要な荘園として苗鹿庄・雄琴庄があった。平安時代中期頃小槻家領となったようで［橋本 一九七七：三三六］、近世村で言えば、雄琴村と南に隣接する苗鹿村が該当する。

壬生家は、文書を司る家であっただけに、膨大な文書が伝来した。これらは、明治時代に壬生家から宮内庁に献納され、図書寮所蔵となる。このうち小槻家領関係文書に、苗鹿庄・雄琴庄関係の古文書が多数伝来しており、訴訟文書に雄琴社への言及がある。たとえば、文永一〇（一二七三）年の「官宣旨案」には、「雄琴社は彼所の鎮守、当家の氏神、大炊神と号し、いわゆる今雄宿祢これなり」［宮内庁書陵部編 一九八三：七五］と、雄琴庄・苗鹿庄と小槻氏の密接な関係を説明している。小槻氏の祖を祭神とする雄琴社は小槻氏にとっての氏神であり、地域にとっては鎮守社であった。この荘園をめぐりたびたび相論がおこっているが、この両庄がいかに小槻氏にとってゆかりのある重要な荘園であるかを氏神雄琴社と氏寺法光寺（苗鹿村）の存在で主張し、小槻家領として安堵されている。これらの文書により、中世の雄琴社の状況を伺うことができる。

しかし、壬生家が、雄琴・苗鹿の領主であったのは、室町時代までのことである。江戸時代になると苗鹿村は膳所藩領、雄琴村は滋賀院門跡領（輪王寺宮支配）となる。このため、壬生家との関係も途絶え、壬生家文書に対応する中世の古文書が残されることはなかった。

（2）江戸時代・明治時代初期の雄琴神社

江戸時代の雄琴社は、主祭神を白山大権現（伊弉諾・伊弉冉）・地主大権現（大物主神）・崇道尽敬天皇（舎人親王）の四柱を祀るとされた。地主大権現（大物主神）は、大己貴神であり、日吉社の大宮（現西本宮）にあたる。白山大権現も、日吉社に祀られている客人（現白山姫神社）かもしれない。憶測になるが、雄琴村が、延暦寺の門跡寺院である滋賀院門跡領になったことで、それに相応しい日吉社の神を中心に祭神を構成したと推測される。江戸時代、壬生家との関係は限定的で、かつて主祭神だったはずの「小槻宿祢今雄」は、摂社樟本社で「大炊神・長谷今雄」として祀れているのみとなっていた。

明治四（一八七一）年、県に提出された神社明細帳には、祭神を大炊神・崇道尽敬天皇・日吉大宮大己貴神の三柱としている。大炊神は、壬生家文書では小槻今雄を指す神号であったが、そのことは忘れられ、ここでは舎人親王の子で淡路廃帝と呼ばれ、後に淳仁天皇と諡号された人物に比定されている。淳仁天皇の諱が「大炊」であったことと、雄琴社にその父舎人親王が祀られていたことからの強引な附会であった。この理解により「大炊神」は明治四年、いきなり主祭神に祀られた。明治時代になり、雄琴村が滋賀院門跡領でなくなったことで、日吉系の神々を祀る必然性がなくなり、こうした祭神を比定したと考えられる。この明細帳で今雄については、摂社の樟本社の祭神を「今雄神、長谷神、相殿小槻氏祖」とあり小槻氏の祖を摂社樟本社で祀っていると記しており、近世の記述と一致している[4]。

明治九（一九三四）年、雄琴神社は「村社」、隣の苗鹿村の氏神那波加神社も「村社」に加列され、その郷社は、日吉神社の摂社大神神社であった。「更ニ日吉大神々社ヲ滋賀郡南組郷社ト定メラレ該社ノ附属村社雄琴神社ト御改称ヲナス」（『村社雄琴神社記』）と見え、明治一一年より御初穂料が、村社料物の内から日吉神社に納められている。

郷社日吉神社摂社大神神社に付属する村社雄琴神社という構図からか、明治一二（一八七九）年に再度提出された神社明細帳では、祭神を伊弉諾命・伊弉諾命・尽敬天皇・大山咋神の四柱とし、日吉神社を意識した近世の祭神構成で提出されている。大炊神が退けられ、伊弉冉・伊弉諾が再び表れたことになる。つまり、この時点では雄琴神社の祭神として、小槻宿祢今雄を前面に押し出そうという地域の意志は見られなかったことになる。ちなみに大山咋神は、日吉社の神（現東本宮）である。

（3）隣村那波加神社の昇格

苗鹿村には、小槻氏の氏寺法光寺が所在し、そこには小槻宿祢今雄の墓と伝わる石造宝塔も建てられている。同村の氏神那波加神社については、明治九年、村社とされたが、延喜式内社であったことから、明治二八（一八九五）年一月一五日「郷社」に昇格、そして明治三五（一九〇二）年四月三〇日には、由緒の訂正が許可され、同年五月三〇日、「県社」に昇格している。

同社が式内社であったこと、また、由緒を小槻氏との関係が深い社に訂正し認められたことが、県社昇格の大きなポイントだったようだ。法光寺に残された壬生家文書の一部の写がその典拠となり、江戸時代まで朝廷の官務職を世襲した壬生家の崇敬を受けていたことは、特別由緒ある神社という位置づけに適うものであった。

このことに関連して、明治二九（一八九六）年、雄琴は小学校の校名を「今雄尋常小学校」にしている。一般に小学校名は、地名を冠することが基本だったが、雄琴は「今雄」を主張し、校名とした。明治二八年の那波加神社郷社昇格にあたり、小槻宿祢今雄と雄琴の歴史が再確認され、村として小槻宿祢今雄を顕彰する機運が高まり、校名に結び付いたと考えられる。以後、昭和一六（一九四一）年、雄琴国民学校と改称されるまで「今雄尋常高等小学校」が雄琴の小学校名であった。

2　雄琴神社の昇格運動1——頓挫——

(1)　社格昇格運動への機運

那波加神社が県社となったことを受けて雄琴神社が動き出す。那波加神社が県社に昇格した明治三五年、空席となった郷社枠に雄琴神社を昇格させようとする運動がはじまる。那波加神社と同じ小槻氏所縁の雄琴神社も昇格の可能性があるのでは、という思いからだったのだろう。この運動の主体は、大字雄琴で、区長や氏子総代等である。

この運動の記録として、基本文献となる雄琴神社所蔵の冊子について、まず紹介しておく。表紙の題箋を欠くが、『雄琴神社記　第二巻』と称すべき内容で、大正三（一九一四）年一月に編まれた、墨付き一九三丁に及ぶ大部な冊子である。近世から明治一三年までの記事をまとめた『村社雄琴神社記』の続編として編まれたもので、内容は、ほぼ社格昇格運動の記事となっている。中でも「小宅日記」と題された安本芳太郎の日記は、昇格運動に深く関与した人物の日記で、神社記録編纂にあたり提供されたものである。この「小宅日記」により、運動の経緯を正確に知ることができる。このほか、「自明治三十八年至大正三年　雄琴神社記録」（以下、「神社記録」）も収められており、こちらが、神社の公式な記録で、提出文書等が採録されている。

安本芳太郎は、隣村苗鹿村の氏子であり、雄琴神社と直接の関係はなかったが、那波加神社の昇格運動に尽力した人物であり、その手腕を信頼して雄琴が依頼した。「小宅日記」も、その記事からはじまっており、「明治卅五年九月廿日、今夕雄琴事務所ノ宴会ニ招カル、（中略）当席ニ於テ区長ヨリ雄琴神社郷社昇格請願ノ件、協議済トナリタルニ付、自分（安本）ニモ尽力方ノ依頼アリ」（「小宅日記」）とある。この日、大字雄琴評議員協議の結果、「村社雄琴神社ヲ郷社ニ昇格シ奉ラン事ヲ決議セリ」（「神社記録」）とあり、昇格運動委員として舩木源蔵・田中長造を選出している。その日の宴会で安本も運動への協力を依頼され承諾した。

明治三五年一〇月一日、委員らは、まず県庁に向かい、明細書を謄写する。那波加神社昇格で進めたように、由緒を明確にし、郷社にふさわしい歴史を持つ神社であることを証明するためには、明細書を訂正し整備する必要があった。

明治四年に提出された明細書では、祭神に大炊神が上げられていたが、明治一二年には大炊神が消え、伊弉諾命・伊弉冉命となっていたことは先に触れた。明治四年段階で大炊神は、淳仁天皇と解釈されていたようだが、明治三五年段階では壬生家文書にあるように小槻宿祢今雄と理解されている。いづれにしても昇格の鍵は、那波加神社のように、小槻氏所縁の神社であることを証明することが肝要と認識されていた。それには、祭神が伊弉諾・伊弉冉ではその歴史を語ることができない。そこで、神社関係者は、小野村の馬場美川へ相談に向かっている。馬場は、小野神社の社司だったが、神社行政に精通し、こういった運動の相談役として信頼されていた。

明治三六（一九〇三）年二月一三日、安本芳太郎が、馬場美川に面談し「是非一度東上シ壬生家及ヒ内務省社寺局及局員竹内氏ニ面議万事委嘱セントノ議ヲ決ス」（「小宅日記」）との結論に至り、一四日には、大字雄琴の評議員、重立者集会を開催し東京行きを決定している。一九日には、念のため伍頭（村内の五人組の各代表）を集めて、昇格運動委員の東京行きを謀り、満場一致で賛成された。

二月二二日には、区長と運動委員が、滋賀県を訪れ、社寺掛笠川県属と面談している。「今回雄琴神社ヲ郷社ニ昇格セント請願スル、現今ノ處非常ノ難事ナリト思フ、就テハ氏子全体ニ於テ熱列ナル希望ナレハ確実ナル古文書有力ナル考証ヲ集メ然ル上ニ願書ヲ提出スヘシト親切ニ示授取扱ハレタリ」（「神社記録」）とのアドバイスをえる。昇格は容易でないが、確実な証拠と考証を整えれば可能性があることを笠川は示してくれた。

（2）東京へ向かう

これを受けて、三月一〇日、昇格運動委員の舩木・田中両氏と安本芳太郎、そして小野村の馬場美川の四名は東京へ向かう。雄琴神社の関係資料収集と昇格運動に援助が得られそうな人物への協力依頼が大きな目的だった。

まず向かったのは、地元出身の政府関係者である三宮義胤（一八四四〜一九〇五）である。真野浜村の正源寺（大津市真野五丁目：浄土真宗本願寺派）出身の三宮は、幕末期、尊王攘夷の活動家として奔走し、明治政府に出仕、外務官僚を経て、明治一六年には宮内省に転じ、明治二八年式部長となり、翌年には男爵を授けられている。地元出身の名士で、政府内に影響力を持っていた三宮男爵に、昇格運動への助力を依頼する目的で訪問した。「三月十二日、今朝三宮男爵を高輪邸ニ訪問ス、男爵引見セラレ依頼ニ対シ出来得ル限リ助力セントノ快諾セラル」（「小宅日記」）と協力を得ることができた。

そして三月一六日宮内省を訪れ、三宮男爵（式部長）に面会し、宮内庁書陵部図書寮での壬生家関係文書の閲覧を依頼する。午後には、壬生家を訪問し、壬生桄夫男爵と面談し「壬生家保蔵ノ系譜幷古書類閲覧又ハ貸与ヲ許サレ今次ノ請願ニ大同情ヲ表セラル、点灯時、酒飯ノ饗アリ、男爵マタ会食セラル、十分ノ待遇ヲ受ク、退邸ノ際腕車ニテ旅館マデ送ラル」（「小宅日記」）と、大変な歓待で、全面的な協力を約束された。

一八日宮内省図書寮へ出頭し、三宮男爵の紹介で、壬生家献納の古文書閲覧について打ち合わせをし、翌日から謄写している。馬場と安本がこの作業に従事した。また壬生家献納古文書の一部が、史料編纂用として帝国大学史料科（現在の東京大学史料編纂所）に貸与されているため、そちらと調整するように指示される。ここで、昇格運動を側面から支え、協力を惜しまなかった史料科の課長佐藤忠淳と出会っている。壬生家史料は、中世の古文書である。歴史の素人では、読み取ることも、理解することもできない内容で、佐藤が雄琴神社関係資料の抜萃謄写に協力してくれることになった。壬生家文書の関係記事を佐藤が謄写し、その交換として、近隣の鐘銘・碑文を蒐集して送ることになったのである。こうして史料蒐集に一定の目途が立った二一日、一行は、大きな成果を得て、帰郷の途についた。

四月二七日には、約束通り佐藤忠淳より古文書謄写一冊がまず送られてくる。雄琴村からは、近隣の社寺にある碑文や鐘銘の拓本を送っている。

(3) 昇格願の提出と挫折

昇格運動の第一歩として、五月二六日、神社祭神復旧願を滋賀県に提出する。明細帳で、伊弉冉命・伊弉諾命となっていた祭神を「大炊神今雄宿祢」とし、相殿に崇道尽敬天皇、大己貴神と、明治四年提出の明細帳に復旧するように申請している。添付資料として、文永一〇年の太政官牒、壬生家系譜写、壬生家牒之写といった史料が根拠として添えられている。

この神社祭神復旧願は、七月一四日に許可され、これを受けて昇格請願の準備に移る。七月一七日、安本芳太郎は当時栗太郡長だった笠井喬（一八六三〜一九三二）を訪問し、請願への助勢を依頼している。笠井は、膳所出身で、長らく県属として出仕し、明治二八年には神職尋常試験社司社掌試験委員を務めるなど、神社行政に精通した人物だった。那波加神社昇格にあたっても、県属として協力している。雄琴神社昇格運動でも、いろいろな場面で笠井に相談し、アドバイスを受けることになる重要人物である。

一方雄琴では、境内見取図の作成や神社所有地の謄本写など、添付資料が整えられ、提出済みの明細帳で齟齬がある表記の訂正を何度か行い、書類の体裁を整える。そして九月二〇日、昇格請願書が、県に提出された。

昇格請願書は、一二月二五日に内務省へ進達された旨の通知が届けられる。さて、それから明治三七年夏まで大きな進展は見られなかった。七月三一日、三宮男爵より馬場に届いた書簡には、日露戦争のため、詮議が進んでいない旨を知らせている。実際は昇格が難しい状況に陥っていたようで、内務省神社局の竹内利通より馬場に、昇格が難しいとの書簡が届く。「却下又ハ不許可ノ指令ヲ受ケンヨリハ当方ヨリ先立チテ取下ゲスル方利益ナラントテ、委員ハ急遽県庁ニ出頭、請願書還付ヲ出願セラル、但シ調査不十分ノ理由ニヨッテ取下ゲルナリ」（「小宅日記」）。却下・不許可の結論が出る前に取下げた方が良いとの指摘を得て、最初に提出した昇格請願書は取り下げられた。

この時、たまたま東京にいた笠井喬によると「右請願ニ対シ、前ノ祭神復旧ヨリ當路者ノ間ニ大衝突ヲ生ジ、タメニ希望貫徹覚束ナカラン」（「小宅日記」）という状況だったという。後日その衝突の理由が明かされ「雄琴神社ハ中世那波加神社ニ合祀ナリタルコトアルト云主張者アルニ基ク」（「小宅日記」）というものであった。那波加神社の県社への昇格は、小槻氏の氏神として、その祖にあたる於知別命を配祀していることにあった。同じ、小槻氏の中興の祖というべき、小槻宿祢今雄を祀る雄琴神社は、那波加神社と一体と映ったのであろう。まして、祭神を変更してそれを主張してきたものだから、不審が増したと考えられる。ひとまず請願書を取下げ、再度より説得力のある請願書が必要となった。

明治三八（一九〇五）年一月二八日、昇格運動委員であった、舩木と田中は、責任を感じて辞意を表明するが、評議員に慰留され、委員を続けることになる。ここに、昇格請願運動は再出発することになった。

3　雄琴神社の昇格運動2——専門家に委ねる——

（1）専門家に神社考証を依頼する

明治三八年三月二七日、雄琴村長と安本芳太郎は、笠井喬に会い、内務省の意見対立を打破するためには、「佐藤忠淳氏ニ依頼シ、国学ノ泰斗トモ云フベキ井上頼圀先生ニ考証依頼シテハ如何」（「小宅日記」）とのアドバイスを得る。内務省社寺局の判断がこじれてしまった以上、それを説得する材料を整えるには専門的な知見が必要との見解である。そして関係者が寄り、考証を専門家に委ねることに決し、佐藤忠淳に井上頼圀への仲介を依頼する手紙を四月八日に送る。佐藤の斡旋で、井上頼圀の内諾を得、一九日に正式な依頼状を送り、その返事が五月七日に到着する。雄琴神社考証編成についての承諾と、執筆を逸見仲三郎に委嘱した旨が伝えられた。

井上頼圀（一八三九〜一九一四）は、明治時代の国学者で、宮内省にあって『皇統譜』の編纂に従事し、官職・神社制度の考証に長じたとされる人物で、当時「国学の泰斗」という表現がふさわしい人物であった。

逸見仲三郎（一八五九〜一九二八）は、現在の神奈川県伊勢原市大山に生まれ、明治七（一八七四）年、大山阿夫利神社の祠官で国学者、権田直助（一八〇九〜一八八七）に師事し、その薫陶を受ける。権田が亡き後、同じ権田門下でもあった井上頼圀との関係から、明治二六（一八九三）年には、宮内省図書寮御系譜課に勤務し、井上の下で幅広く研究を深め、大正一〇（一九二一）年に図書寮を辞している。この間、神社に関しては、「学問上を以て之に尽したる事は種々有りたり。社紀、考証等の編輯に従事し、或は藍澤神社の創建、雄琴神社の昇格等の如く、実際運動の資料として学識を傾注し其効果を収めたるもありしが」（逸見義亮編、一九三〇、二一〇頁）とあり、多くの神社の考証等に関わったようだ。

逸見より、考証のための資料を持って東京へ来るように知らせが届いたのが五月九日、馬場美川・安本芳太郎が向かうことになる。そして六月一〇日に二人は東京へ向かい、一一日、まず佐藤忠淳を訪問したが病気で会えず、これまでの尽力についての謝意を伝え、続いて逸見を訪問する。「同氏ハ佐藤及ヒ井上両氏ヨリ依頼ヲ受ケ略考証上ノ意見ヲ定メタルモ、尚縁起等確ト承知シ置度為メニ照会ナシタル訳ナリ」（「小宅日記」）と語り、馬場・安本が持参したこれまでの資料を披見し、考証の上で「大イニ都合ヨシ」との見通しを伝える。つづいて井上頼圀を訪問するが、取り込んでいて会えなかった。翌一二日、壬生男爵へ挨拶にうかがった後、井上頼圀を訪ねる。その時の井上の談として当時の神社行政の状況を憂い、力になってくれそうな人への紹介や関係者への働きかけに尽力することなどが語られ、一四日には皇典講究所の高山昇を紹介している。一六日、逸見を再訪すると、井上頼圀と考証の打合せを済ませたことが伝えられる。こうして、一八日に帰途についている。東京滞在中は、三宮男爵・壬生男爵はじめ、援助を受けている関係者にも面会し、あわただしい日々を送った。

心待ちにしていた考証書類が、逸見から雄琴村に届いたのは、その年の一二月二〇日のことであった。考証書が到着すると、馬場などの意見をもとに、笠井喬に面会し、昇格請願書の作成を依頼し、二六日、笠井の下書きが届き、翌日「関係者一同大奮発をなし徹頭徹尾請願に就き最善を尽くす」（「小宅日記」）と見えて、書類を整え、それを逸見に送付し、添削を依頼している。明けて明治三九（一九〇六）年、笠井のアドバイスにより、逸見に請願書の浄書も依頼する。昇格は内務省神社局の判断であり、東京で関係者を知る逸見に依頼する方が適切と考えたからである。一月二九日、逸見より完成した請願書が送付されてくる。翌日「今夕雄琴重立者会ニ臨ミ、今日迄ノ経過ヲ秘密トシテ報告シタリ」（「小宅日記」）とあり、地域の主要な人びとを集めての報告会がなされている。「秘密」とあるのは、今までと、これからの経費の支出を含め秘かに了解を得ておく必要があると判断されたからだろう。

(2) 再び昇格請願書を提出する

昇格請願書の内容を見ていくことにする。表書きは次のようになっている。

右神社儀別紙陳情書ノ通リ郷社ニ御昇格奉希上度村民一般ノ志望ニ付御参考ノ為神社考証維持方法書境内現況図面等相添へ上申仕候間何卒至急御詮議ノ上御認許被下度此段奉請願候也（「神社記録」）

郷社昇格の希望が、村中の願いであるため、神社考証や関係資料を添えて上申するので、ご詮議の上、許可されたい旨がまず記されている。

それに続く昇格出願陳情書が逸見により執筆された部分である。その概略は、まず小槻宿祢今雄の事績と雄琴庄の関係を述べた上で「庄内ノ惣社祢家（小槻氏）ノ氏神ト尊崇セラル、是所謂報本反始ノ範礼ヲ後世ニ垂示セラレシ謂ニシテ」とあり、雄琴庄の惣社であり、小槻氏の氏神として崇敬される社で、今雄を祀ることは先祖の恩や功にむくいること（報本反始）を後世に示す意味があったとする。以来小槻氏の系譜は大夫史の重職を継承し、「維新ノ際マデ皇政ヲ格護セラレシモノ実ニ祖宗威霊ノ光被勲蹟ノ普及ト謂ツベク」と、千年にわたり今雄の威光によって維持されてきたとし、あわせて雄琴の暮らしが平和なのも代々の小槻氏の訓化といえると述べる。その上で、「古来西近江ニ於ケル有名ノ古社ナルヲ依然村社格ニ班列セラレシノミナルハ神職氏子信徒等ノ一般ニ恐懼惜ク能ハザル所ナリ」と、古社である雄琴社が村社のままであることは、恐れ多いと訴える。つづいて現在の雄琴で小槻宿祢今雄が崇敬されている証左として小学校の校名にまでなっていることを語り、郷社への昇格を出願する所以であると結んでいる。

これに「雄琴神社考証」が添付される。原本は墨付き二五丁で、第一章創祀幷神伝、第二章沿革幷上下尊敬社殿の造営、第三章古文書幷古記録、第四章當社別當幷氏寺検校、第五章考証起稿の由緒という構成になっている。

4　悲願達成へ向けて

こうして二月三日、昇格請願書は滋賀県に提出された。ここからの昇格運動は、東京の井上・逸見に託された。逸見は、請願書提出前の一月末に内務省神社局考証掛の宮西と会見しているのをはじめ、五月二日には、井上頼圀が神社局長に催促した旨の書簡が到着している。そして五月四日には、「井上頼圀翁、佐藤忠淳氏、逸見仲三郎氏等ヨリ書面着ス、孰レモ今五六日ノ内ニハ請願許可アル云々ノ佳報也」との朗報が飛び込んでくる。ところが、五月一四日の佐藤よりの書簡で、許可が「至急ニ運ビ難キ事情ニ成リ来タリタル旨」（「小宅日記」）をしらされ、同月三一日の逸見よりの書簡で、許可が遅延しており、それは「（神社）局内ノ衝突ニ基因シ、一層ノ運動ノ必要ヲ深カラシメタリ」という知らせであった。衝突の内容をこの時点で知ることはできないが、何らかの疑義が再燃したのであろう。

雄琴ができることは。県知事に動いてもらうため、関係者に依頼することしかなかった。そんな中、八月五日、井上頼圀から、内務省神社局考証掛の宮西が実地検査に来訪するとの知らせがあり、つづいて三通の内報があった。昇格実現には、この実地検査が重要と井上が認識し、その注意点を知らせてきたようだ。同月八日に県から正式な通知があり、翌九日に宮西による実地検査が行われた。

内務属宮西惟助氏及本県属笠川氏出張実地検査セラル、先ズ那波加神社ニ参社セラル、仝社務所ニテ苗鹿ノ記録沿革史村誌等ニ付調査アリ、中ニ二三今所写取進達方ヲ申渡サル、當村誌一冊持帰ラル、夫ヨリ法光寺ニ到リ、調査アリ、中古ノ境内図ヲ出ス、鐘銘差出方申渡サル、夫ヨリ雄琴社務所ニテ古器物及神璽等ニ付調査アリ、午後木ノ本地方ヘ向ケ出張ニ付堅田港ヘ腕車ニテ出発セラル、（「小宅日記」）

翌日、井上、逸見に検査が無事終わったことを知らせると、状況を問合せる手紙が送られてくる。実地検査に同行した県属笠川の印象は、「好都合」だったが、笠井喬とも打合せた上で、二一日に馬場氏も立ち合い関係者が善後策を協議し、検査の状況を直接報告するため、安本芳太郎・田中長造委員を東京へ出張させることに決まる。そして三一日に出発、井上頼圀・逸見仲三郎と協議を重ねている。逸見との面談で「井上氏トモ十分ノ協議又宮西氏ニモ打合致スヘキニヨリ先ズ安心シテ帰国セヨ」（「小宅日記」）との言葉を得て、九月五日の夜行で帰途に就く。その後、時々に問合せを行い、東京からも状況報告を得ているが、なかなか良い知らせは届かなかった。秋には、雄琴名物の松茸を井上・逸見・佐藤に贈るなど、交流を深めている。

(3) 郷社への昇格成就

年が明け、明治四〇（一九〇七）年になっても進展はなく、五月四日「昇格請願追願申請書」を提出したが、むなしく一年が過ぎた。明治四一（一九〇八）年、年明け早々、佐藤・逸見が年賀状で昇格指令が滋賀県に廻送されたとの伝聞を伝えてきたが、これは誤報であった。それでも一月末には、内務省から信徒の件について照会があり、二月一日付けで下阪本村・仰木村・雄琴村の「雄琴神社信徒証明書」を提出している。郷社として広範囲の信仰を集めていることを証明する必要からである。

二月末に安本芳太郎は別件で東京へ出張し、三月二日に逸見仲三郎と面会している。そこで「雄琴神社ノ件モ最初秘密視察アリタルコト、信徒氏子ノ那波加神社程拡張ノ形跡又実崇力ナキコト、祭神ノ崇道尽敬天皇ト今雄宿祢トノ皇、臣、ノ差アルコトノ二原素ニテ昇格ノ難事タルコト」と告げられた。雄琴神社の氏子は大字雄琴に限られており、広範囲の「郷」を単位としているとはいえない。信徒という表現で、それを調整したのが、先の信徒証明書といえる。もう一点は、崇道尽敬天皇（舎人親王）と今雄宿祢では、皇室と臣下であり、臣下を重んじることへの疑問ということになる。それについては、実地検査を行った宮西の尽力により解決したようだ。宮西が実地検査におもむいた場所は七カ所で、内六カ所は不可で、唯一雄琴神社のみ昇格がかなったとの裏話も披露された。

こうしてようやく、明治四一年三月一四日、郷社昇格が県公報で告示され、雄琴の悲願は達成された。同月一七日には、氏子総会が開かれ、村を挙げての祝宴となっている。四月に入って三上村長、田中長造委員、安本芳太郎は、東上し、井上・逸見・佐藤をはじめ、関係者への挨拶廻りを行っている。

この昇格を機に、北国海道沿いの雄琴神社へ上る角地に、「郷社　雄琴神社」の社号柱が誇らしげに建てられた。裏面に、「明治四一年三月　雄琴青年団」によって建てられ、揮毫は、昇格運動に尽力した笠井喬と刻まれている。

おわりに

以上、雄琴神社の昇格運動の概略について紹介してきた。時系列で記録された「小宅日記」や「神社記録」を読んでいると、昇格運動に再挑戦した明治三八年以降は、東京の協力者に頼るしか術がなかった状況が読み取れる。雄琴の人びとができることは、昇格への熱意を彼らに伝えることしかできなかった。雄琴神社の中世を伝える壬生家文書は、宮内庁書陵部図書寮にあり、内容は専門家でないと読み解けないものであった。この文書により、神社の歴史を立体的に語ることが可能となったが、それを可能にしたのは逸見仲三郎の協力に依るところが大きい。それに加えて、井上頼圀という内務省神社局にも影響力を持つ神道界の大家からのサポートが得られたことも重要だった。県内でそういった知識や事情に長けていた笠井喬でさえ、井上頼圀を推薦するほど、事情は複雑化していたといえる。

郷社定則にある、広範囲で崇敬をうけてきた神社という規定から考えれば、雄琴神社が昇格する可能性はゼロに近かった。しかしその基準だけでなく、由緒や歴史が明確で、当時の国史に照らして価値ある神社には昇格の可能性が残されており、雄琴神社はその中で何とか昇格することができた。この時期の神社行政は、神社合祀が積極的に進められ、滋賀県で言えば、神社合祀と並行して、郷社から県社への昇格が進められた時期にあたる。

では、そうまでして昇格を求める原動力はどこにあったのだろうか。隣村苗鹿村の那波加神社の事例であるが、明治二六年に同社が郷社への昇格を目指したとき、「当方ハ氏子ノ熱誠ノ極ナルコト自然翼望貫徹ノ上ハ倍敬神ノ情厚クナルコトヲ陳弁シタリ」（那波加神社文書「沿革録」）と昇格への想いを語っている。人びとの神社への熱い思いが自ずと昇格請願をたすけ、それが適うことにより、より敬神の情が高まるとしている。それは地域のまとまりにつながるということなのだろう。雄琴神社の昇格運動も同じ思いだったと思われる。その思いは、その後の積極的な境内整備につながっていく。

こうした流れは、「下からの国家神道」（島薗 二〇一〇：一六七）という文脈で解釈することができるだろう。近代という時代の風潮がこうした運動を促進したといえ、上からの働きかけと言えるのかもしれないが、一方で地域が積極的にそれに取り組み、誇りと感じていた実態も忘れてはならない。近代の地方自治制度が成熟するためには、人びとを結集させる象徴が必要であり、その要の一つが神社だったのではないか。地域における氏神の昇格は、村の誇りを生み出す勲章のようなもので、地域社会のアイデンティティを再構築する重要な目標としての役割を果たしていたのである。もちろん、国内すべての神社が雄琴神社のような道を目指したわけではない。一方で、昇格にさほど関心を示さなかった村もあったことだろう。

注

（1）近代の神社制度については、多くの研究者の蓄積があり、浅学の筆者は、その学恩に依拠して本章を成している。中でも畔上直樹

『「村の鎮守」と戦前日本』（二〇〇九年、有志舎）の視点に触発された。たまたま雄琴神社や那波加神社の史料整理を行う機会を得て、整理する中で改めて身近な歴史の背景にある複雑さを感じ、その一端をまとめたのが本章である。民俗の視点からは多少逸脱しているかもしれないが、近代の地域の実態を踏まえて現行習俗を考える視点は重要だと考えている。

（2）明治九年の県社・郷社の数は、『社寺要覧』（三宅辨造編、一九二三年、滋賀県内務部教育課）に載せられた「官幣社並県社一覧表」、「郷社一覧表」をもとに整理した。

（3）小槻氏についての研究は、橋本義彦「官務家小槻氏の成立とその性格」［橋本 一九七六］が先鞭をつけ、近年では井上幸治［井上 二〇一六］等が精力的に取り組んでいる。

（4）雄琴神社の祭神の変遷は、『村社雄琴神社記』（雄琴神社所蔵文書）に拠った。

参考文献

三宅辨造編［一九二三］『神社例規類纂』滋賀県内務部教育課。

橋本義彦［一九七六］『平安貴族社会の研究』吉川弘文館。

宮内庁書陵部編［一九八三］『図書寮叢刊　壬生家文書五』明治書院。

逸見義亮編［一九三〇］『萬喜舎集』冨志美会。

島薗進［二〇一〇］『国家神道と日本人』岩波書店（岩波新書）。

井上幸治［二〇一六］『古代中世の文書管理と官人』八木書店。

阪本是丸［一九九四］『国家神道形成過程の研究』岩波書店。

雄琴神社所蔵文書［一八八一］『村社雄琴神社記』。

雄琴神社所蔵文書［一九一四］『雄琴神社記　第二』（「小宅日記」、「自明治三八年至大正三年」を含む）。

雄琴神社所蔵文書［一九〇五］『雄琴神社考証』。

那波加神社所蔵文書［一九一四］『自明治二六年沿革録』。


（和田　光生）

第Ⅱ部

暮らしを支える知恵と技術

右写真　宮崎県児湯郡西米良村の釜炒り茶作り（第7章）.

左写真　シロウオ漁師の方の指導を受けて四手網を手にする筆者の教え子（第9章）.

第6章 近江湖南地域の暮らしと民具
――大津市上田上牧町の事例を中心に――

はじめに

筆者は二〇〇七年九月ごろに須藤先生との御縁で、滋賀県大津市上田上《かみたなかみ》牧町で古家義一さん（昭和三年生まれ）に出会った。古家さんは主に農具の製作を行う野鍛冶をやっておられた経験があり、小学校を卒業するとともに当時牧で鍛冶屋を営業していた瀧川岩一さんのところで修行をはじめたという。

各節の概要は以下の通りである。第1節では牧で使用された農具の製作技術についてみていく。第2節では、上田上《かみたなかみ》地域においてこの鍛冶屋の技術がどのように受容されていったのかについて、同地域の生業における農具の関わりをみることで明らかにしたい。

上田上《かみたなかみ》牧地区は滋賀県内において良質な米を産する地帯として知られ、二毛作も盛んに行われてきた。また里山を利用しての生産活動も日常的に行なわれていた。このような多様な生産体系をもった地域で使用された農具、および山仕事の道具の製作と補修を担ってきたのが地域の鍛冶屋であった。この地域の生産体系に対して鍛冶屋の技術がどのように対応していたのか、またその体制がどのように形成されていったのか、標記のテーマに即してみていく。

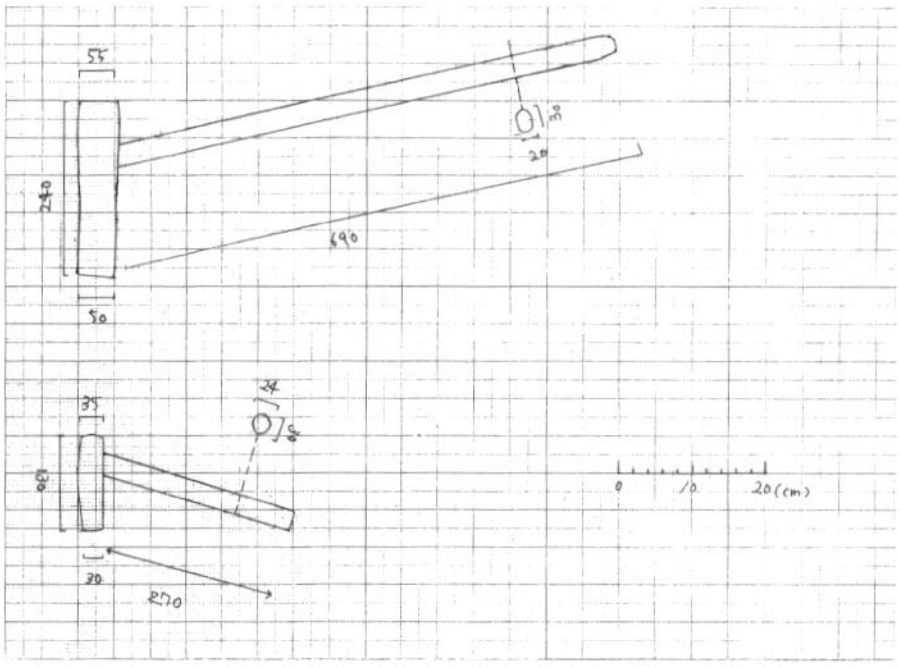

図6－1　サキテの槌（上）と親方の槌（下）
出所）筆者作成.

図6－2　作業場の配置
出所）筆者作成.

調査の方法は主に古家義一さんからの聞き書きと道具類の実測資料をもとにしている。なお牧には「田上郷土史料館」が設置されており、豊富な農具等の道具類が収蔵されている。これらの道具類は館長である東郷正文さんと地域の人びとが中心になって収集したものであり、今回はこの貴重な資料を調査させていただいた。

1　鍛冶屋の仕事

（1）鍛冶技術について

①鉄製品

本節では、古家義一さんからの聞き取りをもとに、実際に紀州鍛冶である瀧川岩一さんがどのようにして道具類を生産していたのか、その製作技術についてみていく。鍛冶屋が生産したのは農耕や山仕事に使用する鍬、鋤、鉈などであったが、それに加えて千歯扱きや馬鍬のような比較的大型の道具類の製作も大工との協業によって製作されたという。この場合鉄製部を鍛冶屋が製作し、木製である台などの製作を大工が担当した。

②製作工程

鍛冶屋が農具を製作するときには、親方に加えてサキテ（先手）と呼ばれる修業過程の弟子の、合計で二人以上の人数が必要である。材料鉄を整形するときには、加熱した上でそれが冷めないうちに鏨《たがね》を当てなければならないためである。材料鉄に割り込みを入れたり穴を開けたりする道具を鏨《たがね》といい、鎚で上から鏨《たがね》を叩くことでその下の材料鉄を加工する。また使用者の腕の長さを基準に作られるという槌は、親方のものとサキテのものではその角度が異なる（図6-1）。これは作業場内の配置をみればわかるが、親方は膝くらいの深さの穴を掘ってその中で作業をおこなう（図6-2）。そのため槌を扱う位置は自分よりも高くなるため、槌の角度が小さくとられている。一方、立ったまま作業をおこなうサキテの場合逆に大きく角度をとった槌を用いるのである。

2　牧の生業と農具

(1)　生産暦と農具の活用

本節では聞き取りをもとに、牧の生業である稲作とその裏作である畑作について、年間を通して農具の使用とともに概観していきたい。

①水田の耕起

水田の耕起が三月末~四月はじめにおこなわれる。耕運機が入ってくる昭和三五年くらいまではスキ（犂）やマグワを使った牛による耕起がおこなわれていた。

まず畑で使っていた畝を砕いて平らにする。この作業は牛の引くスキ（写真6-1）によっておこなわれる。畝に対して平行にスキを移動させ畝を崩していく。次に、牛にマグワ（写真6-2）を引かせてさらに地面を平らにしていく。このときには、スキで引いた方向と直交して引いていく。最後にマグワと地面が接する面に、長さ一〇尺（約三メートル）の竹の棒を取り付けて、田の傾きを直す作業をおこなう。この作業は牧ではシリュフミ（代掻き）とよばれる。またこ

写真6－1　スキ

写真6－2　マグワ

写真6－3　オオグワ

れらの作業の前に、畦塗り（畦付け）をおこない水田に水を張る。

このように、水田の耕起には牛を使ったスキやマグワが用いられ、牛の届かない田の隅の方では平鍬が補助的に使われた。また畦塗りのときにも平鍬が用いられた。この平鍬はオオグワと呼ばれる風呂幅が大きく、柄付け角度が四〇～五〇度程度のきつい鍬で、柄長も九二〇～九五〇ミリメートルと他の鍬に比べて短く、そのため使うときは前かがみになりかなりきつい姿勢になる（写真6－3、図6－3（九七頁））。

②草刈り

畦や土手の草刈に使用される農具はコグワと呼ばれる小ぶりの鍬、カキオトシ、鎌などである（写真6－4、写真6－5、写真6－6）。コグワとは、畦塗りの時に用いるオオグワとは違って風呂幅が小さく、柄付け角度も六〇～七五度と大きく、柄長も九八〇～一二四〇ミリメートルもある（図6－3）。そのためオオグワに比べると、立ち姿勢で作業をすることもあって、疲労も少ないと考えられる。コグワとともに、特に粘土質の地面で使われるマドグワやミツグワなども、柄付け角度や柄長などはともにコグワに類似している（写真6－7、写真6－8、図6－3）。マドグワ、ミツグワは金属部分が地面に触れ合う面積が平鍬に比べて少ないため土が付着しにくく、粘土質の土壌では適している。

六月には里芋の植え付けをおこなう。里芋はタイモと呼ばれ、水田の端の畦に近いところに植えられる。なお大豆や小豆などはもともとアゼマメ（畦豆）とよばれ畦に植えられていたが、減反がおこなわれるようになって畑に植えられるようになった（写真6－9）。近年ではその年の稲の収穫時に同じように収穫できるように、裏作の菜種や麦の収穫後の畑に植えられる。

③ 畑作物の播種

菜種を植えるときには、穴を開けるためにホクセと呼ばれる道具を使用する（写真6－10）。ホクセの先端には軟鉄が取りつけられておりこれは鍛冶屋が製作したものである。なお畦豆の播種のときもホクセが用いられるが、この作業に

写真6－4　コグワ

写真6－5　カキオトシ

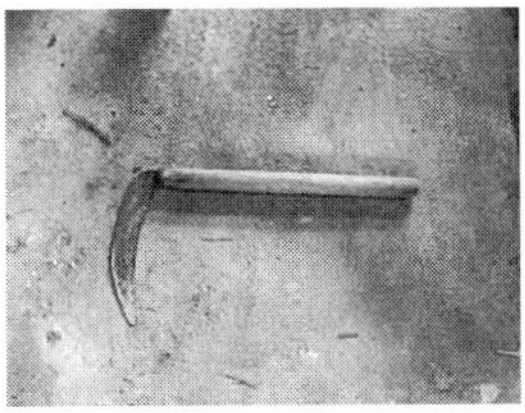
写真6－6　オンナガマ

写真6－7　マドグワ

写真6－8　ミツグワ

写真6－9　アゼマメ

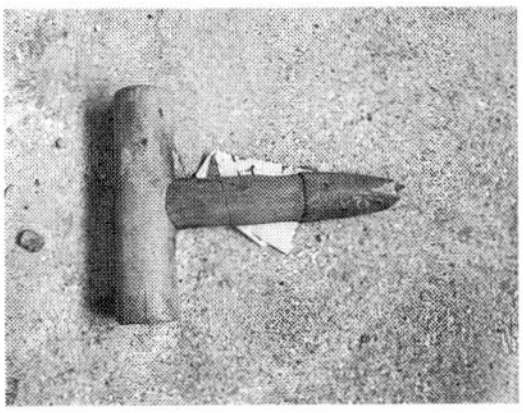
写真6－10　ホクセ

写真6－11　ムギノツチカケ

写真6-12　ムギウチ(ヤタ)

は古くなった鎌が使用されることもあった。

菜種を植えた二週間後くらいに麦の播種をはじめる。麦播き後芽が出始めて五～六センチメートルくらいになると、麦踏みと土かけがおこなわれる。麦の芽を上から踏み土をかけることによって、日光を受ける面積が増え収量が増えるのである。この作業にはムギノツチカケが使用されるが、この民具は湖北地域の長浜市や旧東浅井郡にもみられ、ともに形状は類似している（写真6-11）。昭和になって農機具店で販売されはじめた新しい民具で、滋賀県の広い地域で同様のものが流通している。なおムギノツチカケが使用される以前はスキによってこの作業がおこなわれた。また菜種の場合、麦踏みと同様の効果を得るために花が摘みとられる。牧の郷土名物である菜花漬はこの作業によって摘み取られた菜花を利用したものである。

そして菜種と麦の収穫は、二毛作がおこなわれていた時代には五月中におこなわれた。急いで畑から水田の切り替えをし、六月の田植えに間に合わせる必要があったのである。生産された麦の種類は六条麦（大麦）、二条麦（ビール麦）、小麦である。これらはまず麦打ち台に向かって一人二組で穂を打ち下ろすことで脱粒をおこなう。その後トオシを使って分別がおこなわれ、トオシを通らなかったものはムギウチ（麦打ち）とよばれる鎚によって叩いて細かくされる（写真6-12）。トオシは稲の調製に用いるものと同じであるが、少し目の粗いものを使用するという。ムギウチも稲の調製の際に用いるヤタと同じものである。また収穫した大豆は自家消費用の味噌作りに使用された。味噌作りに使用する麹は麹屋に行き米一升と麹一升の割合で交換してもらったという。上田上《かみたなかみ》では中野と牧に麹屋がいたという。なお味噌作りの時季であるが、一月の中ごろから節分までの間である。なお大豆は他にも豆腐屋に持っていって出来上がった豆腐と交換してもらっていたという。

肥料については、牛の踏んだ稲藁や下肥が使われた。また肥料を投入し、上からスキによって土をかける作業をツチヨセといった。下肥についてはトラックが使用される以前は牛を使って、膳所・石山・大津などの市街地から桶を使って運ばれた。

④山行き・その他

牧にはキダシ（木出し）とよばれる林業を専業としている家が以前は三～四軒ほどみられたそうであるが、本格的な林業に従事しているものはそれ以外になく、山仕事に関しては冬場に柴作りや割木刈りなど小型の鋸や鎌などの使用によって伐採・加工が可能な範囲でおこなわれていた。また山行きで得られた木材は燃料としての用途に加えて、前述したムギウチ台やヤタのような比較的簡単な道具類を製作する際にも用いられるなどさまざまな活用がなされていた。山行きは一二月頃から始められ、作業が終わる二月になると、刈られた芝をまとめて持ち帰り、ツシとよばれる住居の屋根裏部分に上げて貯蔵された。割木刈りに使用されるのはナタ、オトコカマ、ノコ（鋸）である。ノコに関しては、一般に用いられるものは一尺二寸（三六センチメートル）くらいの大きさのもので、鍛冶屋ではなく、瀬田・大津・石山などの周辺の金物屋で購入したという。切れ味の悪くなったノコの更正の技術であるメタテ（目立て）は専門の技術が必要で、一〇月になるとその年の山仕事に備えて金物屋へ持っていったという。二年に一度くらいの周期でこのメタテを頼んでいたという。

(2) 農耕用具について

これまで年間をとおして牧の生業と道具類のかかわりをみてきた。起耕からはじまり、畑作物の播種や田植えがおこなわれ、それらが収穫された後、食料として調製するまでの一連の作業の間にはさまざまな道具類が使用された。これらの道具類は、土を相手におこなう動作を補助するものとしての「耕具」と、収穫したものを調理できる形に加工する「工具」に分類することができる。ここでは鍛冶屋が主に生産をおこなった前者の「耕具」について詳しくみていきたい。

①鍬

畦付け・草取り・耕起にはそれぞれ鍬が用いられた。オオグワ・コグワ・ミツグワ・マドグワなどである（図6－3）。柄付け角度・柄長ともにかなり近い値を示しているコグワ・ミツグワはその用途も同じで、地面に振り下ろして使用するカクル（耕起）用の鍬である。牧ではこの打ち下すタイプの鍬は、起こしたい地面の深さに比例して刃部の長さが大きく作られている。コグワ・ミツグワの刃部は長いものほど深く起こすのに適しているのである。またコグワは畦や土手の草取りにも使用された。マドグワもコグワ・ミツグワに近い柄付け角度・柄長を持っているが、その用途はカクル（耕起）に加えて、溝きりなど土の移動にも使用される。これは、マドグワの刃の形状がコグワ・ミツグワに比べて土を集めて運ぶのに適しているためではないかと考えられる。

そして、これらの鍬の中でももっとも重量のあるオオグワは、柄が短く、柄付け角度も小さく作られている。そのため作業の姿勢は前かがみでかなりきつい作業姿勢であったという。牧ではオオグワを荒起こしには使用せず、畦塗りや畝作りの際犂をかけた後の仕上げに使用していたという。

②犂

牧で使用されていた犂はミズカラスキ（水犂）とよばれる古い形態のものと、明治以降の紀年銘が刻印されているものの二種類が確認できた。この後者の犂の紀年銘に関しては「兵庫県篠山町」、「高北」、「豊産號」という刻印がみつかった。「高北」とは高北式犂のことであると思われ、この犂は高北農機製作所にて製作されたものと考えられる。

高北式犂とは三重県名張の高北新治郎氏の考案した近代的な短床犂のことである［香月　一九八五：五］。もともと日本の在来犂には無床犂、長床犂という種類のものがあった。無床犂とは床をもたないために安定性はないが、その分深耕が可能な犂である。一方、長床犂とは床を持つために安定性はあるが方向転換などが容易ではなく深耕が難しい犂である［香月　一九八五：六］。これらの在来犂は地域ごとの土地の状況に合わせてさまざまに使い分けがおこなわれていたのである。牧で使用されていたミズカラスキと呼ばれる古い犂は、その形から長床犂であると考えられる（図6－4、図6－5）。

また水田の起耕にはミズカラスキ、「高北」犂がともに使用されたが、水田から畑への切り替えにはミズカラスキは使用されなかった。ミズカラスキは水田耕起のみに使用される犂であるという。このことから、牧では「高北」犂が導入される以前は水田から畑への切り替えには犂は使用されていなかったのではないかとも考えられるが、聞き取りによる確認はできなかった。

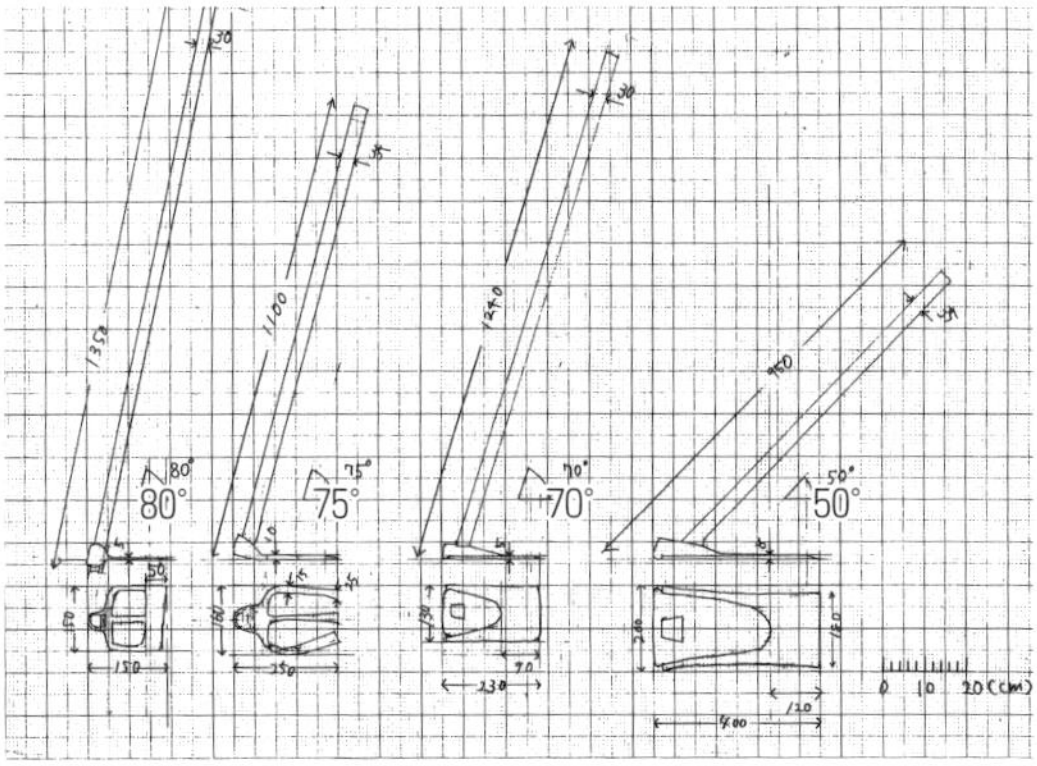

図6－3　鍬（左からマドグワ，ミツグワ，コグワ，オオグワ）

出所）筆者作成，以下同.

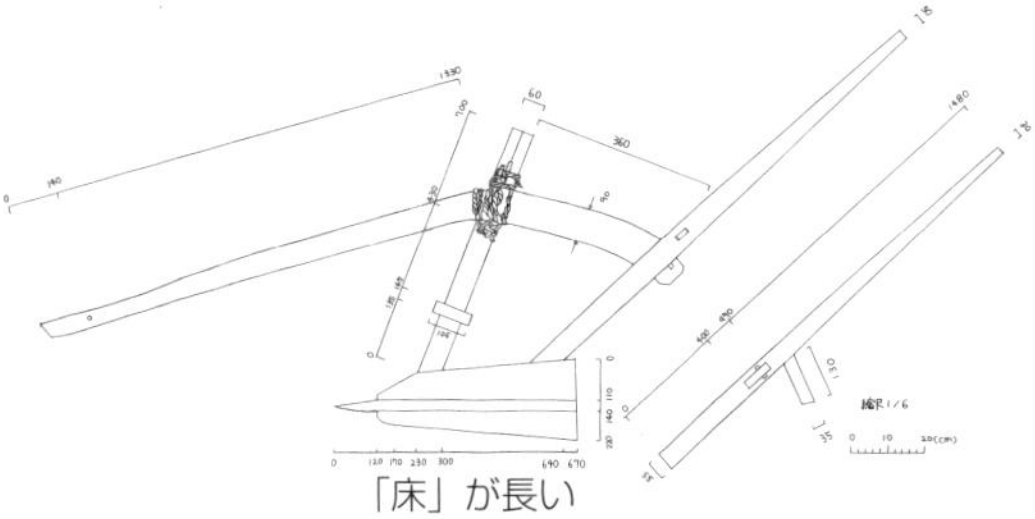

図6－4　ミズカラスキ図面

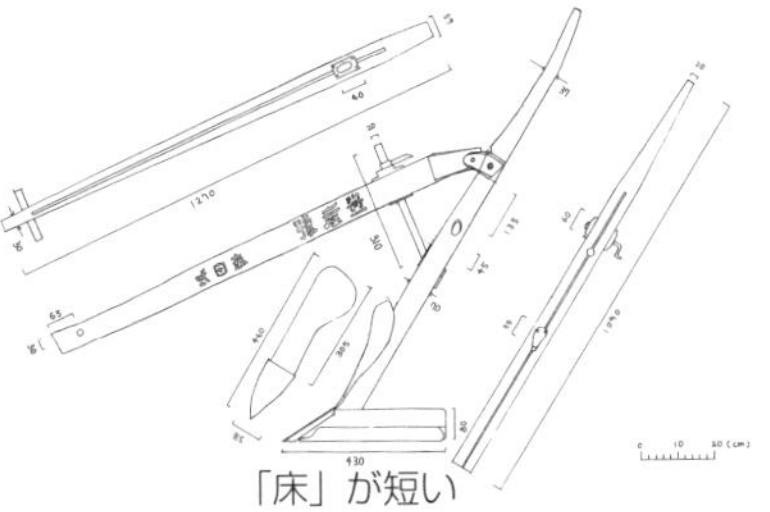

図6－5　高北犂図面

なおこれらの犂先はともに鋳物であるため、使い減っても鍛冶屋が修理することはなく新しいものに取り替えられた。取り替え用の犂先の形状はミズカラスキと「高北」犂のものでは異なっている。これらは瀬田の犂屋で購入した。そして犂の購入に関しては紀年銘から、高北農機製作所のある三重県から兵庫県篠山を経由して当地域の販売所へと卸されるという流通の経路があったということが確認できた。犂の販売所に関しては農協から購入するほかに、上田上《かみたなかみ》芝原に農機具店（屋号 半衛門）がありそこで手に入れることもできたという。

また犂を引かせる牛であるが、牧の場合犂の紀銘にある兵庫県篠山や但馬から供給されたという。しかし、牛はこれらの地域から直接田上《たなかみ》地域に入ってくるのではなく、瀬田の大萱や大江で二〜三才くらいまで調教されたものが連れてこられた。これには瀬田などの湖岸地域と田上《たなかみ》地域との土質の違いが関係している。田上《たなかみ》地域の土質は砂地で深耕が必要であるが、これに対し大萱・大江の土質は水分を含んでいて深耕の必要がなく比較的耕すのが容易であるという。そのため大萱・大江などの小さい牛で耕作をおこなうことができる地域で一定期間調教され大きく成長した牛が田上《たなかみ》地域では必要とされていたのである。

③農具の保有量

牧で一世帯あたり必要な耕作用具は、鍬が四丁〜五丁、鋤が三丁、犂は新旧一丁ずつくらいが標準であった。鎌はオンナカマ四丁、オトコカマ三丁、長柄鎌一丁くらいが標準でジョレンなどは一家に川用と山用が一丁ずつあればよかったという。

おわりに

本研究の成果として以下のことが明らかになった。第1節では牧の鍛冶屋の農具製作技術について理解することができた。第2節では牧における昭和初期から三〇年代までの生業と道具類の関わりとともに、道具類供給の側面から鍛冶屋の果たした役割についてみてきたが、鍛冶屋が生産した製品は全生産用具の中でも高い使用率を占めていた。特に耕作用具に関しては近代以後に優秀な短床犂が、戦後に畝作り用のツチクダキやハダコサラエなどがそれぞれ導入される以前は鍛冶屋の生産した鋤・鍬・犂などの耕具類なしでは農作業自体が成り立たなかったといってもいい。以上のように稲作と畑作に生業の重点を置いていた牧の人たちにとって、その生産活動には農具が欠かせないものであった。農具の製作技術を持つ野鍛冶が当地域に定着した大きな要因のひとつであると考えられる。

また、鋸を扱う職人については野鍛冶とは系譜の異なる製作技術・流通システムを保有していることがわかった。本研究ではそれらを具体的に明らかにすることができなかったが、メタテの職人は当地域には留まらず石山などの離れた地域にて営業をおこなっていたということがわかった。このような野鍛冶とメタテ職人の営業形態の違いには、受容地域の生産体系が大きく関係していると考えられる。つまり鉄製品を供給する側である鉄の技術集団の生産・流通のシステムは、受容地域の生産体系に大きく左右されるのではないかということである。たとえば牧の場合、農具の需要が大きかったために野鍛冶は定住という形態で営業をおこなった。一方、鋸の需要は農具に比べれば少なかったということが、メタテの職人が当地域には定住せず石山などの離れた地域にて営業をおこなった理由の一つとして挙げられる。生産活動の中で鋸を多用する地域では、鋸を提供する職人の営業形態も当地域とはまた違ったものになるのではないか。このことはさまざまな地域で、その地域の生産体系と鉄製品を供給する職人との関係を注意深くみていくことで、証明していかなければならない。鉄を扱う職人の生産・流通のシステムは、購入する側の地域の生活史を踏まえてみていかなければならないということを強く感じた。

付　記

貴重なお話を聞かせて頂いた古家義一さん、また古家さんを紹介していただいたほか、調査のために資料館や太鼓堂を長い間使わせて頂いた真光寺の御住職である東郷正文さんには、大変お世話になりました。本当にありがとうございました。

参考文献

朝岡康二［二〇〇〇］「鍛冶の民俗技術」慶友社。

朝岡康二［一九八六］「鉄製農具と鍛冶の研究」法政大学出版局。

印南敏秀他［二〇〇二］「もの・モノ・物の世界――新たな日本文化論――」雄山閣。

香月節子［一九八五］「犂耕をひろめた人々――馬耕教師群像――」『あるくみるきく二二〇号』近畿日本ツーリスト日本観光文化研究所。

加藤幸治［二〇〇三］「紀州・移動する職人たち――鍛冶・木地・炭焼き――」和歌山県立紀伊風土記の丘。

上田上村誕生百周年記念実行委員会編［一九九〇］『上田上の生活体験談集成』。

河島一仁［一九八三］「出稼職人の集団構造とその地域的展開――「紀州鍛冶」を例にして――」『人文地理』三五（六）、人文地理学会。

田辺文化財調査会［一九六六］「万代記　第一二巻」田辺市教育委員会。

――――［一九七二］「万代記　第四二巻」

――――［一九七四］「万代記　第五三巻」

――――［一九八三］「万代記　第六六巻、第六七巻」

田村博［一九七二］「田上の民俗――年中行事・太鼓踊り・石造美術――」民俗文化研究所。

長岡京市教育委員会編［二〇〇〇］『京タケノコと鍛冶文化』。

琵琶湖博物館［二〇〇八］『琵琶湖博物館資料目録一八号』。

宮本常一［一九七九］「民具学の提唱」未来社。

森周六［一九四八］『農機具』実業教科書。

（越田　純市）

第7章

自家用の釜炒り茶からみる日常茶の製茶法と製造道具
――九州・四国地方などの事例を中心に――

はじめに

日本における製茶法は一般的に茶葉を蒸気で「蒸す」方法と釜で「炒る」方法が知られており、現在産業的には蒸し製の茶、いわゆる煎茶が多く生産されている。この煎茶が開発され、広く普及するようになったのは江戸時代頃からだとされているが、それ以前は鍋釜で茶葉を炒る釜炒り製の茶も日本各地で作られていたといわれている。この釜炒り製の茶以外にも茶葉を煮る、茹でる、あるいは干すなどの製茶法が地域によって伝承されていたようである。現代において、ほとんどの製茶法が蒸し製の機械製となるなか、各地域の自家消費用（以下、自家用）を目的に作られる茶に注目すると、今日までそれらの製茶法は各家庭において祖父母や親たちより受け継がれている。一部の地域においては、製造者の高齢化によって作られなくなったところもある。谷阪智佳子によると、九州（宮崎・熊本・大分・鹿児島）、四国（高知・徳島）、近畿（奈良・和歌山）の山間地などでは、ヤマチャ（山に自然に生える茶の木）や畑に植えた茶の木を利用した自家用茶が作られており、主に鍋や釜で茶葉を炒って作る製茶法が伝承されているという(1)［谷阪 二〇一四：七六―七七］。

本研究では、暮らしの中で継続的に飲まれてきた自家用茶を日常の茶（以下、日常茶）と考え、地域に根付く茶文化を探る要素として注目する。日常茶は地域によって認識がさまざまであり、記録に残されにくいため、産業的な茶の製造・消費とは異なる形態の民俗的な茶の利用について明らかにできると考える。本研究の目的は、九州・四国地方などにおいて、自家用の製茶法や喫茶法がどのように伝承され、現在残っているのか、その実態を明らかにすることである。研究の方法は、文献史資料及び現地での聞き書き調査をもとに考察、分析する。なお、調査項目は主に茶の栽培、製茶、喫茶、労働力、茶栽培用具、茶製造用具についてである。茶製造道具に関しては可能な限り実測を行った。

1　日常茶の定義

(1) 中世の茶

茶は平安時代に遣唐使たちによって中国・唐より薬として伝来し、上流階級の人びとによって飲まれていたとされる。後に宋より帰国した栄西禅師により、粉末状の茶を点てて飲む喫茶法が日本へ伝えられ、それが日本独自の茶の湯文化へと発展していったとされる。江戸時代には明の黄檗宗の開祖隠元禅師によって急須で淹れる喫茶法が伝えられた。当時の茶は釜で茶葉を炒る釜炒り製の茶だったといわれている。後に日本では京都宇治田原の永谷宗円によって、蒸した茶葉を焙炉で揉みながら乾燥して仕上げる「青製製法」が開発された。これは現在の煎茶の製法の基本となるものであり、次第に全国へ広がっていった。

(2) 庶民が飲んできた茶

一方、庶民が飲んできた茶は上流階級の人びとが飲んでいたものとは異なるものであった。中村羊一郎によると、「バンチャという言葉は、一六世紀から一七世紀にかけて、庶民の茶という意味で広く使われていた。当時の日本語の発音をローマ字（ポルトガル語に準じた表記）で記載し、それにポルトガル語の訳をつけた『日葡辞書』にBanchaという項目があり、「上等のでない普通の茶」と訳されている」とし、中世における庶民の日常的な茶は、煎じ出して飲むバンチャであったと指摘している〔中村 二〇一五：四八―四九〕。

番茶は地域によって、茶摘み時期や製造工程が異なるものもあり、各地に現在も伝承されている。その製茶法の一部として、江戸時代の『農業全書』には、上等な茶の上茶とは別に湯びき茶や煎じ茶、唐茶の製茶法について記されている。同年代の『広益国産考』には、刈り茶の製茶法が記されている。刈り茶とは、茶の新芽を摘むのではなく、大きく成長した茶の木を枝ごと鎌で刈り取り、大鍋で炒った後、筵にはさみ茶葉を揉み、再度大鍋で炒って乾燥させて作る。〔大蔵 一九七八：三二四―三二五〕また、明治時代の文部省発行の浮世絵（錦絵）「茶摘の図（国輝二代画）」にも刈り茶について描かれ、下等な製茶法であることが記されており、同時期に日本各地ではさまざまな製茶法の茶が用途に応じて製造されていた。

（3）現代の日常茶

現代の日常茶も地域によって定義が異なり、日常づかいしやすい「番茶」あるいは「晩茶」と呼ばれるもの、地域の呼称で呼ばれるものがある。たとえば、①硬くなった新芽や茎などを原料とした下級煎茶、②家庭で日常的に消費される茶、③伝承され地域に根付いたさまざまな製茶法で自家用に作られる茶、などが挙げられる。本研究では③の茶を日常茶と考え、産業的に大規模に製造されているものは対象としない。詳細は第2節にて述べる。

2　多様な自家製の日常茶

（1）フィールドにみる日常茶の調査

筆者は多様な日常茶の実態を探るため、製造が確認できる鹿児島県鹿児島市四元町（旧日置郡松元町）、長崎県平戸市、

写真7－1　ハンズ茶用の水がめ

出所）筆者撮影，以下同.

宮崎県児湯郡西米良村、徳島県三好市東祖谷落合、高知県長岡郡大豊町、島根県鹿足郡吉賀町柿木村の六地域において、聞き書き調査を行った。

（2）九州地方のハンズ茶・釜炒り茶

① 鹿児島県の水がめで炒る茶

鹿児島市四元町（旧日置郡松元町）の吉村美代子氏（一九三六年生まれ）は、水がめで茶葉を炒るハンズ茶を作る（写真7－1）。この地域では水がめのことをハンズ（半胴）と呼ぶ。水がめは、本来水を蓄えるための容器であるが、鍋もしくは釜の代用として茶を作るのに使用している。

吉村氏は「一九五七年にお嫁に来て、九一歳のおばあさんがハンズ茶を作っており、作り方を教わった。男の人が茶揉みをして、女の人が水がめで茶葉を炒った。当時は、畦畔の茶の木（在来という品種）を摘んだ。各家庭ではハンズ茶が作られていた。ようけあれば町（鹿児島市）に売りに行った。釜炒りもしていた。ハンズ茶を作るのには、在来の方がおいしくできる。松元は、高台なので水がめは水の保存に使っていた。この辺りの人は、畦畔茶で自家用茶を作ったりして、一九六五年代くらいは市の茶問屋へ茶を売りに行っていた。」と述べる。

四月末～五月上旬頃に新芽を手摘みする。水がめの温度が手を入れられなくなるほど高温になり、茶葉を水がめ（口径二五五ミリメートル、深さ四八〇ミリメートル）へ入れるとジリジリと音がする。まぜ棒で五～一〇分茶葉を炒る（状態によって炒り時間は変わる）。熱源は雑木、樫の木を使用する。次に、ほうきで水がめの中の茶葉を取り出し、丸い竹ざる（ショケともいう。直径五〇〇ミリメートル）の上で揉む。茶葉を揉み終えると次は乾燥させる。昔は竹ベロ（チャベロ）[2]で乾燥させていたが、現在は炭火の焙炉[3]で乾燥させる。乾燥に間に合わないときは日干しする人がいた。茶摘みから乾燥工程までは四時間かかる。飲み方は急須で淹れて飲む（二〇一四年八月三日調査）。

②長崎県の傾斜釜で炒る茶

平戸市のＭ氏は、土と藁の土壁に埋め込まれた傾斜釜（写真７－２）を使用して茶を作る。茶摘み時期は、ゴールデンウィーク中で、新芽が成長していなければ、ゴールデンウィーク明けに行う。茶葉は、家の周りに植えられている自然仕立ての茶の木から茎ごと茶葉をしごき摘みする。日が陰ってから茶葉を三〇キログラムほど摘み、翌朝から製茶を始める。茶葉を釜に投入し茶を炒る棒で炒る。ドンゴロス（写真７－３、麻袋で、昔は米入れとして使用）の上で茶葉を揉む。この工程を三回に分けて行う。三回分をまとめて、再び釜で仕上げの炒りを行う。釜の火を消し余熱で放置後、茶葉が触って崩れるくらいに乾燥したら完成である（二〇一〇年八月二六日調査）。

写真７－２　茶を炒るための釜

写真７－３　茶を揉む道具
ドンゴロス

写真７－４　茶を炒るための釜

③宮崎県の平釜で炒る茶

児湯郡西米良村の黒木家（世帯主一九二七年生まれ、世帯主の妻一九三二年生まれ、長男一九五五年生まれ）では、かつて焼畑を行っていて、山を焼いたら茶の木が出てきた。現在は自分の家の山に自生する茶を摘み、家で飲むための茶を作っている。茶摘み時期は四月下旬～五月のゴールデンウィークの連休の三日間で新芽を手摘みする。

摘み取ってきた茶葉を温めた釜（口径六一〇ミリメートル、深さ一九〇ミリメートル）の中に入れ、茶炒り棒（素材はヤマタケ）で一〇～一五分間炒る（写真７－４）。熱源は昔は雑木だったが、薪だと一気に温度が上がるため、今は火力が安定するガスを使用している。釜で炒った茶葉を小型揉捻機に入れて揉む。昔はエビラ[4]（一一五ミリメートル、六八五ミリメートル）の上で竹の目に反して両端から茶葉を手揉みしていた。揉み終えた茶葉は熱源が木炭の乾燥棚へ入れて五時間乾燥させる。乾燥させた茶葉は、翌日以降に釜に戻してとろ火で炒りあげる。最後の仕上げは、世帯主の妻の仕事である。四～五回茶葉を炒りあげるため、二～三日かかる。仕上がった茶は茶缶で保存する。飲み方は、やかんに茶葉と湯を入れて浸出させて飲み、お茶うけに漬物や酢の物などを食べる（二〇一四年八月六日調査）。

（3）四国地方の釜炒り茶

①徳島県の釜で炒って天日干しする茶

三好市東祖谷落合地区の山西家の茶の木は苗木から植え、肥料に茅を敷いている。肥料ばかりだと土がやせるので、枯草も入れて土壌の調整を行っている。茶作りの時期は五月頃で一年分の茶を作る。茶の作り方は祖母から手伝いをしながら覚えてきた。茶は各家庭で作られるため、村人は茶の作り方を知っている。茶摘みは手作業で朝に摘む。それを茶作り専用のコウラと呼ばれる鍋（口径四二五ミリメートル、深さ一〇〇ミリメートル）に入れて、茶を炒る棒（約五八〇～六七〇ミリメートル、素材は欅や紅葉の木）で茶葉を炒っていく。茶を炒る作業は女性の仕事である。

鍋は小屋の隅に据え、ナラやクリ、クヌギを薪に使用する。竹製の揉み道具（モロ）の上でゴム手袋をつけて茶葉を揉む。茶葉を揉むには力がいるので男性の仕事である。揉んだ後は、茶葉を天日干しするが、シルガキ（水分がなくなり乾くこと）した時にもう一回茶葉を揉んで乾かす。茶葉が乾いたらゴミを取り除き、仕分け袋や缶に茶葉を保存する。飲み方は、飲む前に鍋で茶葉を炒り、沸騰したやかんの湯に一掴み入れる。山西家では、茶を飲む前に先にご先祖様に茶を祀ってから飲む習慣がある。普段は、農作業や食事の時に茶を飲む（二〇一五年七月二八日調査）。

②高知県の釜で炒って天日干しする茶

長岡郡大豊町の三谷家（世帯主 一九四五年生まれ、世帯主の妻 一九四〇年生まれ）では、退職してから茶の木を植え、現在四五〇本の茶の木がある。最初は手摘みしていたが今は機械で摘む。天気の良いときに三〇分で摘み、大きな鍋で柄の長いしゃもじを使い、茶葉を混ぜて炒る。次に筵の上で茶葉を揉み、網上に広げて天日干しする。天気が良い日に二日間干す。家の中で休ませて、茶缶に入れる前に再度天日干しする（二〇一四年八月二六日調査）。

（4）島根県の釜炒り茶
釜で炒って天日干しする茶

鹿足郡吉賀町柿木村の福原庄史氏（一九四九年生まれ）と妻の信子氏（一九五一年生まれ）は五月上旬頃に釜炒り茶を作る。茶摘みは信子氏の仕事で、茶葉を三葉まで手摘みする。釜炒りは庄史氏の仕事で、スギなどの燃料で熱した釜（写真７－５、口径六八〇ミリメートル、深さ二三〇ミリメートル）に摘んだ茶葉を入れ、しゃもじなどを使って炒り、筵の上で揉んで、翌朝天日干しする。釜炒りで使用する釜は、明治頃からのもので、豆腐やこんにゃく作りにも使用していた。釜炒り茶の作り方は両親が作るのを見て覚えた。この地域では五〇代以上の人が自家用に茶を作り、子どもに送ったりするという。飲み方は台所でフライパンで炒ってから、沸騰したやかんのお湯に茶葉（写真７－６）を入れて少し煮出した後、

写真７－５　茶を炒るための釜

写真７－６　釜炒り茶の茶葉

火を止めてしばらく置いてから飲む（二〇一八年一〇月二四日調査）。

3　茶の製茶法と製造道具の考察

これまでに調査した自家用茶が残る地域では、主に茶葉を「炒る」製茶法が用いられていた。通常緑茶を作る場合は、生葉を蒸して加熱処理することで、酸化酵素の働きを止めるが、自家用では水がめや鍋釜で生葉を炒っていた。水がめは、横に倒し据えるために、蒸気の抜け道が狭く、茶葉が蒸し炒りの状態になることが分かる。茶葉を炒るときは姿勢を低くし、また細長い水がめの奥で茶葉が焦げないよう気を配る必要があるが、水がめの中が暗く見えにくい。さらに、水がめの中に手を入れるので熱さにも耐えなければいけない。初心者であれば、茶葉の返しがうまくいかず、出来あがる茶から焦げた臭いがする。

一方で、鍋釜は口を真上あるいは、斜め上にむけて据えるので、茶葉を炒る際の蒸気の抜け道が大きい。炒る製茶法は釜などの据え方や炒り方により、味や香りにも影響を与えると考える。水がめを使用する製茶法は鉄鍋や鉄釜が簡単に手に入らなかった時代の製茶法を残していると推測されるが、味や香りの問題を含めて、鋳物・焼物による茶炒りの違いを検証していく必要がある。

そして、鍋釜の代用や深さにも注目したい。宮崎県西米良村や島根県柿木村では炊事用の釜を代用しており、茶作りは生活の習慣になっている。徳島県、高知県では、釜よりも小さな鍋で茶葉を炒っている。深さの浅い鍋で炒る場合、平なしゃもじを使用している。一方、釜の場合、深さが鍋よりもあるため、茶葉を炒る際には一度に茶葉をすくい上げながら攪拌できるような道具が必要である。そのため、二股に分かれた棒の方が構造的に使用しやすいと考えられる。

茶葉を揉むための道具は、竹製のザルやエビラ、筵、ドンゴロスを使用している。茶葉を揉むには筵の利用はよくあるが、竹製のザルやエビラを使用するのは竹文化のある宮崎県山間部の特徴であると推測する。また、麻素材のドンゴロスの上で揉むというのはなかなか見かけないので大変興味深い揉み方である。他の揉み道具に比べると目が細かい。

乾燥工程に関しては、九州は、最後の仕上げにも釜炒りをする傾向にあるが、四国地方では、天日干しして乾燥する傾向にあり、九州地方の方が乾燥段階で労力を要し、手間がかかることが分かった。また、四国地方の場合は、飲む前に再度茶葉を炒っていた。喫茶法に関しては、煎茶のように少し冷ました湯で淹れるのではなく、熱めの湯で淹れたり、やかんで煮出したりする傾向にあることが明らかになった。また、天日干しした茶葉の場合は、保管中に乾燥が不足している場合湿っていることがあるので、飲む前に再度鍋などで軽く炒っているのではないかと考える。

おわりに

筆者は調査地域において、現地の聞き書き調査を試みてきた。「民俗学」には欠かせない人びとの生活の中に伝承されてきた暮らしの「茶」について、次のことが明らかになった。自家用茶の製茶法には鍋釜などを利用した炒る製茶法が用いられていた。蒸す製茶法は、蒸籠や大釜の道具、茶葉を揉み仕上げていく焙炉が必要になる。焙炉は各家が簡単に手に入るような道具ではない。一方、炒る製茶法の製造道具は、釜を用いる場合、かつては豆腐や味噌などを作るために使用していたことが分かった。一般家庭にある鍋釜、茶炒り棒、揉む筵や竹製ざるなどを代用すれば、簡易的に作りやすく、各家に容易に取り入れやすかったと推測する。一部の家庭では、製造道具に小型の揉捻機や手作りのしいけの乾燥機を用いるなど、効率的に茶が作れるよう一部の工程に工夫があった。これらの調査結果から、調査先の人びとにとって自家用茶作りは生活の一部として根付いており、各家に伝承された製茶法で茶を作ることは暮らしに欠かせない生活習慣であることが分かった。

本章では九州、四国地方、島根県の一部の地域しか報告できなかったため、今後の課題として、鋳物・焼物の道具の伝播問題及び炒る方法による味や香りの影響、近畿や東海地方の自家用茶の実態調査を行い、他地域での自家用の製茶法による地域性相違点や共通点を明らかにしたい。最後に、茶はかつて中国から伝来し、日本で飲用され、独自の茶の湯文化へと発展したとされるが、その一方で日常的に飲む茶は茶の湯とは別の喫茶文化として、今日まで暮らしに取り入れられてきた。中国の茶文化を受容後、日本の茶文化が近世、明治、大正、昭和時代にどのように変容、発展していったか、庶民の喫茶文化にも目を向けることで、日本人が茶をどのように独自の茶文化として暮らしに定着させたのか明らかにできると考え、今後の課題に加えたい。

付記

本研究を実施するにあたり、龍谷大学大学院の在学時に指導・助言いただいた同大学院の須藤護教授、徐光輝教授に対し深く感謝申し上げる。さらに、現地調査においてご協力いただいた次の皆様に厚く御礼申し上げる。（所属は調査時のものである。鹿児島県鹿児島地域振興局農林水産部農政普及課 眞正清司氏、吉村ご夫妻、長崎県県北振興局農林部技術普及課 寺井清宗氏、M氏、西米良村町役場 中武浩二氏、黒木家の皆様、三谷ご夫妻、山西ご夫妻、稲盛将彦氏、福原ご夫妻、吉賀町産業課 糟谷通輔氏、上原美奈子氏）そして、西米良調査の研究を助成いただいた嗜好品文化研究会の支援者の方々にも重ねて御礼申し上げる。

注

（1）鍋や釜で摘んできた茶葉を炒め、筵や竹製のザルやエビラの上で手揉みし、再度鍋釜へ戻し炒るか、天日干しして乾燥させる製法。
（2）竹製の籠の乾燥道具。
（3）蒸し上げた茶葉を揉むのに用いる製茶用具。一八〇×九〇センチ内外の方形で、腰程の高さの上に、木枠に和紙を厚く重ね張りした助炭と呼ぶ床を載せたもの。（岩井宏實監修、工藤員功編［二〇〇八］『［絵引］民具の辞典』河出書房新社 二四一）
（4）一般的に竹で編まれた籠をエビラと呼ぶが、ここでは竹で編まれた平たい板状のもの。

参考文献

栄西［二〇〇〇］、古田紹欽訳『喫茶養生記』講談社。
大石貞男［二〇〇四］『第一巻 日本茶業発達史』農山漁村文化協会。

大蔵永常、飯沼二郎訳［一九七八］『日本農書全集一四　広益国産考』農山漁村文化協会。

谷阪智佳子［二〇〇四］『自家用茶の民俗』大河書房。

中村羊一郎［二〇一五］『番茶と庶民喫茶史』吉川弘文館。

廣部綾乃［二〇一七］「山に暮らす人びとの生活からみる茶文化――西米良村を中心に――」『平成二七～二八年度　嗜好品文化研究会　研究奨励事業［助成研究］報告書』嗜好品文化研究会二一―四七。

松下智［二〇〇五］『日本茶の自然誌　ヤマチャのルーツを探る』あるむ。

宮崎安貞［一九七八］『日本農書全集一三　農業全書』農山漁村文化協会。

森薗市二［二〇〇二］「釜炒り茶の歴史と製茶法」『釜炒り茶』関東図書。


（柴本　綾乃）

第8章

島の若者の将来設計と地域社会
――兵庫県姫路市家島の調査から――

はじめに

本章では、島の若者の就学、就業行動を検討することで、島の再生産を担う若者の将来設計や理念を考えると同時に、若者を支援する家族や地域社会との関わり方を考える。宮本常一は『瀬戸内海の研究』（一九六五年）で、瀬戸内海の島々の開墾、開発と定住を明らかにするなかで、島々の立地とそこから派生する有利性を活かした発展の方向性を明らかにした。それは離島社会の限定性による問題を、島外との交易や重層的な人と人との関わりによって多面的に処理する社会的特性を解明することをも意味する。島では高度経済成長期前後に若者が流出し、二〇〇〇年前後には世帯数の減少も顕著になった。離島は高齢化社会の先進地である。社会関係が暮らしの中の重要な要素である島において、人口の減少は大きな危機感を持ち認識される。なかでも進学で若者が島を離れると再び帰ってくることはないと指摘されて久しく、若者の就学行動とその後の就業地は分析対象になってきた。

島の家族は、子世代の一部は島内で就業させ、兄弟を島外の近隣地方都市へ出すことが多い。というのも島内の就職は限定的であるからだ。そういった家族の生活戦略に対して、島の学校は個々の家庭の暮らし方に応じた進路指導をすることで、生徒が望む進路に進めるように支援をしてきた経緯がある。島での暮らしを維持するために、あるいは島を出て自立するために、生徒と家族は将来設計をどのように描き、家族や学校はその意向に沿うためにどのように関わるのだろうか。また、島の再生産の鍵を握る若者は島での暮らしをどのように考え、将来設計をする際に何を重視するのだろう。以下では、島の若者の将来設計に関する調査を考察することで、島の次世代の意向を検討すると同時に、島の若者を支援する家族や高等学校、地域社会との関わりを考えたい。

調査地は県立高等学校が立地する兵庫県姫路市の家島である。本章で使用する資料は各種統計資料および二〇〇六年から二〇二〇年にかけておこなった聞き取り調査の結果である。

1　島の概況と暮らし

（1）島の産業と人の動き

兵庫県姫路市家島は瀬戸内海にある群島で、主要な島は家島本島（以下、本島）と坊勢島である。ここでは割愛するが、瀬戸内海の島々は、近世以降、経済的に重要な位置付けを与えられていたことからその研究は数多い。家島についても漁業や採石業、海運の研究はもちろんのこと民俗や歴史、生活文化に関する分厚い研究蓄積がある。[1]

島は姫路港から船で約三〇分という立地にあり、二〇〇六年には姫路市に合併された。本島には宮集落と真浦集落の二つの集落、坊勢島には坊勢集落がある。島の主要な産業は本島の真浦集落では採石業や海運業が多く、宮集落は漁業もある。他方で、坊勢島では漁業と漁業に関連する加工業が主要な産業となっている。

両島には医療施設や高齢者施設、金融機関や消防署、救急艇もある。日用雑貨、飲料や食料が購入できる商店もあり、週二回は岡山から船の行商がある。乗船三〇分で姫路市の大型商業施設にも行けるため、島で暮らしていても不自由はないという。釣り客やビジネス客が宿泊できる民宿や旅館はどちらの島にも複数ある。両島には保育園、小学校、中学校が立地しており本島には公立の高等学校がある。島のなかだけで次世代を育成できる教育システムが整っている。

二〇二〇年の国勢調査では、島の総世帯数は二一三九戸、人口は四六八〇人となっている。高度経済成長期以降の家島における人口の推移をみると、ここでは高度経済成長期後も人口の急激な減少は起こらなかった。石材関連産業の隆盛が継続したことによって人口流入があったことが背景にある。だが、姫路市との合併後は世帯数、人口ともに減少し始めた。大型の土木事業の減少により石材関連産業が影響を受けたことが大きな要因となっている。

（2）島の暮らしとライフコース

島では、家業を持つ家の子どもたちは経済的自立が早く、都市部に比べると、若くして家庭を持つ傾向がある。そういったこともあり三人以上の子どもがいる家庭も多い。また、家業を継承するのは必ずしも長男というわけではないが、島の社会のなかでは長男役割の意識が高いこともあり、長男は家に残る傾向がある。

男性の場合、後継者は子どもの頃から家業を手伝うことで仕事の技術を習得し、中学校を卒業すると同時に本格的に家業に従事することが多かった。だが現在は、高等学校へ進学したのちに就職する生徒がほとんどである。中学卒業後に島外の高等学校へ進学することも多く、高校進学時に半数以上が在島の教育コースを外れる。島外への進学は世帯が離島する契機にもなる。女性の場合、高等学校卒業後は就職をするか、あるいは、専門学校や短期大学へ進学したのちに就職し、結婚を契機に帰島することが多かった。しかし、現在はほとんどの女生徒は大学や専門学校へ進学する。島で就職する男性と一旦は就職で離島した女性が島で新しい世帯を作る結婚もかつては多かった。だが現在はそれほど多くない。

島の暮らしには慣習的なしきたりのなごりが随所にみうけられる。それらは付き合いに代表されるような人間関係をはじめとする社会関係のなかに浸透している。たとえば、制度的厳格さは希薄化しているが、現在も男女ともに気の合う同年代による「ツレ」や「トモダチ」といわれるような兄弟分の付き合いがある[2]。かつて兄弟分は結婚や葬式など社会生活のなかで重要な役割を果たした。現在はそのような社会的機能を果たすことは少ないが、青年団が主体的に開催する島の祭りにはこの兄弟分の仲間が深く関わりを持つ。

また、女性たちのネットワークや情報網にも島独特の特徴がある。島内外の進学や就職に際して、女性を中心にしたネットワークを最大限に活用する手法は島の暮らしのひとつの特徴である。以下では、島の高等学校に進学した若者の将来設計を検討することで、島で暮らし続けようとする若者の理念を考えるとともに、それを支援する家族や学校と若者との関わりを考える。

2　島の高等学校の役割と若者の進路

(1) 島の高等学校と卒業生の進路

家島高等学校は一九五〇年に姫路東高等学校の定時制分校として設立され、一九六二年に全日制高等学校となった。一九六三年の通学者は八一人とある。一九六八年には家政科が一学級増設され女生徒の進学先となった。一九七九年には分校から独立し県立家島高等学校となった。独立した一九七九年の卒業生の進路を表8－1でみると、男子は二七名のうち専修学校へ進学した生徒が四名、就職した生徒が二三名であった。就職先を地域別にみると島内一二名、県内三名、県外八名であった。業種別では漁業・水産業三名、卸小売業七名、運輸通信業一名、サービス業九名、公務三名であった。男子では進学者は四名（一四パーセント）と少なく、二三名（八六パーセント）が就職しており、しかもそのうちの一二名（五二パーセント）は島内で就職した。

女子生徒では五七名のうち、大学や短期大学九名、専修学校一四名の合計二三名が進学した。就職した生徒は三四名で、島内で就職したのは六名、県内一二名、県外一六名である。業種別では、卸小売業二一名、サービス業五名、運輸通信業二名、建設業二名、公務一名である。女子では進学者の割合が四〇パーセントであり、男子の約三倍であった。

表8-1　高等学校卒業生の男女別進路（1979年）

（単位：人）

進路／性別	進学		就職		合計
	専修学校	短期大学 4年制大学	島内就職	島外就職	
男子学生	4	0	12	11	27
女子学生	14	9	6	28	57

出所）兵庫県立家島高等学校資料より筆者作成.

また、就職者のうち島内に就職した生徒の割合は一八パーセントと少なかった。

ここから当時の進路の特徴がわかる。第一は、男子生徒は就職が圧倒的に多く、女子生徒は進学が多かったことである。これは島の夫婦の学歴の特徴とも合致する。男子生徒は在校中から家業や親族を手伝い、卒業と同時に就業することが多かった。そういう背景もあり、高等学校進学を希望する場合は、親から家を継ぐ意思の有無を確認されたという。

第二は、島外に就職した女子生徒が多かったことである。島の主要産業である採石業や運搬業、漁業などにおいて女性が就業できる機会は少なく、限定的であるため島外で就職するしか方途がなかったからである。

このように、島の高等学校は島の若者の教育水準を上げる役割を果たしてきたことは明らかであり、就職活動を有利に進める際にも有効に機能したことがわかる。だが現在は、島の中学を卒業した生徒はほとんどが島外へ進学する。島の高等学校へ進学する生徒は中学卒業生の二〇パーセント前後である。在島の高等学校へ進学するのはほんの一握りなのである。

さらに、島の高等学校へ進学した生徒も現在では六〇パーセント以上が進学を希望する。生徒の就学行動が変化した背後には、島の主要産業である漁業の縮小傾向と不安定性、採石業の低迷と運輸業の縮小という経済的要因がある。就職機会の縮小により、男女ともに専門的な資格を取得するための進学を希望する生徒が増えつつある。

このような進学は離島の端緒ととらえられた［並木、一九六〇］。だが現在の進学はそうともいえない。というのは、島の高校に通う生徒は、男女ともに約八割が島で暮らし続けることを希望しているからである。いまでは島外へ出る進学は、若者にとって島に残るための戦略となっている。島の再生産を支えるであろうこのような少数派の若者に注目することは重要である。以下では島の高校の卒業生の進路と将来設計を詳しくみていこう。

(2) 島の高等学校卒業生の将来設計

卒業生Aさんは、漁師の父親と看護師の母親、母方の祖母、姉、妹と弟の四人兄弟の漁家で育った。Aさんの父親は次男であり分家独立した漁師である。Aさんは、姉や弟妹が独立したあとに実家で民宿経営をしたいと考えて調理技術を習得するため料亭に就職した。弟妹はそれぞれ医療関係や幼稚園教諭などの資格を習得して自立する将来設計を立てた。Aさんの将来設計は家業継承を誰がするかを話し合う家族の話し合いのなかで固まったという。進学か就職かを決める際は母親と相談し、就職は当時の校長の口利きにより決められた。現在Aさんは帰島して父親と共に漁業を営んでいる。

Bさんは、高校卒業と同時に他県に進学した。教員になり帰島する将来設計に基づいた進路である。学校で進路について話し合いを重ねるなかで、一旦島を離れて教員の資格を取得して帰島しようと考えたからである。Bさんは長子であり、島で働く母親の話を聞くなかで、島の教育に携わりたいと考えるようになったという。現在は島の学校で教壇に立っている。

Cさんは、両親と兄二人、妹一人の四人兄弟である。海運業に従事する父親は数カ月間留守が続くことがある。兄たちは島外で就職をしているため通常は母親と妹との三人家族である。Cさんは帰島の可能性を高めるために技術を習得できる建築関係の専門学校への進学を決めた。知人が建築関係の仕事に従事しており、建築や設計にまつわる仕事が島にあることを知ったという。将来は島で起業したいと常々家族に話しており、進学先は学校や母親の知人ネットワークを通じて収集された情報を参考にして決めたという。

ここで紹介した三名の若者の将来設計には興味深い共通点がある。一つ目は、早い時期から家族で具体的な将来設計を話し合っており、進学や就職は個人的な事項でなく家族全体で作られる点である。兄弟間で役割が意識されているようにもみえる。二つ目は、母親が子どもの将来設計と進路選択に深く関与している点である。世帯主が海運業に従事する家庭では父親が長期間不在であることが多く、母親は地域社会で対外的なことを担う。母親が家族内外の意思決定を主導的に進めることもあり、母親の子世代への影響力は強い。三つ目は、全員が家族や知人、学校の先生など身近な大人をロールモデルとして、実現可能性の高い職業に就くことを目標に進路を選択している点である。

3　若者の意向とその支援体制

(1) 若者が島の暮らしを望む意味

なぜ島の高等学校に進学する生徒は島で暮らし続けようとするのだろうか。Bさんは自身が進路を決めた背景や将来設計について以下のように述べた。

「私は海に囲まれた島の環境が好きです。生活がゆったりしているからです。島外に出かけても帰ってくるとほっとします。島で先生になれば職業としても安定しているだけでなく、島で暮らし続ける可能性が高くなると考えました。家族仲は良くて特に母親とは仲がいいです。小学校のころから互いで決めた兄弟分の友人もいます。島の仲間同士しか共有できない価値観があるので一生友人だと思います。島の知人はみんな家族のようなので、島から出ることは家族から離れるような感じです」

男性女性を問わず、島で暮らし続けることにこだわるのは、家族の存在や仲間意識、価値観の共有が大きく影響している。島には島で生まれ育った者同士でしか共有できない感覚や感情、価値観があり、それらを包含した環境が整っていることが心豊かなのだと若者は口を揃えて語る。だから、島を出ることに対しては、「都会の雰囲気も楽しいけれど住みたいとは思いません」という。ここからは島の生活を続けたいと考える背景には当島の立地も影響していることがわかる。当島は大阪や京都へも日帰りで出かけることが可能で、子どもの頃から島外へ出かけることに慣れている若者にとって、都市部は出かける場所なのである。若者は気心の知れた仲間と仲の良い家族がいる島を出ることに積極的な意味を見出せないのである。

島外の社会は魅力もあるが島の社会より複雑で、そこでは多様な価値観や思考を受容しなくてはならないことを若者は知っている。そのうえで若者は島で暮らし続けることを選択し、帰島する離島者をも含み込んだ島の将来像を描き出そうとしている。かつては離島者に対するさまざまな感情があり、島に残る若者が同質性のもとで結束したこともあった。だが、現在は島に残る若者が帰島を望む離島者へ支援を提供する。若者は、家族や地域社会、同世代の仲間の存在のなかで構築された自分の居場所が重要であるという。心豊かな島の暮らしを実現するために、慣行的な協同性を促す規範によって結束しようとするのではなく、個々の価値観を配慮したうえで緩やかに結束しようとしているようにみえる。ここには、コミュニティのまとまりを構成する要素を、現代的な感性で組み替えようとする若者の創造性を垣間見ることができる。

(2) 若者を支援する島の社会的ネットワーク

若者の戦略的な進路選択に対して、家族や学校は具体的にどのような支援を提供しているのだろうか。島の家族は子世代と進路について話し合うなかで、適切な支援体制を作っているようにみえる。その際に有効なのが、島の社会の特徴でもある母親ネットワークである。彼女たちの情報収集能力の高さと情報伝達の速さは格別である。島外に実家がある母親も多いため幅広い情報が共有される。このような情報ネットワークの機能は島の社会的資源のひとつでもある。それらは日常生活をつつがなく送るために必要であるだけでなく、進学や就職の際にも有効に機能する。母親は島内外の兄弟分や知人のネットワークを活用し、多面的に子世代を支援する。

母親と連携した支援を提供するのが高等学校関係者である。学校関係者も多様な知人ネットワークを保有している。

縁故関係を通じて就職先を世話することや、卒業生の個人事業主に依頼することもあるという。帰島を念頭においた進学では、島独特の価値観や観念を踏まえた対応が必要であり、高等学校は通常より踏み込んだ支援を生徒とその家族に提供する。家族の意向に沿うような具体的な選択肢が提供される進路指導は島独特かもしれない。こういった支援体制が機能することで、島で暮らし続けたいと考える若者は実現可能性の高い将来設計を描き、経済的自立を目指すことができる。島の高等学校は、島で暮らし続けたいと考える若者を支援する役割も果たしている。

また、島に残る若者は、望めば、島の社会のなかで育成される。そのひとつの機会が島の祭りだろう。いくつかある島の祭りのなかには、男女の青年団が計画と運営を一任されているものがある。青年団は入念な計画と準備のもとで祭りを遂行するのだが、年齢の近い先輩や経験者の協力を得ながら取り組む。その際には島外にいる仲間にも声がかけられる。島外には帰島を希望する若者も存在しており、目には見えないが双方向の支援ネットワークがあるからだ。祭りに関する意思決定や予算の執行について、年長者は一切口を出さない。子どもの頃から慣れ親しんだ行事の運営に取り組むなかで、島の将来を担う次世代としての自覚が育成されるのであろう。そこでは慣習を踏襲することもあれば、状況に応じて再編させることもあるという。少数派ではあるが、島に暮らし続けたいと望む若者がおり、彼らが次世代の担い手として育つことで島の暮らしは再生産されているのである。

おわりに

ここでは、島の暮らしの再生産の鍵を握る若者の就学、就業行動を検討することで、若者の将来設計の理念とそれを支援する家族や高等学校、地域社会との関わりについて考えた。具体的には島の高等学校を卒業する生徒が選択した進路と、若者の将来設計に家族や学校がどのように関わるのかを検討した。島の高等学校へ進学する生徒は島の中学を卒業する生徒のうちの二割程度である。だが、この一握りの若者が島の暮らしの再生産に重要な役割を果たしている。というのも、彼らの進路選択をみていくと、男女ともに島で暮らし続けるために戦略的な将来設計をしているからである。その意思決定の背後には、同世代の仲間との価値観の共有や自らの居場所を重視していること、また、現代的で濃密な家族関係が深く関わっていることがわかった。その根底にあるのは心豊かに日々を送りたいという意向である。

そういった意思決定の背景をみてみると、島では母親が子世代の意思決定に多大な影響を与える傾向があり、他方で、地方都市に近い島の立地を最大限に活かしていることも明らかであった。実際に高等学校卒業時に描いた将来設計を実現させている卒業生も存在しており、また、島外で就職しているが将来的には帰島をしたいと考える卒業生もいた。

次に、主体的に島で暮らし続けようとする若者の戦略的な将来設計に対して、どのような支援がなされるのかを家族や学校の関わり、地域社会の体制から検討した。支援の実態からは、母親ネットワークをはじめとする島の社会的資源の活用や、家族関係、母親と高等学校との連携が大きな役割を果たしていることがわかった。島の若者と家族は高等学校と密に連携することで、通常より踏み込んだ支援を引き出していた。高等学校は、島内外の産業や個々の家庭の暮らし方に応じた進路指導をおこなうことで、島に残りたいと考える生徒に最適な支援を提供する役割を果たしている。

また、島のなかには若者が集い育成される仲間のネットワークと社会的な支援体制もあった。島の次世代は、祭りをはじめとする島の行事に携わるなかで、緩やかに島の社会を再編しながら中心的な役割を担う存在になると考えられる。少数派かもしれないが、現代的な感覚で仲間意識を組み替えながら、島で暮らし続けたいと戦略的に考え就学する若者が島の暮らしを維持し再生産しているのである。

注

（1）家島の研究では、神戸新聞社『家島群島』（一九六二年）、家島町役場『家島町誌』（一九七八年）、坊勢漁業協同組合創立五〇周年記念誌』（一九九七年）、家島町『家島町閉町記念誌瀬戸の潮路』（二〇〇六年）、奥山芳夫『島の生活』（二〇〇九年）滋賀民族学会を参照した。

（2）兄弟分の研究は竹田旦『兄弟分の民俗』に詳しい。家島の兄弟分については『家島町誌』を参照のこと。

参考文献

家島町役場［一九七八］『家島町誌』。
家島町［二〇〇六］『家島町閉町記念誌瀬戸の潮路』。
奥山芳夫［二〇〇九］『島の生活』滋賀民族学会。
神戸新聞社［一九六二］『家島群島』。
竹田旦［一九八九］『兄弟分の民俗』人文書院。
並木正吉［一九六〇］『農村は変わる』岩波書店（岩波新書）。
姫路市『姫路市統計書』各年版。
坊勢漁業協同組合［一九九七］『坊勢漁業協同組合創立五〇周年記念誌』。
宮本常一［一九六五］『瀬戸内海の研究』未来社。

（柏尾　珠紀）

第9章 暮らしの風景と地域づくり・観光交流

―和歌山県湯浅町におけるシロウオ漁の継承を中心に―

はじめに

ＳＤＧｓ（持続可能な開発目標）が世界中で喧伝される時代になった。国内では地方創生が喫緊の課題とされ、その切り札として観光が注目されるとともに、観光立国政策が推進されてきた。しかし、二〇一三年ごろよりインバウンドの急拡大が、いわゆる観光公害を引き起こし、さらに二〇二〇年に起きた新型コロナパンデミックが観光産業に大打撃を与えたのであった。こうしたなか、大量生産大量消費型の観光、すなわちマスツーリズムのあり方を見直し、その地域に固有の生活文化に立脚した持続可能な観光のあり方を模索しようとする機運が醸成されつつあるのではないだろうか。

本章では、伝統的な生活文化であるシロウオ漁を取り上げ、その継承活動を住民主体の地域づくりや観光とのかかわりにおいて捉え直すことにする。

この漁の対象となるシロウオ（Leucopsarion petersii）は、スズキ目ハゼ科に属する小魚である。体は透明感のある飴色で、全長四センチメートルから五センチメートルほどで成魚となるが、見た目は稚魚の姿のままである。キュウリウオ目シラウオ科（Salangidae）に属するシラウオと形態的に類似するため、しばしば混同されることがある。ただし、地域によってはシロウオを指す言葉としてシラウオが慣習的に用いられている場合もある。また他にヒウオ、イサザ、ギャフ、ヒョゴ、シロイオなど、実にさまざまな地方名があり、人びとに身近な魚であったことがうかがえる。シロウオは日本列島や朝鮮半島の沿岸域に分布し、二月から三月を中心に、五月にかけて、産卵のため海から川へ遡上する。河川の下流域にのぼってきたシロウオを四手網や梁を用いて漁獲する伝統漁は、春を告げる風物詩として広く知られるところとなっている。

ただ現在、シロウオは絶滅危惧種に指定されている。シロウオ漁も戦後社会の価値観や生活様式の変化、とりわけ国土・河川環境の汚染・破壊に伴い、全体的には衰退傾向にある。だがその一方で、シロウオまつりが日本各地で開催されるようになるなど、シロウオ漁を地域の文化資源として位置づけ、人間と自然、人間同士の関係性を生み出し、地域の人びとを担い手とする地域社会の再構築につなげようとする動きも見られるのである。

1　地域づくり・観光交流の民俗学

柳田國男は、日本で最初の観光ブームともいえる状況が出現していた昭和初期の時代に、その内実を批判的に検討し、それを風景の創造につなげていくための視点を提示している。「郷土の美点を世に紹介するということは口癖であるが、それにはまず自分たちが自らその美点を知っていなければならぬ。それよりもさらに適切なことは、これに伴なう欠点をも気づくことである」［柳田　一九八九：五六〇］はその端的な表現である。これは、一九三四年の千葉県観光協会における講演のなかでの発言であるが、彼が言いたかったのは、観光事業の主体は他ならぬ地域に暮らす人びとでなければならないということだろう。

さらに、こうした認識を深め、具現化しようとしたともいえるのが、宮本常一である。彼は一九六〇年代半ばから一九七〇年代にかけての観光ブームの只中で、離島や山村での地域づくりとしての観光交流を提言し、協力した。戦前から戦後にかけての日本列島で膨大なフィールドワークを積み重ねた宮本の根底には、人びとの交流が地域の社会や文化を豊かにしてきたとの認識があった［宮本 一九七五］。全国総合開発計画（一九六二年実施）に代表される国家主導の開発が進んだ時代に、文化的かつ経済的な意味での地域の自律を引き出す装置として観光を位置づけたのである。「人間が喜ぶ自然、風景、それはそこに住む人たちがそれを造り出す以外にはない」と断じ、「そこに住んでいる人たちの心にかなったものを作ることによっておおぜいの人の心にもかなうものが生まれてくるものである。それを作った人たちの生活を豊かにすることが大事になるのではなかろうか」と問いかけた［宮本 二〇〇三：三八］。

観光は地域づくりに他ならず、地域に暮らす人びとの主体性にかかっている。また、余暇時代が到来するなかで、観光を商業主義的な消費活動としてのみ捉えるのではなく、人びとの交流を基礎としつつ地域に根ざした文化的営みを構想し、風土に寄り添う責任ある旅行者を育成していこうというのが宮本の基本的な考え方である。

こうした宮本常一の観光文化論は近年、持続可能な観光形態として実践と研究が広がっているエコツーリズムの発想を先取りしたものと見なせるだろう。すなわち、一般にエコツーリズムというと、たとえば「自然体験型の観光」が想起されるかもしれないが、ここでは「風土・文化の保全に配慮した観光交流を通して持続可能な地域づくりを目指す理念や活動」と規定しておきたい。エコツーリズムをこのように捉えるならば、シロウオ漁をめぐる風景創造の動きもエコツーリズムの観点から読み解けるのではないだろうか。

次節では、そのことについて和歌山県有田郡湯浅町を事例に検討してみよう。なお、筆者の所属する羽衣国際大学では、和歌山県の「大学のふるさと」制度を介した地域連携に取り組んでおり、筆者自身も湯浅町とのかかわりを持つ機会を得て、島之内地区を中心に、学生たちと地域づくりに関するフィールドワークを進めているので、ここではその中間報告も兼ねて述べていきたい。

2　湯浅町におけるシロウオ漁の継承

（1）フィールドの概要とシロウオ漁の変遷

湯浅町は紀伊半島の西部に深く入り込んだ湯浅湾の奥に面し、町域は東西六・五キロメートル、南北三・五キロメートルで面積二〇・七九平方キロメートル、人口約一万二〇〇〇人（二〇一五年国勢調査）の町である。ここは、その名の通り中世期に活躍した湯浅党が本拠とした地で、また古くから熊野詣の宿駅として知られてきた。『紀伊国名所図会』（一八五一年）において湯浅は「海陸輻湊の地」とされ、港町と宿場町を合わせた履歴を持つ。一方現在、この町を形容する言葉として全面に出されているのは「醤油発祥の地」である。一六世紀末頃に開発されたとされる旧市街地の北西に当たる北町・鍛冶町・中町・濱町を中心とする一帯が二〇〇六年、全国初の「醤油の醸造町」として国の重要伝統的建造物保存地区に選定された。さらに二〇一七年には町指定有形民俗文化財の醤油醸造用具とあわせて「醤油醸造文化」に関するストーリーが日本遺産に認定されている。

さて、湯浅町と、隣接する広川町の町境付近を広川が通り、紀伊水道へ流れている。この広川下流、淡水と海水の混じりあった汽水域で二月中旬から三月下旬頃にかけて、四手網を用いたシロウオ漁が行われている。現在の広川での漁法は、川中に組まれた櫓の上から川底に網を沈め、川底に置かれ白い板に反射する魚影を見ながら網を引き揚げてシロウオを柄杓で掬い取るというものである。

広川で行われるシロウオ漁の起源は明確ではないが、『熊野獨参記』（一六八九年頃、著者不詳）に、「此川（筆者注：広川のこと）下ニテハ冬ノ比シロウオヲ取ル」とあり、江戸期・元禄二年にはシロウオ漁が行われていたらしい[1]。その漁の風景を一九八一年時点の調査報告から引用しよう。

「湯浅町の広川河口近くで使っている四ッ手網は、白魚漁のためのものである。昔は二十五軒が白魚漁の権利を所有していたが、現在は十八軒がその権利を有している。昔から白魚の獲れる期間は「年越十日」といって、三月中に漁期が終るのが普通である。海の潮がさして来るときが漁をするのによく、白魚が川に産卵にやって来るところをとるのである。夜に入ると、ランプをつけて網をあげたりおろしたりの作業である」〔吉川 一九八一：三一三〕。

ところが、この漁も一九九〇年代頃には漁をする人が激減した。その背景には、内湾の埋め立てや護岸工事、水質悪化、生活様式の変化等があったと考えられる。漁が行われない時期もあったようだが、二〇〇一年頃に住民主体で継承活動が開始され、行政でも産卵環境等の調査が実施された。そしてこの頃から、漁が始まる前の時期に、河川の清掃活動が地域の人びと、行政職員、ボランティア等によって取り組まれるようになった。二〇〇一年七月五日発行の「広報ゆあさ」には「ゆあさの風物詩 広川のシロウオ復活に向けて」と題する二頁の記事が掲載されており、「シロウオの復活」という理念が提示されていたことがわかる。

(2) シロウオまつりの風景とそれをつくる人びと

湯浅町では例年三月に「紀州湯浅のシロウオまつり」(以下、シロウオまつり)が開催されている。これは、二〇〇四年から広川河口に立地する島之内商店街を中心に湯浅町商工会をはじめ地域団体の協力を得て実施されるようになったイベントで、現在は行政も支援し、実行委員会が組織されている。シロウオまつりに関する情報は、テレビや新聞などのマスメディアでしばしば取り上げられ、また湯浅町や一般社団法人湯浅観光まちづくり推進機構のウェブサイトに掲載されるなど、多くの情報発信がなされている。

シロウオまつりでは広川をのぞむ島之内商店街通りを会場に、シロウオ炊き込みご飯の販売、踊り食い体験、シロウオすくいなど工夫を凝らしたもてなしがなされる。タイミングが合えば、漁を間近で見学することができる他に、特産

写真９－１　湯浅町でシロウオ漁（夜漁）をする塚田昌秀さん（2019年3月7日）

出所）筆者のゼミ２年生（当時）提供.

写真９－２　島之内商店街の看板
ロゴマークのデザインはシロウオ漁がモチーフ

出所）筆者撮影.

品を紹介するコーナーや各種露店も出されている。ちなみに、湯浅町役場によると、コロナ禍前の二〇一九年三月一七日に開催されたシロウオまつりには約五〇〇〇人の来場者が集まった。このイベント自体は一日だけの開催となっているが、二〇一九年三月一七日開催分の広報チラシは漁が行われる期間に当たる「二月二〇日から三月二〇日」をシロウオ月間とし、「シロウオ漁がはじまり、まつり会場付近の飲食店でシロウオ料理が食べられます」と記している。また、隣接する広川町で二〇一六年に設立された「広川町を元気にする会」によって期間中に四日間シロウオ漁の体験イベントが実施されることも併せて告知されている。

島之内商店街で理髪店を営むかたわらシロウオ漁を継承する漁師の一人で、島之内商店街振興会長としてまちおこしに尽力してきた塚田昌秀さん（一九五三年生まれ）は、「漁は腕の力だけじゃだめで、からだ全体を使って網を引き揚げる。櫓や網などの漁具は古い道具を修理して使う」と身振り手振りで教えてくれた。はじめて塚田さんを訪ねたのは二〇一八年真夏の日であったが、学生たちと理髪店に入ると、目に入ってきたのは、壁にところ狭しと飾られたシロウオ漁の写真。塚田さんはそれらを見せつつ生き生きと語り、話が尽きない。シロウオ漁は近所の人より引き継いだという。現在、漁は個人でするが、同好者に教えてもらいながら、昔ながらの作り方で道具を作っている。漁の時期にはテレビの取材を受けることも多いそうで、番組を録画したＤＶＤも見せてくれた（写真９‐１）。

塚田さんによると、今から二〇年前に町内でシロウオというと、「まだやっているの？」と驚かれたそうだ。「将来に伝えていきたいが、若い子が少なくなって、後継者がいない」という状況下、まちおこしの中で古いものを立ち上げたらおもしろいと思い、商店街が中心となってシロウオまつりを立ち上げた（写真９‐２）。「伝統的な漁法や食文化をまちおこしに活かし、子どもたちにシロウオを食べさせたい」という思いを胸に塚田さんは、シロウオ漁の継承に地域ぐるみで取り組むことに意義を見いだしているのである。実際、商工会や行政、各種地域団体などが連携しながら祭りを進めるなかで、地域の人びとが川にゴミを捨てないようになってきたという。現在、漁撈技術の継承以外にもイベントの企画運営はもちろん、シロウオ料理の伝承、川の清掃などが地域の人びとによって担われているが、いずれもシロウオ漁の継承活動の成果として捉えることができるものである（二〇一八～二〇年に聞き書き）。

３　シロウオ漁の継承とエコツーリズムの開発

（１）シロウオ漁の継承と地域の内発的発展

以上に見てきたシロウオ漁の営みは、地域の人びとが主体となって地域固有の生活技術を創造的に継承しつつ、河川汽水域を保全しようとする活動である。それは、漁撈文化に立脚して地域の内発的な発展をめざすものであり、地域住民に潜在する可能性をひき出していく地域に根ざした観光、すなわちエコツーリズムの開発過程と見なすことができる。

鶴見和子は、地域固有の自然生態系や伝統文化を尊重し、地域住民が主体となって創出される自律的な発展のあり方として内発的発展論を提起した［鶴見 一九九六］。この理論を、シロウオ漁の継承活動に当てはめてみると、その一連の活動を通じて地域の人びとが地域固有の自然環境や伝統文化の価値を再認識しつつ、自然との関係を再構築してきた姿が見えてくる。それは、暮らしの楽しみを工夫し、地域において連帯していく道筋でもあるだろう。したがって、この漁の継承にあたっては、まちおこしの文脈でも経済振興の視点や表層的な観光化に偏重することなく、地域固有の生態系の価値を前提として、精神的な充足や文化的な豊かさを評価していく必要がある。地域で身近な川や魚とかかわる楽しみを創造的に継承していくことは、抽象化された自然環境ではなく、個別具体的な人が身体で感じ取る川の風景を醸成し、河川の持続的保全を可能にすると同時に、地域のコミュニティを豊かにしていく契機ともなる可能性があるだろう。

ここで改めて注目されるべきことは、民俗学や人類学で精緻な議論がなされてきた「マイナー・サブシステンス」、あるいは鬼頭秀一が提起した「遊び仕事」として、シロウオ漁は捉えることができるという点である［菅 一九九八、松井 一九九八、鬼頭 一九九六、二〇〇九］。この漁は、季節限定のごく小規模な漁で、近年では観光資源化が進んでいるが、金銭的利潤を期待するのは現実的ではない。だが地域経済は、市場原理だけで動いているのではなく、非市場的領域における贈与や交換も含めて、顔の見える経済がそれぞれの地域の風土に寄り添いながら営まれてきた。そこには、自然への共感や他者への信頼に基づく関係性が形成され、その過程では地域の人びとの間で共有できる価値が創出されてきたと思われる。実際、シロウオ漁には日常生活にハリを持たせる遊戯的側面があり、またそれを介して人間同士がつながり、さらに地域のアイデンティティとしての役割を発揮している。その意味でこの漁は中心的な生業ではないものの、人と自然、コミュニティのつながりを含む地域づくりに関連してきわめて重要な活動といえるだろう。

旅行者にとってもこの漁は、地域の日常と歴史をかいまみられる魅力的な観光対象であり、さらに一歩踏み込んで、その価値を理解し共有すべき文化遺産だといえる。たとえば、旬の食材を切り口に小さな生業を営む人びとと交流することは、地域の風土に触れる貴重な機会となるはずだ。また、自然から遠のく生活様式が一般化し、一方で自然災害が頻発する時代にあって、漁の体験を通して川の流れや潮汐の実際を間近に見ることは、実効性のある環境教育や防災教育の試みとしても期待できるかもしれない。

（2）文化伝承としてのシロウオ漁の継承へ

伝統的な生活文化を手放しで礼賛し、過度に理想化するのはよくないが、シロウオ漁は、今や地域を表象する文化として、また地域に根ざした観光資源として定着しつつあるように見える。だが少子高齢化の波を受けて、漁を行う担い手の不足が問題になるなど、もはや一地域社会だけでは、シロウオ漁の継承が困難な状況になってきていることも事実である。

今後のシロウオ漁の継承のあり方を展望するとき、鬼頭秀一による次の指摘が参考となるだろう。「近代になって、社会的・経済的リンクと文化的・宗教的リンクが切断された状況になっているような人間と自然との関係性が一般的になってきた時に、その切断されたリンクをいかに『つないで』いくのかということは重要な課題になってきている」［鬼頭 一九九六：二三五］。

鬼頭は、両リンクに全体性がある「生身」(2)の関係に近い人間と自然との関係性が残存する地域の文化のあり方を再評価し、それを現代的な形で伝承していく必要性を論じている。その際、「よそ者」の文化伝承者としての可能性に注目し、両リンクに全体性を欠いている「切り身」の構造に置かれた都市住民も、「そのような地域にかかわることによって、自らの存在のあり方を見なおしていくことは可能であり、また、その観点から、その地域の人たちを応援していくこともできるのである。そういう営為として、さまざまな営みを再考し組みなおしていくことが必要ではないだろうか」としている［鬼頭 一九九六：二三五］。

そこで、エコツーリズムを志向する旅行者・エコツーリストに注目すると、彼らは、文化伝承者としての「よそ者」になり得るのではないだろうか。鬼頭の主張は、文化的・宗教的な文脈が明確に存在した過去に回帰しようとするものではなく、人間と自然とのかかわりの全体性を把握しようとし、その回復を実践的にめざすものだからである。

シロウオ漁の継承は、単に漁の技術を継承するだけでなく、まさに人間と自然とのかかわりの全体性の回復をめざす試みであり、その意味で文化伝承のあり方が問われているのだ。ここで「継承」ではなく「伝承」というのは、過去の遺産を受け継ぐだけでなく、そこに何らかの創意を加えつつ、次世代へと伝えていくという意味からである。

すでに見てきたように、湯浅町において、かつては鑑札制が機能していたと考えられるシロウオ漁も、今日では個人単位で行われるようになり、さらに新しいまつりを生み出すに至っている。(3) 特に、シロウオまつりはより多くの人に開かれた文化的コモンズとでもいえようか。これは、参加する人にとって河川を親水空間とかレジャー空間という「切り身」ではなく、「生身」として体感する機会として機能することも考えられる。そのために必要なことのひとつは、地域の人びとがシロウオ漁やその舞台となる河川環境をまるごと学ぶことであり、いまひとつは、この漁が行われている地域間の交流を進め、そのつながりをつくることである。こうして、いわばグローカルな視点で、文化伝承としてのシロウオ漁の継承とそれを活かしたまちおこし・地域づくりを考えていくことが可能になるだろう。

おわりに

観光をはじめ文化資源をめぐる公共政策では多くの場合、人びとの耳目を引き、かつ短期的に経済的成果が見えやすい文化の実践に重きが置かれがちである。だが、「誰も取り残さない」というＳＤＧｓの理念に照らしても、地域社会において紡がれてきた自然とのつながりやコミュニティの創出、新たな価値観の共有といった生活文化に潜む創造性にこそ、もっと注目すべきではないかと思われる。そしてそのためには、暮らしの風景を糸口に地域の文化の基層を探っていく作業が求められ、それはまさに民俗学の射程に入るものだろう。

たしかに現実一般を見れば、地域の文化は観光振興においてもっぱら利潤追求の手段と位置づけられるにとどまる傾向が否めない。だが地域側において重要なのは、観光事業を文化伝承の仕組みづくりと接合することであり、それはマスツーリズムを前提とした観光振興とは別の形で、人口減少時代の身の丈にあった風土に寄り添う観光交流を育てることに他ならない。それはまた、地域の内発的発展の過程に文化交流としての観光を位置づけることでもあり、そのことを正確に見つめ、その実践に共感をもってかかわっていくことは、柳田や宮本が先駆的に提起した問題を創造的に継承することにつながるのではないだろうか。

注

（１）この古文書については、シロウオまつり実行委員会会長の坂口計夫さんの教示を受けた。

（２）「生身」と「切り身」は、鬼頭秀一の提起した人間と自然との関係性を考える際の対概念である。詳しくは鬼頭［一九九六］［二〇〇九］を参照。

（３）その経緯の詳細を明らかにすることは今後の課題としたい。

参考文献

内田恵太郎［一九六六］『さかな異名抄』朝日新聞社。

川島秀一［二〇一八］「シロウオ漁の生活誌」共同研究班「汽水の生活環境史」（代表：安室知）編『汽水の生活環境史』神奈川大学日本常民文化研究所　非文字資料研究センター。

鬼頭秀一［一九九六］『自然保護を問いなおす――環境倫理とネットワーク――』筑摩書房（ちくま新書）。

鬼頭秀一［二〇〇九］「環境倫理の現在」鬼頭秀一・福永真弓編『環境倫理学』東京大学出版会。

菅豊［一九九八］「深い遊び――マイナー・サブシステンスの伝承論――」、篠原徹編『民俗の技術』朝倉書店。

鶴見和子［一九九六］『内発的発展論の展開』筑摩書房。

松井健［一九九八］「マイナー・サブシステンスの世界――民俗世界における労働・自然・身体――」、篠原徹編『民俗の技術』朝倉書店。

宮本常一［一九七五］『宮本常一著作集一八　旅と観光』未來社。

宮本常一［二〇〇三］（初出一九七八）「作る自然と作られた自然」『宮本常一著作集四三　自然と日本人』未來社。

柳田國男［一九八九］（初出一九四一）「豆の葉と太陽」『柳田國男全集二』筑摩書房（ちくま文庫）。

湯浅町誌編纂委員会［一九六七］『湯浅町誌』湯浅町。

吉川寿洋［一九八一］「和歌山県の漁業・諸職」吉川寿洋他『近畿の生業二　漁業・諸職』明玄書房。


（中島　智）

第Ⅲ部

歴史を知る　現在《いま》を識《し》る

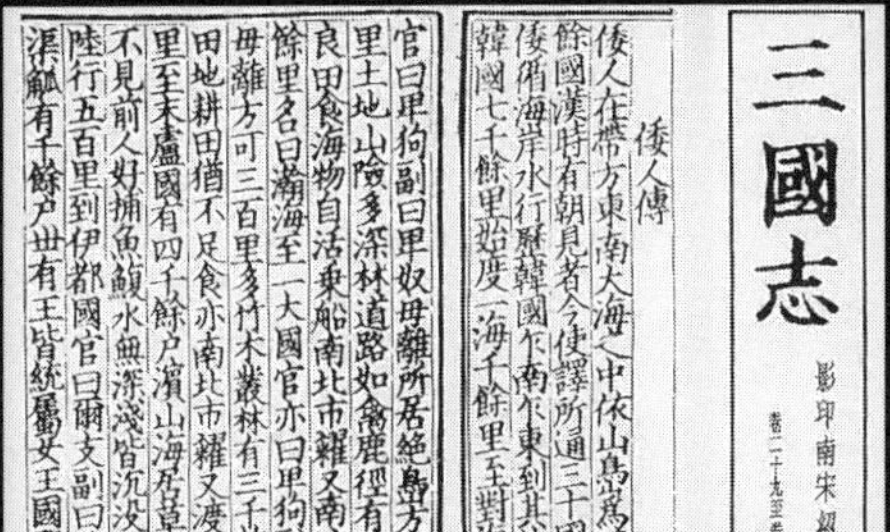

三國志
影印南宋紹熙刊本
巻二十九至巻三十
倭人傳
倭人在帶方東南大海之中依山島爲國邑舊百
餘國漢時有朝見者今使譯所通三十國從郡至
倭循海岸水行歴韓國乍南乍東到其北岸狗邪
韓國七千餘里始度一海千餘里至對海國其大
官曰卑狗副曰卑奴母離所居絶島方可四百餘
里土地山險多深林道路如禽鹿徑有千餘戸無
良田食海物自活乗船南北市糴又南渡一海千
餘里名曰瀚海至一大國官亦曰卑狗副曰卑奴
母離方可三百里多竹木叢林有三千許家差有
田地耕田猶不足食亦南北市糴又渡一海千餘
里至末盧國有四千餘戸濱山海居草木茂盛行
不見前人好捕魚鰒水無深淺皆沉没取之東南
陸行五百里到伊都國官曰爾支副曰泄謨觚柄
渠觚有千餘戸世有王皆統屬女王國郡使往來

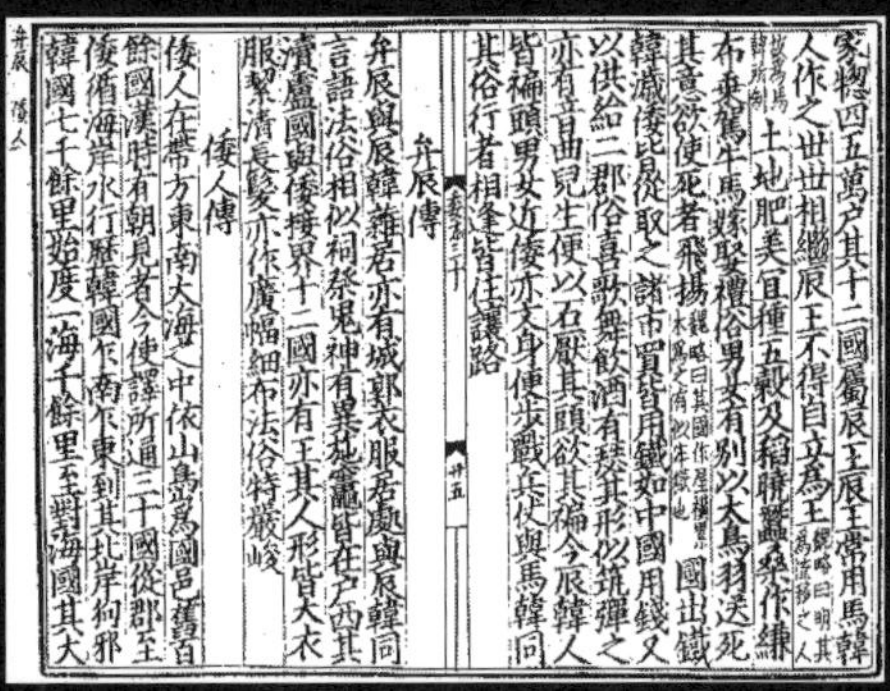

家物四五萬戸其十二國屬辰王辰王常用馬韓
人作之世世相繼辰王不得自立爲王
土地肥美宜種五穀及稲曉蠶桑作縑
布乗駕牛馬嫁娶禮俗男女有別以大鳥羽送死
其意欲使死者飛揚
國出鐵
韓濊倭皆從取之諸市買皆用鐵如中國用錢又
以供給二郡俗喜歌舞飲酒有瑟其形似筑彈之
亦有音曲兒生便以石厭其頭欲其褊今辰韓人
皆褊頭男女近倭亦文身便歩戰兵仗與馬韓同
其俗行者相逢皆住讓路
弁辰傳
弁辰與辰韓雜居亦有城郭衣服居處與辰韓同
言語法俗相似祠祭鬼神有異施竈皆在戸西其
瀆盧國與倭接界十二國亦有王其人形皆大衣
服絜清長髪亦作廣幅細布法俗特嚴峻
倭人傳
倭人在帶方東南大海之中依山島爲國邑舊百
餘國漢時有朝見者今使譯所通三十國從郡至
倭循海岸水行歴韓國乍南乍東到其北岸狗邪
韓國七千餘里始度一海千餘里至對海國其大

左写真　影印南宋紹熙刊本『三国志　魏志倭人伝』最古の刊本（第14章）.

右写真　中華民国時代の百衲本『二十四史』のうち『魏志倭人伝』（商務印書館，1937年）左のものを多くの学者によって勘誤されたもの（第14章）.

第10章

日本の近現代における祭礼用四神鉾の一考察
――江戸から広まった四神鉾について――

はじめに

本章では一般庶民の近現代の神道祭礼と四神（東方青龍・西方白虎・南方朱雀・北方玄武）[1]の概念の深い関わりを中心に、日本における四神の祭具の意味機能の変化をたどる。朝儀[2]における四神旗の建立は四方を守り、国家権力や天皇の超越性・威儀を整えるものでもあったと考えられる。これらの役割が中世以降に変化しつつ、次第に庶民の日常にも普及していったことがわかった。本章では、現存する文献・画像資料、現地調査で得た民俗的資料を中心に、日本の中部地方、関東地方の神道祭礼における四神の意味機能の諸相を明らかにしたい。

江戸時代の名所案内などの書物や錦絵を見ると、四神を表す旗の使用方法に極めて大きな変化が起こったことに気づく。本来、皇室儀礼にも深く繫がる四神が、江戸の神霊の行幸の御列に丈の高い祭具「四神鉾」として加わったことが当時のさまざまな資料からうかがえる。近世には、各地の名所図会などに「〇〇神社例祭〇月〇日」と記載されているのが見られ、その神社を代表する重要な祭を「例祭」と呼ぶことが定着していたことがわかる。江戸時代の四神鉾が江戸とその周辺地域の例祭の行列に加わり、祭りの威儀を整えるという祭礼形態を持つようになった。

しかし、庶民の暮らしに溶け込み、姿を変え庶民化していったことは、いったい何をきっかけに起こりはじめたのであろうか。本章では、それを探ることを目的とする。

「四神鉾」という祭具の正確な淵源は不明であるが、四神の彫刻を伴う四神鉾が確認できる古い資料の一つは慶長一八（一六一三）年の『東都歳時記』の記事である。[3] それに加えて、喜田川守貞編『守貞漫稿』、斎藤月岑編『東都歳時記』、菊池貴一郎編『絵本風俗往来』、斎藤月岑編『江戸名所図会』[4]、歌川貞秀筆「天王御祭礼宮出之図」及び歌川芳富筆「両国橋祇園会之図」[5]、「文政九年氷川神社祭礼絵巻」（埼玉県川越市立博物館所蔵）、「第十五回金砂大祭礼行列絵図」（茨城県金砂神社収蔵）、歌川貞秀筆「出雲国大社集神」（神奈川県立歴史博物館所蔵）などを参考に計画した二〇一五年夏季現地調査では、江戸時代から現存している四神鉾（あるいは四神彫刻）の一部を確認できた。その中で、最も貴重な事例と考えられるものについて、以下述べていく。なお、神社の創建伝承などは各神社の社伝を参考にした。

1　神社と四神鉾

（1）松戸神社収蔵　四神鉾四本（千葉県松戸市）

現在、千葉県北部の江戸川沿いにある松戸神社は寛永三（一六二六）年に創建され、松戸の総鎮守とされている。江戸時代には水戸家の帰依を受けていた。同神社では江戸時代中期製作の四神鉾が当時の神幸祭に使われたと言われているが、元文四（一七三九）年の松戸宿の大火で社殿及び奉納品とともに焼失した。その後、おそらく新しい鉾が作られたが、それらに関しても作年代、製作者、すべて不詳である。第二次世界大戦が始まった昭和一六（一九四一）年の開催を最後に神幸祭自体は行われなくなり、四神鉾四本も用いられなくなった。平成元（一九八九）年に入り、神輿倉庫に長い間しまわれていた塗りがはげ落ちて損傷した昭和の木製四神彫刻四体が偶然に発見された。日光市の宮大工の手で、この四神像の修復が始まった。四神像は、泥絵の具で彩色され、本来の姿を取り戻していった。修理を終えた四神像は平成二（一九九〇）年に松戸神社に戻り、その祭礼における使い方を復活させ、改めて祭りに加えるようになった(6)。

江戸時代の絵画資料も見られるように、松戸神社の四神鉾の姿は柱の上で木製彫刻の四神が安置され、下方に真紅の絹の幟が重厚に垂れ下がっている。四神の図柄や名前は幟に刺繍されていないが、それぞれに星や太陽、月の文様が刺繍されている。現在、松戸神社の神幸祭は『四神鉾』を伴った祭礼として周知されている。なお、松戸神社の神楽殿の天井絵（佐竹永湖作）にも四神が描かれている。同時期に作成された佐竹永湖作の襖絵には明治二〇（一八八七）年と書いてあることから、松戸神社の天井絵もそのあたりの時期に作られたものと考えられる。この時期に天井絵に四神が描かれていたとなると、明治維新以降も、松戸神社の四神は重要な威儀物《いぎもの》であったと思われる。

写真10-1　氷川神社四神鉾

出所）竹内一郎氏提供.

（2）仲町氷川神社収蔵　四神鉾四本（東京都足立区千住仲町）

氷川神社（写真10－1）は、江戸時代千住の総鎮守神社であった。元和二（一六一六）年に現在の仲町の土地に遷座した。四神鉾は天保四（一八三三）年九月に千住宿の商家より奉納された。四神鉾の彫刻は色彩装飾が施され、青龍、朱雀、白虎、玄武の四体が黒の漆塗りの台座に載せてある。それぞれに地域の旧名である「掃部宿」と刺繍された旗が下げられている。祭礼のとき本殿又は神輿の東、西、南、北に柱四本の台座に赤い旗を付けて柱の上に金色の四神を安置して人びとの安寧を祈ったという。だが、これらの四神鉾は明治期には使われなくなった。平成二二（二〇一〇）年に神社の本殿の修復が完了し、四神鉾の木製彫刻も金箔を張り直すなどの修復がなされ、五年に一度の例大祭に合わせて公開された（二〇一〇年九月一八～

一九日）。この四神鉾は明治期に使われなくなっており、それ以来、初めての公開となった[7]。二〇一三年には、足立区立郷土博物館で開催された平成二五年度特別展「大千住展」に、北千住町から江戸時代の四神鉾の実物が展示された。

また、永川神社の本殿には、四面の鏡が御霊代として奉納されており、そのうちの一面に四神文鏡がある。鋳造年は一八三八年（天保戊戌年在銘）であり、鏡の背面には中国鏡のような文様配置がみられる。一方、前面は青海波で海を表し、かつ、秋津（トンボ）の和風文様が鋳出されるなど、中国鏡と異なった文様であることから日本化した鏡の文様であることがわかる。鏡立台は天保九（一八五四）年に米穀問屋が奇進したという黒書銘があり、当時の人びとの神社や四神に対しての信仰をうかがえる資料といえよう。

（3）大國魂神社収蔵　四神鉾四本（東京都府中市）

大國魂神社は天正一八（一五九〇）年八月、徳川家康が江戸へ入城した後、武蔵国の総社として、社殿及びその他の造営がなされた。大國魂神社の宝物殿に神宝として保存されている四神鉾はいつの時代に作られたものであるかは定かではない。しかし、文久元（一八六一）年に復元されたという記録が残っている。現在は、現存の四神鉾が「四神旗」として認識されている。先端は刃物ではなく木製彫刻の四神を擁し、下方に真紅の絹の幟が垂れ下がっている。四神の図柄や名前は刺繍されていない。四神鉾は大國魂神社の威儀物・守護神として、おそらく江戸時代初期より伝承された宝物であり、五月の例大祭に日月旗と一緒に飾られる。行例に加えるときは、神輿の四方を囲む。

（4）麻布氷川神社収蔵　四神彫刻二体（東京都港区）

麻布氷川神社には朱雀・青龍の彫刻のみ現存している。元々存在したと思われる玄武と白虎の行方は不明である。文久二（一八六二）年には名工として知られる後藤三四郎により麻布本村町の獅子頭が作成され、朱雀・青龍の彫刻もその頃の作と考えられている。朱雀・青龍の彫刻は松戸神社の四神鉾に似ており、江戸時代のままの姿が現在も麻布本村町会によって保存されている。麻布氷川神社祭礼時のみ麻布本村町会神酒所で公開されている。なお、天保三（一八三二）年の「麻布氷川明神御祭禮番付」には剣鉾が描かれており、四神鉾の姿は見えない。

（5）武井神社・更級横田神社・長池神社・治田神社収蔵「四神剣」四本ずつ（長野県内）

武井神社・更級横田神社の祭具「四神剣」の彫刻は全て親子の珍しい形であり、長池神社・治田神社の四神彫刻は単身である。作者は江戸で修行をしたとされる山寄儀作である[8]。親子の四神はおそらく、山寄儀作の慶應元（一八六五）年以降のアイデアで、治田神社・長池神社の単身の四神の後にアレンジして製作されたものと思われる[9]。四神鉾と共に中央の剣鉾も各社で現存している。

以下の表10－1は、上の例以外で、二〇一五年夏季本州現地調査の結果をまとめたものである[10]。

2　調査結果の分析

表10－1から分かるように、江戸ないし地方の各神社は祭礼をそれぞれの慣習と世情に合わせて執り行ってきたが、すべての神社に神輿や四神鉾が整備されているというわけではなかった。多くの住民の不安の払拭や願いが込められて作成された四神鉾は、江戸時代末期まで例祭の神輿を先導したり、四方を囲んだりし、巡幸路を清め祓い、守護の神として魔を払う役割を担っていたと思われる。

ここで特に注目すべきところは、約二五〇年間続いた江戸時代には異なる意味機能をもつ四神の祭具が同時に現存していたということである。朝儀用の四神旗は従来通り、京都に住む天皇の即位儀礼で一八四六年まで立てられた。八世紀以降の四神は、都を守る役目[11]と同時に、人びとに幸せをもたらす神でもあると認識され、特に平安京の都造りが進められていた歴史的背景がある。江戸時代になると、天皇即位儀礼では庶民の拝見が許可され、御所の諸行事・朝儀を通

表10-1　筆者が2015年夏季本州で調査した四神鉾の一部

祭具	都道府県	所蔵場所	例祭	制作年代
四神鉾４本	茨城県 笠間市	笠間稲荷神社	例祭の時、拝殿の片方の横に立てられている。	江戸時代
四神鉾４本	茨城県 久慈郡	金砂神社		江戸時代 ＊現存しないと思われる
四神鉾４本	茨城県 常総市	八幡神社	例大祭	年代不明 ＊昭和以前と思われる
四神鉾４本	埼玉県 川越市	川越氷川神社	川越氷川祭礼	江戸時代 ＊現存しないと思われる
四神鉾４本	埼玉県 越谷市	越ヶ谷久伊豆神社	越ヶ谷秋まつり	年代不明 ＊昭和以前と思われる
四神鉾４本	千葉県 習志野市	菊田神社	神幸祭（10月）	年代不明 ＊昭和以前と思われる
四神鉾４本	東京都 大田区	六郷神社	六郷八幡宮祭礼 ＊現在の祭礼で使用しない	江戸時代製作 昭和62（1987）年修復
四神鉾４本	東京都 千代田区	神田神社	天王祭（６月）	江戸時代 平成年間修復
四神鉾４本	東京都 府中市	大國魂神社	例大祭（５月）	江戸時代
四神彫刻４体	神奈川県 足柄下郡	箱根神社	＊現在の祭礼で使用しない	江戸時代（推定）
四神鉾４本	神奈川県 横須賀市	八雲神社	例大祭（６月）	年代不明 ＊昭和以前と思われる
四神鉾４本	長野県 木曽郡大桑村	須原鹿島神社	例大祭	年代不明 ＊昭和以前と思われる
四神彫刻４体 剣鉾１体	長野県 千曲市	治田神社	稲荷山祇園祭	慶應元年（1865年）製作 平成年間修復
四神鉾４本	岐阜県 高山市	飛騨東照宮	例大祭	江戸時代 文化15年（1818年）
四神鉾４本	静岡県 下田市	八幡神社	例大祭	年代不明 ＊昭和以前と思われる
四神彫刻４体	静岡県 静岡市	静岡浅間神社		江戸時代
四神鉾４本	静岡県 牧之原市	鹿島神社	例祭 御船神事	昭和時代以前

出所）筆者作成.

じて、御所と庶民との間には古代にはなかった関連が見られる(12)。そこで、朝廷の四神旗とは別に、民間信仰の影響を受けつつ、護符・御祈願物であった四神旗が京都と離れて関東・東北地方に住む武将に奉納されるようになったことが当時の実物資料や文献資料からうかがえる。更に、江戸を中心に各鎮守神社の祭礼で神輿とともに彫刻などを伴う四神鉾という祭具が行列に加わるようになった。四神鉾自体は西日本にも見られたが、四神の彫刻がのせられた四神鉾は江戸周辺の祭礼の特徴であるのではないかと考えられる。徳川家が江戸やその周辺地域を新しい文化地として育てるために、京文化のさまざまな要素を次々と江戸にも取り入れようとしていたと推察される。江戸時代の四神は、古代日本の四神の本来の役割をもとに各地の文化（特に江戸周辺の文化）に合わせられ、庶民の大事な例祭に加えられ、各地で彫刻などを伴う風流に発展した。

徳川の世が終わり、明治維新が江戸東京の神社仏閣に大きな影響を与えた。神仏分離政策とそれに伴う廃仏毀釈の影響で、それまで境内に仏教色と神道色、又は唐風とみなされた装飾が混在していた状態が強制的に整理されていった。それと同時に、神社の祭礼行事も大きく変化した。これにより、氷川神社のように明治の規則によって四神鉾は御神宝として隠されていったと思われる。その後、第二次世界大戦の影響によって行例に持ち出すことができない状況が続いたものの、昭和時代以降に改めて復元された四神鉾が比較的多くみられるようになった。また、江戸の四神鉾を復元しようとした活動や江戸の伝統的な祭礼を復活しようとした活動は、江戸時代の守り神として意識されていた四神を再認識しようとする動きでもあるといえよう。

おわりに

現在、神社の例大祭では儀飾の旗が祭場及び社頭の装飾などに用いられることが多く、①表裏とも錦でつくられたもの（四神鉾及び四神旗を含む）、②錦で日像・月像をあしらい一対とするもの、③紅白をもって一対とするもの、④五色をもって五対とするもの等がある。①の祭具は神社によってさまざまであり、その中でも竿頭を剣先にして錦に四神を刺繍する「四神旗」と竿頭に四神彫刻を安置する「四神鉾」がもっとも目を引く。四神を表すこれらの祭具の装飾デザインの画一性は江戸時代には既にみられたが、二一世紀になると、パソコン技術による複製品が専門店またはインターネット通信販売で購入できる商品になった。これらの研究は今後の課題としたい。

最後に、全国における調査研究においての協力者・関係者の方々のご支援に、この場を借りて深く敬意を表したい。

注

（1）青龍・白虎・朱雀・玄武からなる四神は、古代中国では当時の人びとの思想や神話に基づく表現にとどまっていたが、時代が下るにつれ、次第に四神が負う役割（墳墓の墓室内部の表現空間・都市計画・建物配置などを定めることと四方の悪を追い払うこと）や造形表現も発達し、多様化していく。四神の概念が成立した背景には、さまざまな自然哲学的思想（陰陽・五行・風水）や民間信仰（神仙思想・日月星辰）が関係しており、朝鮮半島の国々や日本における四神にもさまざまな思想や図像の変容を看取できる。要するに、飛鳥時代の貴族が意識した四神思想は、古代中国の隋唐のものに近い解釈のものであったのに対して、平安時代からその解釈や理解が日本独自のものに変化していったと推察される。その変化において日本の「陰陽道」も重要な役割を果たしていたと考えられる。

（2）東アジアの古代都城の国家儀式に関して、儀仗（華美な装飾が施され実用性を持たない武具・祭具）は、儀式空間を荘厳する調度として重要な役割を果たしていた。

（3）ただし、一三世紀ごろの『年中行事絵巻』の祇園会には、四本一セットの鉾が描かれている。

（4）東京都立中央図書館所蔵『江戸名所図会』巻之一には、南伝馬町天王祭や大伝馬町天王祭を紹介する絵が二枚あり、神幸に加わった四神鉾の様子が描かれている。

（5）いずれも江戸東京博物館蔵、木版色摺、大判錦絵　横三枚続。

（6）調査協力者：松戸神社の禰宜・常盤暁彦様（二〇一五年調査）。また、東京テレビ番組［極めるⅡ・四神伝説］（平成二年一一月二四日放映）参照。

（7）調査協力者　仲町氷川神社宮司　竹内一郎様（二〇一五年調査）。

（8）六郷神社鎮座九五〇年祭奉替会［二〇〇七年］『六郷神社誌』

（9）山寄儀作は幕末から明治期に活躍した長野市妻科出身の宮彫師である。赤沼の初代武田常蔵に木彫技術を習い、さらに自身も江戸に出て石川流の修行をしていた。

（10）治田神社の四神彫刻は宮司家の記録から慶應年間（一八六五年～一八六八年）に山寄儀作が作ったことが明記されている。ただし、平成に作られた四神鉾及び四神旗、または東京都港区金刀比羅宮の銅鳥居の彫刻を除く。

（11）ただし、平成に作られた四神鉾及び四神旗、または東京都港区金刀比羅宮の銅鳥居の彫刻を除く。

（12）古代日本に伝播した陰陽五行思想は、四神思想と風水思想の観念である「四神相応」などと結び付けられており、四神の本来の概念にいくつかの新しい解釈や理解を加えた。奈良時代以降に日本の四神思想には日本独自の解釈や理解があり、それをもとに都市計画や建物配置などを定めていたと知られる。陰陽の気を順調に巡らすようにするために、または都市を守るために、場所によってさまざまな工夫が凝らされた。

（13）近代日本の庶民には即位儀礼を拝見する機会、豪華な調度品である四神旗を観賞する機会が与えられており、見物することは共に言祝ぐものとして認められていたようである。（森田登代子［二〇〇六］）

参考文献

市古夏生・鈴木健一［二〇〇九］『江戸名所図会』全六巻「新訂」、筑摩書房（ちくま学芸文庫版）。

宇佐美英機［二〇〇二］『近世風俗志――守貞謾稿――』「校訂」、岩波書店（岩波文庫版）。

大形徹［一九九七］「四神考：前漢、後漢期の資料を中心として」『人文学論集一五』大阪府立大学人文学会、一二七―一四三頁。

加茂正典［一九九九］『『儀式』から見た平安期の天皇即位儀礼――践祚・即位式・大嘗祭――』、『日本古代即位儀礼史の研究』思文閣。

菊池貴一郎［一九六五］『絵本江戸風俗往来』平凡社。

斎藤月岑・朝倉治彦［一九七〇］『東都歳時記』全三巻、平凡社。

森田登代子［二〇〇六］「近世民衆、天皇即位式拝見―遊楽としての即位儀礼見物」『日本研究』三三号、国際日本文化研究センター、一八一―二〇三頁。

六郷神社鎮座九五〇年祭奉賛会［二〇〇七］『六郷神社誌』。

山本崇［二〇一二］「平安時代の即位儀とその儀仗――文安御即位調度図考――」、『立命館文學　六二四』立命館大学、三九一―四〇六頁。

新川登亀男［一九九九］『日本古代の儀礼と表現――アジアの中の政治文化――』吉川弘文館。

藤森健太郎［二〇〇〇］『古代天皇の即位儀礼』吉川弘文館。


（ラーザール・マリアンナ）

第11章 中国の歴史を通してみる茶館の成立と変容

はじめに

古くから飲茶の習慣は中国伝統文化の一部として定着している。また、茶館文化は茶文化を構成する重要な部分である。

茶館は時代、地域、役割によって呼称が異なり、古くから茶坊《チャボウ》、茶肆《チャシ》、茶寮《チャリョウ》、茶店《チャテン》、茶社《チャシャ》、茶園《チャエン》、茶舗《チャポ》、茶室《チャシ》、茶《ちゃ》屋《ウ》、茶楼《チャロ》などの呼び方がある。茶館の呼称は清の時代から使われ始めた。現代には茶芸館《チャイーカン》、茶座《チャザ》、茶苑《チャエン》、茶吧《チャバ》、茶宴館《チャエンカン》、茶道館《チャドウカン》などの呼び方がある。このように、茶館は茶の生産と飲茶の発展に伴って出現した民衆の総合的な活動場所を指し、その中で生まれた社会、および文化現象を本章では茶館文化とよぶことにする。

茶館文化はその誕生、発展・繁栄の段階においてそれぞれの時代的特徴をもっており、地域と風習によってその存在形態も変化し、役割も最初の単純に茶を提供する成立段階から、さまざまな社会的役割を果たす場に変容していった。したがって茶館は現実社会の縮小版であり、中国伝統文化を知る重要な窓口だといえよう。

本文では主に文献資料に基づいて茶館の変容を、①出現・普及期（唐代）、②盛行・役割多様化期（宋代）、③茶館文化完成期（元代～清代）、④近現代に分けた。出現・普及期から完成期、近代については先行研究と文献史料をもとに論述し、現代については筆者の現地調査と体験を加え、歴代茶館の役割の変遷過程について述べてみたい。研究方法として文献史料を中心にして、考古資料と民俗資料を利用している。

1　茶館の出現と普及

(1) 茶館の出現

茶館の誕生と普及は飲茶習慣の普及と盛行を前提としている。茶館が出現する前の飲茶の歴史は長かった。文献史料によれば、古人は最初、野生の茶樹から茶葉を摘み取って咀嚼し、その後、水を加え沸かして飲用したのが飲茶の始まりだという。周秦両漢時代（紀元前四〇三年～二二〇年）になると茶は貢物として出現し、次第に日常食品になり、茶を売買する商売が始まった。三国両晋時代（二二〇～四二〇年）には質素倹約の風潮が生まれ、飲酒に代わり飲茶するようになり始めた。南北朝時代（四二〇～五八九年）になると、上層社会では茶を飲むようになり、茶宴会なども開催され、士大夫と僧侶たちの提唱もあり、飲茶することが盛んになった[1]。

その後、飲茶は次第に上層社会から一般庶民の中で流行し、徐々にそのサービスの提供も、生業として社会生活に結びついていくようになった。茶を作り、喉の渇きをいやすための専門職員とその専用の場所が現れた。このような場所は茶攤《チャタン》と呼ばれ、史料によると三国両晋時代に現れたという。唐代（六一八～九〇七年）には陸羽が『茶経』を著わし、その中の「茶の事」には「広陵耆老伝」について記している。それには、「晋元帝時、有老姥毎旦独提一器茗、往市鬻之。市人競買、自旦至夕、其器不減。」とある。即ち、晋の元帝（三一七～三二二年）の時、ある老婆が毎日茶壺を持ち、茶を売る様子が鮮明に描かれている。これは茶の販売に関する最も古い記述と考えられる。茶壺を持ち歩いたり、背負ったり、手押し車を使ったりして売り回る。道具は簡素で、客も茶を飲む人たちだけである。このような飲茶の提供のみを商売とする茶攤《チャタン》は最初の茶館と言える。南北朝時代になると茶の販売と宿泊を兼ねた〝茶寮〟が出現した。これは中国の茶館と旅館の最初の形として認識されている。

（2）茶館の普及

唐代は飲茶及び茶館の普及した時期である。当時の文人封演《フウエン》の『封氏聞見記』に当時の茶館の様子が詳しく記されている。「城市多開店舗、煎茶売之、不問道俗、投銭取飲」とあり、茶館に関する初の記載である。(2)役割としては、茶を提供することにより、人びとの喉の渇きをいやすことであった。「多開店舗、煎茶売之」は初期段階の茶館のことを指す。「不問道俗、投銭取飲」は最初の茶客であろう。

周知の通り、唐代は古代中国社会において、経済が最も繁栄した時期である。茶館が唐代に普及した理由として、まずは国家の統一と政治の変革による経済・産業発展政策の促進、次は農業・手工業の発展に伴う町の経済と商業の発展が挙げられる。その結果、宿泊、飲食、娯楽、情報交流を提供できる施設の必要が高まり、茶館は多く現れた。当時の都である長安城内に茶肆があり、城外には茶坊があり、村には茶店、茶亭、茶棚、茶房、茶軒と茶社などがあった。これらは依然と茶の販売が主な目的だったが、次第に情報交流の役割が強くなり、多くの店には簡素ながらも宿泊施設を持つようになった。茶館で働く人たちからは新たに市民階級ともいえる人びとも現れた。また、「茶仙」と呼ばれる陸羽の活躍とその著作の『茶経』により、茶館文化の基礎が記され、寺院僧侶や文人の茶会は盛行した。

飲茶の普及と日常化は、茶の生産量と茶葉貿易に大きな影響をもたらした。茶は人びとの生活に欠かせないものとなっていく中、唐の徳宗建中元年（七八〇年）には、茶税を徴収し始めた。その後、歴代王朝は権茶制度を設け、茶税が政府の収入の一つとなった。(3)茶馬政策も唐代から始まり、歴代の支配者は茶税徴収を確保するため、茶業法令などを制定した。(4)このような政策の影響を受けながら、飲茶形式などの茶館文化が形成され普及しつつ、茶館業はさらなる発展と役割多様化の時代を迎えていった。

2 茶館の盛行と役割多様化の時代

(1) 宋代茶館盛行の背景

宋代（九六〇～一二七九年）は北宋と南宋に分けられるが、その間の戦乱期を除けば、全体的には経済、文化が大きく発達した王朝であり、茶館文化も著しく繁栄した。その繁栄の背景として下記の五点が挙げられるが、そのうち特に④と⑤が注目される。

①唐代における茶の栽培の普及と庶民と上流階級の飲茶習慣の形成。
②唐代と比べて、宋代茶の栽培面積の拡大、生産技術の向上による生産量の増加。
③コストの高い散茶からコストの安い団茶へと主流がかわり、茶館がさらに普及したこと。
④宋代皇室と上層社会における飲茶習俗の促進。

宋代の上層社会において飲茶は大きなブームになり、王公貴族たちは茶宴をよく催した。皇帝は恩恵を示すため、貢茶を受けたら、茶宴を多く催して臣下を招待する。[5] 宋の徽宗（名前は趙佶、一〇八二～一一三五年）は茶の生産、制作、品質などを詳しく説明するため、自ら『大観茶論』という専門書を著した。皇室と上層社会の飲茶習俗の影響下で、飲茶の普及は加速し、茶館の数も増えた。

⑤宋代都市の商業経済の繁栄。

宋代以前の中国都市は主に条坊という住宅地域と市と呼ばれる商業地域に分けられていた。しかし、宋代には、かつて条坊を取り囲んだ垣がなくなり、市の設置が比較的自由になったため、居住地域と市の区分が曖昧になり、商業地域が住宅地域に現れ、草市という貿易などを行う専用場所が登場した。[6] 農民、手工業者、商人たちは都市に押し寄せた。したがって都市の人口は急増し、商業経済は益々繁栄した。人びとの需要は多様化し、飲食、娯楽、宿泊などの役割を持つ茶館が大いに増えていった。

（2）宋代茶館の多様な役割と定着

唐代の茶館の役割に比べると、宋代の茶館は単純に茶を提供して、人間の生理的な要求を満足させるだけではなく、人びとの交流など精神的な充足をはかる役割が求められるようになった。

南宋時代（一一二七〜一二七九年）茶館の役割について、当時の文人呉自牧が編纂した『夢粱録』に関係記事が多くあるが、主に下記の六つの類型に分けることができる。

①単純に娯楽用の茶館である。主に飲茶、娯楽を中心とする規模が大きく、富裕層の人たちが集まって遊ぶ場所である。

②茶を販売する茶館の名で経営するが、実際は売春するところである。これを『夢粱録』では「花茶坊」と記している。富裕層、アウトロー、役人が主な客層で、文人たちがたまに来ることもある。

③体育活動を行うところである。「蹴球」（現代のサッカーに類似し、古代中国の体育競技の一種）は宋代において、非常に人気のある娯楽活動であり、茶館で「蹴球」の技や経験を交流することも多かった。

④現在の労務市場のような、仕事を探す人達が集まる〝市头〟（市場である）。

⑤〝説書〟（演説・講演）を行う場所である。

⑥お見合いの場所である。

また、孟元老《モウゲンロウ》の『東京夢華録』に「茶坊毎五更点灯博弈、売買衣服、図画、抹領之類、至暁即散、曰之鬼市。」と書かれたように、五更（午前三時～五時頃）に灯りをつけて開かれ、衣服、商売、抹領（襟を締める帯、一種の飾りでもある）などを商売する役割があり、「賭博」も行われたが、照明が薄く、鬼の光のように見えることから鬼市と呼ばれたという。このような鬼市は現在も中国の各都市に散在している。

宋代茶館の繁栄について、『東京夢華録』、『武林旧事』、『都市紀勝』、『夢粱録』など多くの文献資料に詳しく記されている。唐代の茶館に比べると、宋代の茶館は数量も多く、役割もさらに多様化し、単純に飲茶するところから精神的な喜びを得られる場所まで発達した。茶館の存在形態もさまざまであり、中国伝統的な茶館の多くの特徴は宋代に定着したと言える。

3　茶館文化の完成時代

このように、農村部と都市部の経済発展は安定した政治と社会環境に恵まれ、宋代商業の活性化による市民階級の台頭が茶館文化の発展を促進した。これを土台に、次の元、明、清時代には茶館文化がさらに発達した。

（1）元代の茶館文化

元代の茶館の特徴として、下記のことが挙げられる。

①飲茶が日常化したこと。
②雅（文人）、俗（庶民）の距離が近づいたこと。
③茶館の役割などがさらに多様化したこと。

元王朝（一二七一～一三六八年）の建国当初、モンゴル族を主体とする支配者たちは漢民族の農耕地を牧畜地に変えたため、農業生産は重大な打撃を受けた。ところが、世祖忽必烈《クビライ》（一二一五～一二九四年）は牧畜地の拡大を禁止し、水利事業を振興、農民による荒地の開墾、税金の減免などの改革を行った。これらの改革により、農業生産と社会経済は安定し、手工業と商業はさらに繁栄し、商人の社会地位も高くなった。商業の繁栄に伴い、都市も隆盛を極め、当時の政治文化と商業の中心である大都（現在の北京）の在住人口は五〇万人を超えた。商人、役人、手工業者、文人、軍人らとして力をつけた市民の需要や、娯楽の多様化に応じて、茶館の数も増大し、その役割はさらに多様化した。

元代の茶館文化は科挙制度の改革からも影響を受けた。元代では科挙試験を行う回数と官吏登用人数は大いに減少し、よって知識人が科挙を通して身をたてる機会も減少した。これらの知識人たちは茶館に現れ、志を同じくする人と情報交流をするなど、一般庶民と共に茶館で過ごすことが日常生活の中で不可欠となった。こうして文化人らの雅文化と一般庶民の俗文化が茶館での共存が始まったのである。

モンゴル人は、直接茶を入れて飲むことを好み、複雑な飲茶ルールを簡潔化した、所謂「散茶」が流行した。飲茶の簡潔化に伴い、飲茶文化は一般庶民の生活とさらに密着し、茶館も発展した。

（2）明代の茶館

明代（一三六八～一六四四年）になると、手工業者を比較的自由にさせるなど、商業が発展しやすい措置をとった。特に南北大運河の活用による経済の交流と発展は茶館文化を強く推進させた。商人、手工業者、芸人、奴隷らはより力をつけるなど市民階級が拡大し、科挙で身をたてられない知識人との交流も増えた。このような時代背景を元に、茶館は文学作品や物語にも出現するようになり、新しい茶館文化を形成していった。

その一方、明代の茶館は以前の各時代に比べると、一般庶民向けの普通茶館と文人雅士向けの高級茶館に分けられるなど、茶館のランク化が顕著となった。文人雅士向けの高級茶館は宋代よりさらに精緻で上品になり、飲茶用の水、茶葉、器もこだわったものを使用するようになった。

資本主義的な商品経済が活発化するにつれ、明代の庶民文化も発達した。伝奇小説集『三言』・『両拍』などの文学作品は市井文化、即ち庶民文化の反映といえる。(7)茶館には物語を伴う芸能として、大鼓書と評書、弾詞が現れ、庶民と一般労働者が主な観聴衆となった。(8)茶館は雅俗共存になり、各階級が参加し、茶館文化もさらに大衆化していった。明末の文人張岱（一五九七〜一六八九年）が著した『陶庵夢憶』に、〔崇禎癸酉、有好事者開茶館〕とあるように、茶館という呼び名が広まった。(9)

（3）清代の茶館

清代（一六四四〜一九一二年）の前期には経済の復興措置を行い、「康乾盛世」の時代を迎える。(10)農業、手工業、商業の繁栄と共に、清の社会構造も茶館の発展に影響があった。この時代は満州族が主な統治者となり、旗人《きじん》が特権を持っていた。(11)平和が長く続く中、八旗の子弟は頻繁に茶館・酒館に現れ、茶館の繁栄を促進した。(12)清代の茶館は数量、種類、役割において最盛期に達し、茶館文化は各階層の人びとの生活に溶け込んだ。また、清代には宮廷の飲茶が盛んに行われ、乾隆帝は首都西北部の円明園の中に同楽園という大規模な文化施設を建てた。新年になると、同楽園に民間の商業街道を模した商店、飯店、茶館などを設置し、皇帝や大臣も民間生活の雰囲気で飲茶を楽しんだ。

清代の茶館の役割は、下記の通り分類できる。

①清茶館—茶水の販売が中心。主に文人雅士のために設け、茶水、茶、器などにも十分なこだわりがあった。
②茶館。説書、歌、芝居を楽しむ娯楽的な場所である。
③飯茶館。茶だけでなく、菓子、食事、酒類なども提供した。みかんの餅、シュウマイ、餃子など各地の特色がある軽食を提供した。飲茶と同時に軽食もできるため、大歓迎された。劇園と密着し、劇台を設置する茶館もあった。

④館内での賭博。清の後期に流行したが、茶を売る看板をかけておいて中では賭博が行われた。

4　近現代の茶館

清代の後期から、中国は列強の侵略のもと、近代化が進むにつれ、半植民半封建社会になり、民主革命が次々と発生し、社会全体は混沌とした状態になった。この時期の文化的特徴としては、文明と無知、先進と落後（後退）が共存していたことである。飲茶を媒介として、情報交換が主な目的で茶館を出入りする人が多くなった。その後、西洋の生活習慣の影響を受け、レストラン、バー、喫茶店などが大量に流入し、茶館を出入りする人が減り、渇きを癒す役割が弱まり、伝統文化が衰退していく中で、伝統文化に根ざした茶館も減少した。

現代は時代の要求に応じ、茶館は西洋喫茶店のロマンチックな雰囲気と快適さを参考にした、音楽喫茶、情報喫茶などの新しい茶館と、歌舞喫茶、茶芸館のような伝統的な茶館が混在している。伝統的な茶館においては、茶の具、茶を入れる、茶を飲む、茶知識の学習など専門的な知識の学びの場として復旧してきた。伝統的な茶館と、そうでない茶館双方に共通しているのは、いずれも快適な環境の中で精神的に充実感を味わい、エネルギーを補給できる大切な場所だということである。

おわりに

茶館は飲茶が普及してから出現し、その繁栄と発展は社会の経済発展、飲茶風潮の普及と国家政策の変化と深く関連している。茶館の繁栄は逆に茶の生産の発展を刺激し、社会経済の発展を促進してきたと言っても過言ではない。

当初、茶館の出現は人びとの渇きを癒すためであったが、客の需要に応じて、娯楽、情報交換、ビジネス商談、経済取引、労務市場、お見合いなど多くの役割を担うようになった。このような諸役割が茶館の主な特徴になり、飲茶はその媒介となった。

茶館の役割が多く、出入りする客も色々な職の人であり、茶館はその時代の社会生活を描く縮図といえる。人びとの心身の休憩所である一方、民間知識の交流の場となっている。また、多様な民間活動を行う場所であり、庶民文化の伝播ルートともいえる。茶館は各時代の政治、経済、文化を反映しているだけではなく、政治、経済、文化を背景とする社会生活と多彩な民間習俗なども反映している。

以上、各時代の歴史文化資料を収集、分析することを通して、中国歴代社会の茶文化が時代と共に発展し、次第に一般庶民の日常生活の一部となり、さらに需要も機能も多様化してきたことが分かった。茶館は人びとの生活様子の縮小版であり、社会の興衰を反映する中国伝統文化の重要な象徴ともいえよう。

注

（1）士大夫とは、主に官職のある人を指し、官職を持たない有名な読書人も指す。
（2）この記事の意味は、都市部に茶館を多く設け、客の身分を問わず、お金さえ出せば、茶を提供することをいう。
（3）政府が主体として経営する茶の売買制度である。
（4）［茶馬互市］ともいう。唐代から始まり、茶と馬の交換売買を中心とする貿易である。
（5）宮廷に提供するために作る茶。
（6）昔の中国農村部で定期的に行う集会市場。宋時代に入り商業中心地になった。
（7）明代の伝奇小説集で『喩世明言』『警世通言』と『醒世恒言』、『初刻拍案驚異』と『二刻拍案驚異』が含まれている。中国の代表的な古典短編白話小説である。
（8）中国の伝統的な曲芸芸術。大鼓書は太鼓にあわせて話と歌を披露する芸能であり、評書は扇子、手ぬぐいと醒木なる木片（玉もある）を打ちながら物語を語る芸能であり、弾詞は琵琶、三弦、洋琴などで伴奏しながら物語を語る芸能である。

（9）崇禎とは明代後期の皇帝朱由検の年号で、崇禎癸酉は一六三三年である。「有好事者開茶館」とは、茶館が経営する人がいる。
（10）康乾盛世とは、清の三代の康煕帝、雍正帝、乾隆帝の治世を指す。
（11）旗人《きじん》は清代の八旗に属し士族として特殊な身分をもっていた人びとを指す。清朝の初めに功績のあった官吏や軍人の子孫で、一般国民と区別して、朝廷から軍籍をもらい、特別の待遇を受けていた。
（12）八旗《はっき》は、清王朝の支配階層である満州人が所属した社会組織、軍事組織のことである。すべての満洲人は正黄・鑲黄・正白・鑲白・正紅・鑲紅・正藍・鑲藍という八旗のいずれかに配属された。

参考文献

〈文献資料〉
（唐）陸羽・（清）陸延和［二〇一七］中楠評訳『茶経・続茶経』北京聯合出版公司。
（唐）封演［一九九八］『封氏見聞記』遼寧教育出版社。
（宋）趙佶［二〇一七］（現代）日月洲注『大観茶論』九州出版社。
（宋）孟元老［一九八二］『東京夢華録』中華書局。
（現代）伊永文［二〇〇六］『東京夢華録箋注』中華書局。
（南宋）呉自牧［二〇〇四］『夢梁録』三秦出版社。
（南宋）周密［一九八一］『武林旧事』西湖書社。
（明）張岱［二〇二〇］苗懐明注釈『陶庵梦忆』巻三「禊泉」中華書局。
〈研究著作〉
劉修明［一九九五］『中国古代的飲茶與茶館』（中国古代生活叢書）商務印書館。
舒玉桀［一九九六］『中国茶文化古今大観』北京出版社。
王鈴［一九九八］『中国茶文化』中国書店。
連振娟［二〇〇二］『中国茶館』中央民族出版社。
劉清栄［二〇〇七］『中国茶館的流変与未来走向』中国農業出版社。
徐暁村［二〇〇九］『茶文化学』首都経済貿易大学出版社。

（温　穎）

第12章

北朝隋唐時代の東西文化交流研究
——ソグド人墓にみるゾロアスター教の芸術表現を中心に——

はじめに

北朝隋唐時代以来、ソグド人は、商業、政治などを目的にして、河西回廊に沿って漢地に入った[1]。うち一部の人は、長安、洛陽などの都市に定住するようになった。これらのソグド人は「薩保《さつほ》」と呼ばれるリーダーのもとで、さまざまな仕事に携わりながら、漢文化と融合したが、宗教においてはゾロアスター教を長く信仰していた。たとえば葬儀の習俗においては、中国伝統的な墓制[2]と豪華な西域風石刻葬具が見事に融合され、彼らの強い信仰心は勿論、比較的高い社会地位と裕福さが窺われる（図12-1）。特に彼らの葬具には、ゾロアスター教のほか、日常生活風景が多様に表現されているため、シルクロードにおける東西文化交流史を解明する上で貴重な資料になっている。

本章では、考古資料を中心に、ソグド人墓にみるゾロアスター教の芸術表現について述べておきたい。

1　ソグド人墓の概要

ソグド人とは、中央アジアのゼラフシャン川流域を中心とするソグディアナ地方の原住民である。中国の歴史書によれば、ソグディアナ地方に九つのオアシス都市国家が存在し、その国王がいずれも昭武《しょうぶ》を国姓としたことから昭武九姓（康《こう》、安《あん》、史《し》、石《せき》、曹《そう》、米《べい》、穆《ぼく》など）〔宋、欧一九七五：六二四三―六二四八〕と呼称した(3)。ソグド人はイラン系であり、古くから国際的な政治・商業活動に従事し、サマルカンドを中心とする地域のほか、トルファン盆地とモンゴル高原内部に居留地を造営し、活動の拠点としていた。さらに北朝隋唐時代の長安、洛陽、太原をはじめとする漢地の大都会にも多数移住し、長く住んでいた。ソグド人の主な宗教信仰はゾロアスター教とされるが、移動・交流に伴い、仏教、道教及びマニ教などをも信仰するようになった。漢地に入って官職に就いたソグド人は、経済力と社会的地位を誇示するために、漢人官僚に匹敵する墳墓と豪華な葬具を造営するようにした。ソグド人が西来の外国人として、漢地の中で一定の地位を占めていることは、彼らの父親、祖父と曽祖父が、かつて西域や漢地を含む各地域で商業・政治活動に貢献した人物のほか、自分の才能を最大限に活かして、北朝隋唐時代以来に設立された薩保、またはそれに準じる官職に就いたことと関係している。薩保とは、西来のゾロアスター教の神祠・教徒・祭事・商売を管理・運営する、漢地政権において唯一外来語で命名された官職であるが、一般的にソグド人が任命された。漢文では薩甫《さっぽ》、薩宝《さっぽう》とも書かれている。北朝隋唐時代のソグド人墓は二〇世紀七〇年代に入って以来、中国各地で次々と発見され、主に現在の新疆ウィグル自治区、寧夏回族自治区、陝西省、河南省、山西省などの地域に分布している。ここでは、一部典型的な墳墓を紹介したい。

(1)　北周安伽墓

北周（五五六～五八一年）安伽《あんか》墓は二〇〇〇年に陝西省考古研究所によって西安市北郊外で発見された。この墳墓は、斜めに延びる長い墓道を持つ単室磚墓である。出土した墓誌銘、人骨及び甬道《ようどう》の床と壁は局部的に燻っているため、火葬を行った可能性が高いと報告されている。墓誌銘は甬道で発見され、墓誌蓋に「大周同州薩保安君之墓誌記」と縦に篆刻されている。銘文によれば、墓主の安伽は、昭武九姓の安国の後裔であり、姑臧《こぞう》生まれであることが分かった。姑臧は北朝（三八六〜五八一年）の涼州府に属し、現在の甘粛省武威にあたる。安伽は同州薩保と大都督に任じられ、父親は冠軍将軍、眉州刺史という漢地の官職に任じられた。安伽は五七九年に享年六二歳で没した。墓門の扁額には火壇、人面鳥身の祭司を含むゾロアスター教の内容が刻まれている。墓室北側の石棺床《せっかんしょう》囲屏《いへい》は精美な図案を刻んでいることから、墓主の高い社会的地位と一定の経済力を持っていたことを示唆している。

（2）北周史君墓

北周史君《しくん》墓は、二〇〇三年に西安市文物保護考古所によって、安伽墓の付近で発見された。この墳墓は斜めに延びる長い墓道を持つ土洞単室墓である。墓室の北側に置かれている石槨は入母屋造《いりもやづくり》で、底座、石壁と屋根で構成されており、人骨と獣骨は石槨の内外に散乱している。石槨正部の鴨居にある長方形石板のソグド文と漢文によれば、墓主史君は史国（現在ウズベキスタンのシャフリサブズにあたる）の出身であり、北周涼州薩保に任じられた。五七九年に没し、翌年に妻の康氏と一緒に長安永寧県に合葬した。

（3）北周康業墓

北周康業《こうぎょう》墓は二〇〇四年に西安市文物保護考古所によって、安伽墓と史君墓の付近で西安地区の三番目のソグド人墓として発見された。この墳墓は長い墓道を持つ、持ち送り穹窿状天井を呈する土洞単室墓である。石棺床囲屏には東から西向きの遺骨一体が安置され、口内には金貨一枚が入れられていた。この金貨は東ローマのユスティニアヌス王朝に発行されたものであり、シルクロードにおける東西文化交流と商業の繁栄を証明している。墓誌銘によれば、康業の祖先は西域の王族であった。父親は五四四年に車騎大将軍、雍州《ようしゅう》呼薬《こやく》のほか、大天主という官職に推挙された。康業は父親が亡くなった後に大天主を引き継ぎ、五七一年に享年六〇歳で没した。死後に「甘州刺史」が追贈された。石棺床囲屏は西域の要素が比較的に少ないため、安伽墓と史君墓に比べて一定の差がある。特に、線刻文様に溢れるパネルには、魏晋南北朝時代の山水画の伝統が見られ、長く漢地で生活していた康業は同地区の安伽と史君より深く漢化したことが考えられる。

（4）隋虞弘墓

隋代（五八一〜六一八年）虞弘《ぐこう》墓は一九九九年夏に太原市で発見され、墓道、甬道、墓門及び煉瓦で築かれた墓室で構成されている。墓室中央の北寄りに倣木構の漢白玉の石槨が安置されており、約八〇点の副葬品が確認された。副葬された墓誌の誌蓋には「大隋故儀同虞公墓誌」の九字が篆刻されている。銘文によれば、墓主は魚国の出身である。石槨には、ゾロアスター教にまつわる聖火、人面鳥身の祭司が刻まれており、墓主がゾロアスター教の信徒であることを表している。虞弘は柔然国王の命を受けてペルシア・吐谷渾《とよくこん》・月氏《げっし》などの西域国家に使者として出使し、その後、漢地に入って北周と隋の「薩保府」に任じられた。魚国は昭武九姓の一つではなく、文献史資料にも記録されていないため、いったいどこに位置しているのか諸説あるが、ゾロアスター教要素のある葬具を鑑みて、魚国は北朝隋時期の中央アジアのある小国という説が有力である。虞弘はソグド文化と緊密な関係を保ち、または深くソグド化した魚国人であると学界で公認されており、ソグド人として扱われていることが一般的である〔楊 二〇〇六：一〇四―一〇五〕。

（5）唐安菩夫婦墓

一九八一年、洛陽市文物工作隊は唐代（六一八〜九〇七年）安菩《あんぼ》夫婦墓に発掘調査を行った。該当合葬墓は、墓道、墓門、甬道及び墓室で構成されている。墓室の東側と西側に棺床が二つ置かれ、棺床の上に木棺が安置されている。甬道と棺床の付近では合計一二九件の副葬品が発見された。注目される金貨は、西側の屍体の右手に置かれている。この金貨は東ローマ帝国で発行され、発行年代は六〇二〜六一〇年にあたり、洛陽地区で初めて出土した外国金貨であると報告書に記されている。墓誌銘は甬道で発見され、墓誌蓋に「大唐定遠将軍安君誌」と縦に、四辺に草花文様が刻まれている。銘文によれば、安菩は六六四年に長安城金城坊の自宅で、享年六四歳で没した。安菩の父親は安国の大首領であるが、後に中原政権に帰順した。安菩の妻は何氏であり、七〇四年に長安城恵和坊で、享年八三歳で没した。同年に安菩と何氏を一緒に洛陽に移葬した。

　唐安菩夫婦墓は漢地のソグド人墓として注目されているものの、副葬品と装飾などを通じて、前代のソグド人墓にいくつか差異があることが分かる。副葬品の数を見れば、唐安菩夫婦墓は合計一二九件の副葬品が確認され、前代のソグド人墓より遥か超えており、北朝隋代を経て、唐代のソグド人は漢人の官僚階級と同様に副葬品を重んじるようになったことを表している。また、装飾の内容は、従来信仰しているゾロアスター教の主題の代わり、十二支、草花文様を含む中国の伝統的なものが多く入っていることから、安菩はゾロアスター教を信仰し続けられているのかは疑わしい。実は安菩の「菩」と字[4]の「薩」を合わせると「菩薩」となり、安菩は仏教を信仰するようにしていたと思われる。葬具は豪華な石棺床囲屏や石槨ではなく、棺床の上に木棺を安置するようになった。確かに唐代の埋葬制度では、石棺床囲屏と石槨の使用が次第になくなったが、現存のソグド人墓を鑑みて、北朝隋代以来流行っていた西域風の葬具は、唐代のソグド人にとって必須なものではなくなったと考えられる。その原因の一つとして、唐代以降の身分の高いソグド人は普遍的に北朝隋代より漢化の程度が高いからである。したがって、唐代ではソグド人において内在的な変化が生じ、それ以前のソグド人とは一線を画するようになった時期だと言えよう

2　ゾロアスター教の葬儀文化と東伝

ゾロアスター教は古代ペルシアの宗教家であるゾロアスターによって開創された宗教である。聖典の言語、内容の分析によれば、紀元前一二〇〇年頃に東北イランに定着したと推定できる。紀元前六世紀にアケメネス朝ペルシア帝国が成立した時には、既に王家と王国の中枢をなすペルシア人の大部分が信奉する国教であった。教徒は光と善の象徴としての純粋な火を祀るため、拝火教とも呼ばれる。ゾロアスター教の葬儀は天葬であり、つまり山頂まで屍体を持っていき、犬やハゲワシなどの動物に食わせる。これについては聖典の『アヴェスター』に記されているようである。

天葬は、紀元前六世紀に現在のイラン高原で勃興したアケメネス朝と三世紀のサーサーン朝にも適用している。とりわけサーサーン朝は一般庶民のみならず、一部の王族にも天葬を実施するよう厳しく求めている。その後、サーサーン朝は天葬をさらに本格化し、沈黙の塔（ダフマ）という天葬を行う場所を設けた。沈黙の塔は石あるいはコンクリート製の円塔であり、イスラーム時代以降でもゾロアスター教徒に多く使用されている。具体的な役割は、塔の上部に屍体を裸で置き、犬やハゲワシなどの動物に食わせた上、屍体を風化させるという。ゾロアスター教はイラン地区だけではなく、西アジア全域と中央アジアにも幅広く伝わった。うち中央アジアのソグド人は、ゾロアスター教を主な宗教信仰として篤く信仰する上に、天葬も継承している。また、中央アジアでは、遺骨を納めるオッスアリという特別な容器がゾロアスター教徒に使われていた。しかし、ソグド人が信仰しているゾロアスター教には、バクトリア王国の太陽神ミトラのほか、獅子と飛鳥への崇拝といった中央アジアの文化が混雑していると認識しなければならない［林 二〇〇〇：二四三―二四四］。このような中央アジア化したゾロアスター教はソグド人によって、北朝から隋唐時代にかけて東伝し、中国の歴史書に祆教と記されるようになり、唐代にマニ教、景教と共に「三夷教」として隆盛した。近年、新疆ウィグル自治区の青銅器時代遺跡からゾロアスター教の文化要素も発見されるなど、シルクロードが形成される前、既に多文化を含む東西交流があったと考えられる。

3　ソグド人葬具と芸術表現

葬具とは、屍体をおさめたり安置したりとする古墳内部の施設の一つであり、基本的に墓室の奥側または中部に置かれており、種類として主に石棺床囲屏と石槨に分けられる（図12－1）。現在までに発見されたソグド人葬具は上述した例のほか、正式的な発掘調査ではなく、転売などの原因で各地に流入したソグド人葬具も数多く確認されている。たとえば、滋賀県ＭＩＨＯミュージアム所蔵の北朝石棺床囲屏、ボストン美術館、ギメ東洋美術館など合同所蔵の安陽北斉石棺床囲屏、中国国家博物館所蔵の北朝石槨、西安大唐西市博物館所蔵の隋安備墓石棺床囲屏（残部）などが挙げられる。

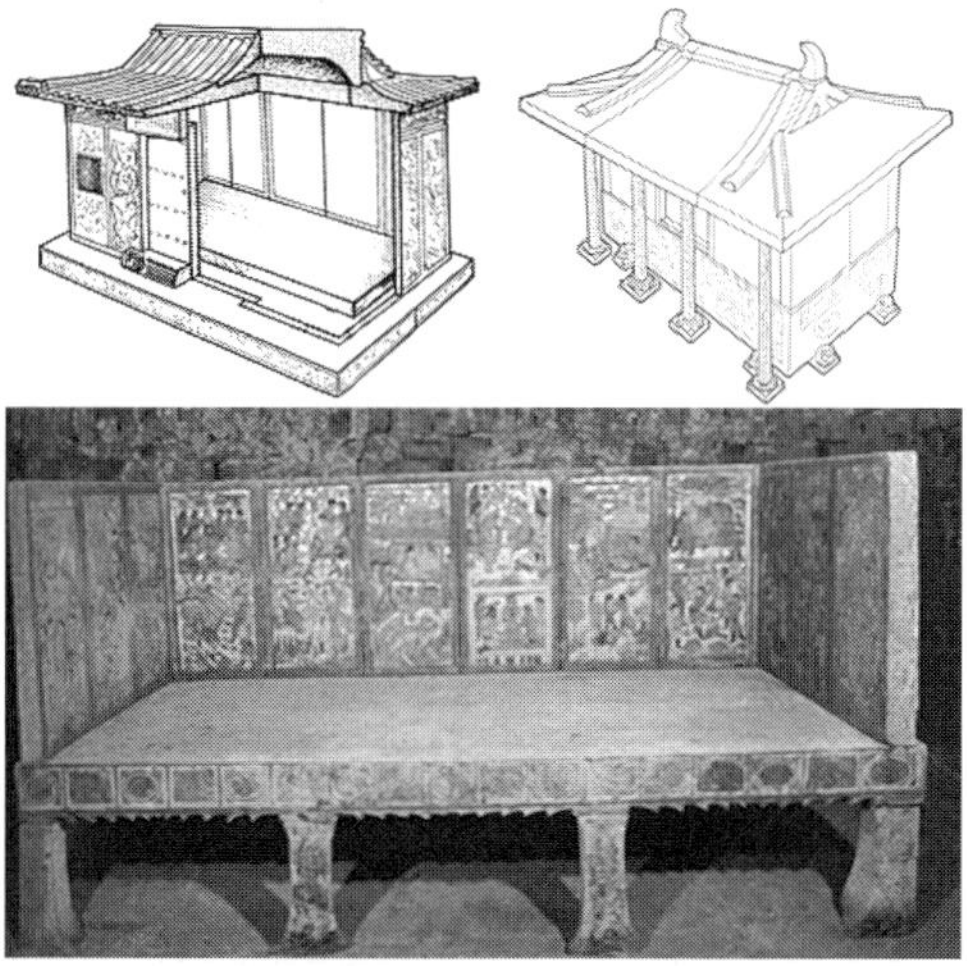

図12－1　史君墓石槨（左上）、虞弘墓石槨（右上），安伽墓石棺床囲屏（下）

出所）『北周史君墓』，『太原隋虞弘墓』，『西安北周安伽墓』より．

ソグド人葬具は、図像の風格によっては墓主の心境がある程度表れる。たとえば、安伽墓石棺床囲屏は、全体的に楽観的な雰囲気が溢れており、実際の日常生活に近いため、世俗的な主題と言ってもいい。その中で最も代表的なのは、真正面の第一枚パネルの下部にある舞踊図である（図12－2）。舞人は、両手を頭上まで挙げ、左足を後に引き上げ、腰と臀部を振っているような姿であり、サマルカンドをはじめとする中央アジア地域で流行っていた「胡旋舞」を披露しているようである。舞人は微笑を浮かべており、披露の楽しさに浸っ

図12－2　安伽墓石棺床囲屏舞踊図（上），MIHO MUSEUM 石棺床囲屏Ｊパネル（下）

出所）『西安北周安伽墓』，『MIHO MUSEUM 南館図録』より．

ている表情が目立つ。舞人の右後には二人がおり、うち一人は果物などを盛った円形皿を持ち、隣の人と楽しそうに耳打ちしている姿が見られる。舞人の左側にも二人がおり、前のほうに立っている人物は琉金の酒容器を持ち、頭が左のほうに向いている。後ろの人物は微笑みであり、酒容器を持っており、真面目に舞人の披露を眺めている。人物の周りには木や花が施されており、全体的に楽しそうな雰囲気を醸成している。もう一つは真正面の第六枚パネルにある舞踊図である。舞人は手を頭上まで挙げ、左足を後に引き上げ、腰と臀部を振っているような姿勢になっている。

一方、ＭＩＨＯミュージアム北朝石棺床囲屏は、全体的に悲痛でネガティブな心情が伝わっている。うちＪパネルの「剺面《りめん》葬送図」は、墓主ないし家族の悲しい心情を素直に表現しているものである（図12－2）。Ｊパネルは規模が大きい葬送の場面であり、ゾロアスター教にまつわる火壇、祭司及び犬のほか、小刀で自分の顔を傷つけるという行為が注目されている。小刀を持って、顔を傷つける人物は合計四人がおり、うち前の二人は跪き、後ろの二人は立っており、いずれも泣いているような顔をしているため、墓主の家族と推測される。さらに、顔を傷つける四人の後に五人も頭をやや下げ、悲しそうな表情をしている。小刀で自らを刺そうとする行為は「剺面」と呼ばれ、突厥やソグディアナ地域で有名な葬送様式の一つである[5]。

ソグド人葬具の彫刻の題材は、世俗と超俗の二つに大別される。うち安伽墓、康業墓出土石棺床囲屏及びＭＩＨＯミュージアム石棺床囲屏は、実際の日常生活の風景が中心になっており、いわゆる世俗的な主題である。それに対して、虞弘墓と史君墓出土石槨は神話的な人物、動物が夥しく登場しており、いわゆる超俗的な主題である。世俗的な主題と超俗的な主題を区分する重要な要素は、頭光、有翼飛天と有翼動物があるかどうかということである（図12－3）。虞弘墓葬具の彫刻の特徴は、数多くの人物に円形の頭光が付いていることである。頭光は、ゾロアスター教の影響を受け、墓主が火と光を無条件に信仰していると考えられる。ゾロアスター教の神話伝説においては、創始者のゾロアスターの母親が降誕した時に全身が発光していると伝えられている。また、ゾロアスター教の聖典である『アヴェスター』には、ゾロアスターが最高神であるアフラ・マズダーの名義で、自分のことを無限の光、宇宙の光などに例えており、光はかけがえのない唯一無二の存在として崇拝されている。さらに、光はゾロアスターやアフラ・マズダーの共通符号であり、彼らの頭部には円形の頭光が付いている。有翼飛天が最も多く施されているのは北周薩保史君墓である。石槨東壁の有翼飛天は、長いリボンが付いている帽子を被っており、琵琶、箜篌、横笛などの楽器を演奏しながら、空を飛んでいる様子である。安備墓石棺床囲屏にも史君墓と類似する有翼飛天が二人施されており、果物が盛られた皿を持って、人首鳥足の祭司の上で飛んでいる。このような飛天は、ギリシャ芸術に登場する天使と似ている。さらに中央アジアでも有翼天使のような人物が壁画に描かれており、ゾロアスター教芸術が古代ギリシャ芸術と深い関係を持っていると考えられる。史君墓と虞弘墓の葬具には多様な神格化された有翼動物が施されている。このような有翼動物は、中央アジアのソグド人によって伝わってきたが、その源流は、西アジアのサーサーン・ペルシア芸術ないし古代ギリシャと古代ローマ芸術まで遡る。また、虞弘墓と史君墓石槨には有翼駿馬が多く施されている。動物に翼が付くという風格は、古代ギリシャで形成され、そしてギリシャ芸術の拡張によって、ペルシア、中央

図12－3　虞弘墓頭光人物（左）と有翼駿馬（中），史君墓有翼飛天（下）

出所）『太原隋虞弘墓』，『北周史君墓』より．

アジアに入った。また、中央アジア出身のソグド人はこのような風格の東伝に大きな役割を果たした。虞弘墓石槨の複数の鳥は、ゾロアスター教経典に登場するXvarnah（Khvarenah）という神鳥であり、有翼駿馬、有翼羊、有翼鹿と同様で人びとに幸せと富を与える能力を持つ神格化された動物とされる〔姜 二〇〇四：一〇二〕。

総じて見れば、史君墓、虞弘墓、安備墓の葬具は安伽墓、康業墓、ＭＩＨＯミュージアムの葬具と比べて、ゾロアスター教経典と芸術を最大限に表現しているという特徴がある。また、神話的な動物、人物が登場しており、いわゆる超俗的な主題が中心となっている。一方、安伽墓をはじめとする葬具は、墓主の日常生活、政治・貿易活動への再現という内容が中心となっており、いわゆる世俗的な主題である。同様の西域出身のソグド人であるが、生前の環境、経歴ないし心境などによって、芸術表現法が異なっていると考えられる。

おわりに

中国内陸部で長く生活したソグド人は、漢人の伝統的な墳墓形式を導入したものの、ゾロアスター教文化に由来する葬具を使用した。一方、唐安菩夫婦墓を通じて、ゾロアスター教の代わりに、仏教を信仰するようになっていたソグド人も存在したことが窺われる。このように、ソグド人には柔軟性があり、漢文化環境への適応能力を備えた民族であると考えている。本研究では、葬具の図像を通じて、墓主の心境を上手に表していることが分かった。楽観的な雰囲気が溢れる安伽墓石棺床囲屏に対して、ＭＩＨＯミュージアムの石棺床囲屏からは全体的に愁傷の雰囲気が伝わり、墓主が家族に名残を惜しむ情感を如実に反映している。また、虞弘墓、史君墓の石槨と安備墓の石棺床囲屏には頭光人物、有翼飛天、有翼動物の形象が多く見られ、現実生活の内容が中心となる安伽墓、ＭＩＨＯミュージアムの石棺床囲屏とは異なっている。

前にも触れたように、中央アジア出身のソグド人は、商人、伝教師、政治家としてシルクロードに点在する諸都市を往来し活躍した。歴史的な観点からみれば、彼らは古代の国際文化交流にかけがえのない貢献を果たした民族だと高く評価できる。

注

（1）ここでいう漢地は、中国の領域の中で歴史的に漢民族が多数派民族である地域を指し、「漢境」、「漢疆」、「中国本土」などとも呼ばれている。
（2）中国伝統墓制に関しては、身分によってさまざまであるが、棺槨を使い、土葬を行うことが一般的である。
（3）「昭武九姓」と「ソグド人」が同一視されることが多いが、実に昭武九姓の国民にはソグド人のみならず、突厥人、月氏人などの複雑な民族が含まれている。蔡鴻生氏は『唐代九姓胡与突厥文化』において、昭武九姓の国民のことに「ソグド人」ではなく、「九姓胡」という言葉を使用されている。
（4）昔において、中国の男子が実名の以外につけた名である。たとえば、曹操の孟徳、李白の太白など。
（5）ソグド人は、六世紀にモンゴル高原から中央アジアを支配した突厥帝国の保護のもとで、東西交易に活躍し、突厥とソグド人の関係は軍事、経済と文化が相互依存、交流の関係であった。また、昭武九姓における葬儀文化は突厥と同じであると中国の歴史書に記されている［李 一九七四：三二三四］。

参考文献

青木健［二〇〇六］『ゾロアスター教の興亡――サーサーン朝ペルシアからムガル帝国へ――』刀水書房。

姜伯勤［二〇〇四］『中国祆教芸術史研究』生活・読書・新知三聯書店。

蔡鴻生［一九九八］『唐代九姓胡与突厥文化』中華書局。

山西省考古研究所［二〇〇一］「太原隋代虞弘墓清理簡報」『文物』（一）。

陝西省考古研究所［二〇〇〇］「西安北郊北周安伽墓発掘簡報」『文物』（六）。

西安市文物保護考古所［二〇〇五］「西安北周涼州薩保史君墓発掘簡報」『文物』（三）。

西安市文物保護考古所［二〇〇八］「西安北周康業墓発掘簡報」『文物』（六）。

宋祁　欧陽修（北宋）［一九七五］『新唐書』中華書局。

曽布川寛、吉田豊（編）［二〇一一］『ソグド人の美術と言語』臨川書店。
趙振華、朱亮［一九八二］「洛陽龍門唐安菩夫婦墓」『中原文物』（三）。
楊巨平［二〇〇六］「虞弘墓祆教文化内涵試探」『世界宗教研究』（三）。
李大師　李延寿（唐）［一九七四］『北史』中華書局。
林悟殊［二〇〇〇］「二〇世紀中国瑣羅亜斯徳教研究述評」『欧亜学刊』（二）。

（楊　方昊）

第13章

『播磨国風土記』からみる古代の祭祀
――山・石・玉を中心に――

はじめに

奈良時代の日本では唐の進んだ文化を取り入れ中央集権的な国家体制の確立を目指す中、和銅五（七一二）年に『古事記』が、天平勝宝四（七二〇）年に『日本書紀』が編纂された（以下、『記』・『紀』）。ヤマトの中央政権はいかに列島弧に勢力を伸ばしていったのだろうか。生活自体が信仰と切り離せなかった古代においては、国を治めるうえでも人びとの信仰を押さえる必要があったと考える。

和銅六（七一三）年には中央政権は諸国に、地誌の編纂、提出を命じた。『播磨国風土記』（以下、『風土記』）はその一つであり、当時の人びとの間に伝わっていた地名や神々にかかわる伝承などが採録されている。『記』・『紀』とほぼ同時期に編纂された『風土記』の伝承には、多くの神々の名がみられるが、最も多く記載されているのは伊和大神である。それにもかかわらず、伊和大神及び、奉斎していたとみられる伊和君一族は、『記』・『紀』に名を残していない。『記』・『紀』の神話を伝えていた集団には含まれていないということであろう。したがって、『風土記』に記された人びとと神との関わりを読むことで、ヤマト政権の伸張の一部が理解できると考える。

四世紀末から五世紀にかけて、播磨産出の竜山石が、王陵級の古墳の「大王の棺」ともいわれる長持型石棺の素材となっている。一方、伊和大神の眷属神には、「石」、「玉」という字を含む名がみられる。また、石棺の製作集団とみられる石作氏と伊和大神の記載地域が重なっている地域もある。竜山石は播磨東部で産出しているのに対し、伊和大神は揖保川流域を中心に名を残している。『風土記』には鹿、国占め、食事、狩猟など、神々にかかわる種々の題材が見られるが、ここではヤマト政権との関わりの一端を考察するために、伊和大神と山・石・玉を題材にした伝承の主なものについて論じたい。なお、神名のルビは現代仮名づかいとし、『風土記』の現代語訳の要約は植垣［二〇〇五］を参照した。

1　播磨国

(1) 風土記とは

風土記は『続日本紀』和銅六年五月の条に

　畿内七道諸国郡郷名着好字。其郡内所生。銀銅彩色草木禽獣魚虫等物。具録式目。及土地沃塉。山川原野名号所由。又古老相傳舊聞異事。戴于史籍亦宜言上。

とあるように、諸国に、①国・郡・郷の名に良い字を使うこと、②郡内に産する鉱物、植物、動物などで有用なものの筆録、③土地の肥沃状態、④山川原野の名の由来、⑤古老の代々伝えてきた旧聞異事の五点について史籍地理志を意識して書けと、報告書の提出を要求したものである。

植垣［二〇〇五：八］は「戴于史籍亦宜言上」について、「史籍」は文書を経・史・子・集に分けるということで、史は地理志を含むと解説している。また、「言上《ごんじょう》」という語に関しては、和銅六年から養老四年までの七年間しか使用された記録がない珍しい言葉で、文献資料を集めて編集しただけではなく、《朗誦された》とき、初めて真実の伝承と認められたのではないかと考察している。

官命にある②と③は、中央政権が統治するために実質的に必要となる情報であり、①は地名由来の説明となり、④とともに、⑤の古老の言い伝えてきたことによる内容であろう。地名に良い字を使うことは、二字で表現することが好まれたようである［植垣 二〇〇五：五九三］。地名の由来、また、言い伝えられてきたことは、その土地にある神々にまつわる話もある。

このことに関して坂江渉［二〇〇七：二四五―二四六］は、大嘗祭（新しい天皇の就任儀礼の一つ）の第一日目に美濃・但馬・因幡・出雲・淡路の国々から出てきた「語り部」が、各国のクニの成り立ちや、地名の起源を語る地元伝承だと思われる「古詞《ふるごと》」を奏上する行事があったという文献記録から、「一般に古い時代の人びとの間では、このようにあるモノやコトの起源をつかむことが、それを押さえ服属させることにつながるという狙いがあったのではないか。」と述べている。植垣が述べるように、「言上」が中央政権の役人の前で《朗誦された》ということであれば、官命に応じて報告書を提出するということは、中央政権への服属の儀式であるということができるだろう。

この官命に応じた報告書は、現在、「風土記」として、播磨国、常陸国、出雲国、豊後国、肥前国のものが伝えられている。一部がほかの文献中に引用され、逸文として存在したことが確認できる風土記もある。現存している五国の風土記も完全な形で残っているのは『出雲国風土記』のみである。

（2）『播磨国風土記』

現行本の『風土記』は用字などから、官命を受けた後、七一六年までに書き上げられたと考えられており、その後、未完成の草稿本として国衙保管されていたテキストを祖本にするとされている［坂江 二〇一三：三四〇］。賀古《かこ》郡、餝磨《しかま》郡、揖保《いひぼ》郡、讃容《さよ》郡、宍禾《しさわ》郡、神前《かむさき》郡、託賀《たか》郡、賀毛《かも》郡、美嚢《みなぎ》郡で構成されており、賀古郡の一部が欠け、赤穂郡は逸文もなく存在した証拠がない（印南郡を加える刊本もあるが、植垣［二〇〇五］に従う）。『風土記』には、五三柱の神々が活躍し、一一〇話にも上る神話が採用されている［坂江 二〇一〇：二一、大平 二〇一〇：三一］。その中でも最も多く記載されているのが伊和大神である。

2　伊和大神

(1) 伊和神社

「伊和」の名前を現在に伝えるものとして、兵庫県宍粟市一宮町須行名に伊和神社がある。因幡街道の一部である国道二九号線に沿っており、古来、交通の要所であったと考えられる。特殊神事に「一つ山祭」、「三つ山祭」があり、前者は二〇年ごと、後者は六〇年ごとに行われる。「一つ山祭」は当神社の東北方にある宮山の山頂に旗を立て、遥拝するものである。「三つ山祭」は伊和三山といわれる、神社を囲む北方の花咲山、東方の白倉山、西方の高畑山の頂上に立つ磐座を同時に祭る神事である［谷川編 二〇〇一：一七］。山頂を祭る神事が現在まで伝えられていることは、古代播磨の祭祀を考察する上で参考になる。

『延喜式』（一〇世紀成立）の神名式には、宍禾郡の名神大社として「伊和坐大名持御魂《いわにいますおおなもちのみたま》神社」、臨時祭式には「伊和神社」と記されている。現在の主祭神は大己貴《おおなむち》神で、少彦名《すくなひこな》神と下照姫《したてるひめ》を配している［式内社研究会編 一九八〇：一二〇］。大己貴神は出雲にかかわりが深い神で、少彦名神は大己貴神とともに国作りをした神である。下照姫は大己貴神の子神である。伊和で出雲にかかわりの深い神を祭っているということは、播磨と出雲の信仰についても、ヤマト政権が勢力を拡大する以前の列島弧を考察する上で必要だと考えるが、今後の課題とする。

（2）伊和大神

『風土記』には大名持と漢字表記は異なるが、大汝命《おおなむちのみこと》という神名もみられる。また、固有の名がない大神という表記もみられる。その他、『記』・『紀』でオオナムチの別名とされるアシハラシコヲ（葦原志許乎命）という神名も記されている。これらの神々について横田［一九六九：一二四］はオオナムチに対する言及はしていないが、『風土記』に出雲人や出雲大神について特筆されていることから、播磨一円には出雲の神の信仰が深まっており、出雲大神＝アシハラシコヲ＝伊和大神の強い信仰圏であったとしている。中林［二〇一三：三四〇］は伊和大神は大汝命と同じ神であると述べ、是川［二〇一一：七七］は大汝命から葦原志許乎、伊和大神の順に段階的に神格が変化したとして、同一神であるとしている。一方、荊木［二〇二〇：四四］はそれぞれの神名における漢字表記の違いや複数の名を持つとされる神名を挙げて、『記』・『紀』の神名を基準に風土記のそれを解釈することには、慎重でなければならないと述べている。小論においても、『風土記』記載の神名を『記』・『紀』により神々の異同を決定するのは難しいと考え、神々の異同については論じず、『風土記』の中に「大神」とある神及び、『延喜式』にある「大名持」と似通った読みをする「大汝命」について、「伊和大神」とともに、山・石・玉にかかわる伝承を考察していく。

（3）音韻からみた伊和

「イワ」という音韻については「岩」が連想され、辰巳［一九九九：一二三］は「播磨地方は岩が多い地質であったことから生まれた地方神である。」と述べているが、古代の「岩」は「石」と表記され、音韻は「イハ」、「伊和」の音韻は「イワ」であるという。したがって、「伊和」は「岩・石」ではないとする論稿もある［石田 一九八一：九七-九八］。それに対して、寺本［二〇〇〇：二一〇］は日本語学者である大野晋の、奈良時代前の「ハ ha」音はまだ「ファ」音であったという説を引用して、伊和大神の「伊和」と、その子神の建石敷命の「石」とはともに「イファ」であり、地方によっては口の開き方の違いから「ハ」音に近かったり、まれには「ワ」音に聞こえたりしたはずであると述べている。伊和神社が三方を山に囲まれており、創始は不明であるが、一つ山祭、三つ山祭で山頂を祭っていること、眷属神に「石」・「玉」の字を持つ神が多いことから、伊和大神が「岩」、「石」にかかわりがないとは言えないと考える。また、地誌編纂の官命の中に「地名にはよい字を使うこと」という項目があるが、良い字と考えられていた二文字にするために、「岩」・「石」を「伊和」と表記した可能性もあるのではないだろうか。

（4）伊和の地名由来

宍禾郡石作里に

石作の里〔もとの名は、伊和であった〕土品は下の中。石作としたわけは、石作の首らが、この村に住んでいる。だから、庚午の年に石作の里とした〔植垣二〇〇五：現代語訳八九〕。

とある。石作里は元の名は伊和であったところに石作の首らが住んでいるために改名したと記載されている。伊和から石作に里名が改められているので、伊和であった地に石作氏が新たに来たと理解できる。その伊和は同郡の末尾に伊和村として

伊和の村。〔もとの名は、神酒《みわ》なり〕大神が、酒をこの村で醸造なさった。だから、神酒の村という。また、於和《おわ》の村ともいう。（そのわけは、）大神が、国作りを終えてから後に、おっしゃったことには、「おうおう（うまくできた）。わたしのお酒と同じくらい（うまくできた）ぞ」と言われたからである〔植垣二〇〇五：現代語訳九三〕。

とある。原文は「於和。等於我美岐」、口語訳は「オワ。我が美岐と等し。」であり、国作りを終えた大神が「オワ」と発した言葉が地名起源となっている。寺本〔二〇〇〇：二〇四〕は『出雲国風土記』で八束水臣津野命《やつかみずおみづののみこと》が国引きが終わったのちに「オエ」と発したことと、文脈だけでなく行動の認識までも同じであると指摘している。千家〔二〇一八：七

三〕は『出雲国風土記』の国引き伝承について、四通りの国引きが口調よく記載されていることから、この詞章は古代には祭儀のときなどに人びとが口々に口誦してきた言葉に他ならないと述べている。ここにも出雲との共通点がみられるが、「オワ」というのは祭礼の時に誦した言葉であると推察でき、「イワ」という音に結びつけて記載されたと考える。

3　大神と山・石・玉

『風土記』には、伊和大神、または大神の眷属神が多く記載されており、播磨における伊和大神、または大神と称される神にかかわる信仰が広範囲に分布していたことをうかがわせる。その中の、山、石、玉にかかわる伝承を、大汝命も含めて郡別にみていく。

(1) 餝磨郡

餝磨郡では、英賀《あが》里は伊和大神の子神の阿賀比古命《あがひこのみこと》と阿賀比売命《あがひめのみこと》がいることから英賀となったとあるほかは伊和大神にかかわる記載はないが、この郡には伊和里があり、積幡《しさは》郡から伊和君等が到来したことが里名由来となっている。ここには射楯兵主神社があり、現在も一つ山祭、三つ山祭が行われている。それぞれ六〇年ごと、二〇年ごとに行われ、伊和神社のそれが実在の山を遥拝するのと異なり、作り物の山で行われる祭典である〔谷川編 二〇〇一：五六〕。積幡郡と旧字を使用しているが、宍禾郡には伊和から石作への里名変更の記載があり、餝磨郡伊和里に伊和神社と似通った祭りが伝えられていることは、伊和氏と石作氏の勢力の移動を示唆していると考える。

ここは姫路周辺にあたり、単独の小山が林立している。古代人はこれらの山を神々の仕業と考えたのか、十四丘の伝承として記載されている。大汝命が子神である火明命《ほあかりのみこと》の行いがあまりにも荒々しく、逃れるために子神のすきを見て船で出発したが、そのことに怒った火明命が風波を起こしたため、大汝命の船がひっくり返り打ち破れたことにより、さまざまなものが地上に落ちてできた丘であると記載されている。

大汝命の子神とされている火明命は石作氏の祖とされている。また、石作氏については賀古郡に、神功皇后が亡くなった仲哀天皇のために石棺の石材を探した折に、石作連大来《いしづくりのむらじおおく》という人が伊保山でよい石材を発見したという記載がある。竜山石である。ここに、ヤマト政権の勢力の伸張と、墓の石材という山から採られた石の新しい利用法がみられる。

(2) 揖保郡

揖保郡越部里の御橋山は大汝命が俵を積んで橋を立てたが、山の形が俵に似ているので山の名前になったと記されている。古代の橋とは急峻な岩山に立てかけられた天と地をつなぐ梯子のようなもので、神が昇り降りするような伝承があった可能性がある。現在のたつの市觜崎にある鶴橋山の「屛風岩」を指すとされており、揖保川の土手から急な傾斜の安山岩の岩脈が山頂に向かって一〇〇メートル以上続いている。今から約八〇〇〇万年前に形成されたという自然の地形を、古代の人びとは神の創造物と捉えていた。また、昔は地元の人が花を摘み、山上に登ってお供えし、弁当を開いて景色を眺める風習があったという〔坂江 二〇〇七：八二〕。

揖保郡林田里の稲種山は、大汝命と少日子根命《すくなひこねのみこと》が神前郡の山頂からこの峯を見て「稲種を置くべきだ」と言ったことから稲種を置き、山の形が稲積に似ていることからこの山名となった。自然の地形と神を結びつけている。

揖保郡出水《いずみ》里の美奈志《みなし》川は伊和大神の子神の石竜比古命《いわたつひこのみこと》と石竜比売命《いわたつひめのみこと》が、越部里と出水里に分かれて山の峰を踏んだり、堤を作ったりして尾根の水をどちらに流すかを争ったことが原因で水がなくなってしまったことを、无水川《みなしがわ》の名の由来と記している。たつの市揖西町・新宮町には水争いの跡が地形として残されている〔岸本道明 二〇一四：九〕。揖保郡には伊和大神の子神や大汝命の伝承が多くみられる。

(3) 讃容郡

讃容郡は固有名のない大神の夫婦神が郡名の由来譚になっている。妻神は玉津日女命《たまつひめのみこと》で玉の女神と読める。この女神が稲種を植える際に、生ける鹿の腹を裂いてその血に稲種を播いたところ、翌日に苗が生えたという伝承である。『風土記』には鹿にかかわる伝承も多く考察すべきであるが、ここでは大神の妻神が「玉」という名を持つ神であるということに着目したい。大神が「おまえは五月の夜にうえたんだなあ」と言ったことから五月夜《さつきよ》の郡となったと、讃容郡の地名由来譚として伝えられている。また、玉津日女命の別名である賛用都比売命《さよつひめのみこと》の名の由来ともされている。他にも「玉」にかかわる伝承として、玉落川の由来譚がある。吉川《えがわ》のもとの名として、大神の玉がこの川に落ちたために玉落川となったと記載されている。大神の妻神が神名の中に「玉」という文字を持つこと、大神が川に玉を落としたことが川名の由来譚となっていることも、讃容郡での「玉」にかかわる祭祀を推察させる。また、当郡の雲濃里《うの》の里名由来は、大神の子神の玉足日子命《たまたらしひこのみこと》と玉足比売命《たまたらしひめのみこと》の子の大石命《おおいしのみこと》が父の心《うら》にかなう良い子であったために有怒《うの》というとある。「心」を「ウラ」と読み、「ウノ」の地名を説明している。大神の子神に「玉」という文字が入っており、二人の子神の名は「大石」命である。

(4) 宍禾郡

宍禾郡はもと伊和里であった石作里があるところで、伊和神社の所在地である。阿和賀山には阿和加比売命《あわかひめのみこと》という伊和大神の妻神がおり、山名の由来譚になっている。雲箇里《うるか》は、固有名のない大神の妻神の許乃波奈佐久夜比売命《このはなさくやひめのみこと》がうるわしかったことが里名由来である。伊和神社の真北に位置する花咲山の登り口は閨賀口という〔寺林、中村 一九九八：一〇二〕。許乃波奈佐久夜比売命は花咲山にかかわる女神である可能性も考えられる。

(5) 山・石・玉

安田［二〇〇八：八九］は中国の玉琮について、山は鳥や柱と同じように天地を結ぶものであり、稲作に欠かせない水源は山の中にあるから山は信仰の対象になり、玉が山のシンボルとなったのは玉となる貴重な石が奥深い山で採れるものであるためで、山で採れる玉を集落に持ってきて崇拝し豊穣を祈ったのであろうと論じている。山に水源があり特別なギョクでなくとも石は山にある。石の中でも磨けば光るものを「タマ」という場合もあるが、ここでは、石＝玉と考える。水野［一九九二：七二］によると、玉は「タマ」で霊魂の「タマ」であり、霊魂は目に見えず自由自在に動くもので、玉を身に着けるということは霊魂を身に着けて常人以上の霊威を持っている人間であることのシンボルであると述べている。これは、身体装飾の玉について述べたものであるが、玉は石から作り霊魂の「タマ」でもあるという図式は、信仰において玉の光るいかんにかかわらず共通であると考える。

おわりに

ここまで『風土記』の伊和大神の伝承を中心に、山・石・玉にかかわる古代祭祀について考察してきた。天と地を結ぶ山は、石・玉を含めて祭祀の対象であった。伊和大神及び眷属神の記載は、揖保川を中心とした播磨地方の西側に片寄っている。神名にも石や玉という字がみられたり、山にいるとされる神もいた。東側は元より信仰域でなかったのか、ヤマト政権の伸張とともに、『風土記』編纂のころには古老の言い伝えも変容していたのか、同じ山でも天皇の伝承として伝えられており、天と地を結ぶ橋も神ではなく多くの人が行き来したと記載されている。短文の記載であるから、時期を読み取るのは難しいが、農耕に必要な水をもたらす山に神を認め、祈りの中で自然と闘い共存してきた人びとに、ヤマト政権の伸張とともに、山の石を石棺に利用するという当時の現実的な利用法がもたらされたと推察する。記載されている石作氏も、『記』・『紀』に名を残していない。火明命を祖とし、尾張に石作神社を四座有している。また、伊和大神と大汝命の差異にも言及する必要がある。出雲と播磨との関わりとともに、ヤマト政権の勢力の伸張について、さらに熟思していきたい。

（阪口　有美子）

参考文献

石田淳子［一九八一］「『播磨国風土記』における伊和大神伝承に」『史泉』五五。

荊木美行［二〇二〇］「『播磨国風土記』と伊和大神」『藝林』六九（二）。

植垣節也［二〇〇五］『風土記』小学館。

大平茂［二〇一〇］「『播磨国風土記』から見た交通路の祭祀」『二〇一〇年度兵庫大会研究発表資料集』日本考古学協会。

岸本道明［二〇一四］『古代山陽道と揖保郡――風土記時代のくらしと社会――』たつの市教育委員会。

是川長［二〇一一］『播磨国風土記のひみつ』神戸新聞総合出版センター。

式内社研究会編［一九八〇］『式内社調査報告書』第二二巻　皇學館大学出版部。

坂江渉［二〇〇七］『風土記からみる古代の播磨』神戸新聞総合出版センター。

坂江渉［二〇一〇］「文献史料からみた古代の呪術・祭祀――『播磨国風土記』を中心にして――」『二〇一〇年度兵庫大会研究発表資料集』日本考古学協会。

坂江渉［二〇一三］「『国占め』神話の歴史的前提」『国立民俗博物館研究報告書』一七九。

千家尊統［二〇一八］『出雲大社』学生社。

辰巳和弘［一九九九］『風土記の考古学――古代人の自然観――』白水社。

谷川健一編［二〇〇一］『日本の神々――神社と聖地――山陽・四国』白水社。

寺本躬久［二〇〇〇］『播磨地名伝承の探索』神戸新聞総合出版センター。

中林隆之［二〇一三］「石作氏の配置とその前提」『国立民俗博物館研究報告』一七九。

水野祐［一九九二］『勾玉』学生社。

安田喜憲［二〇〇八］『生命文明の世紀へ――「人生地理学」と「環境考古学」の出会い――』第三文明社。

横田健一［一九六九］『日本古代の精神』講談社。

第14章

邪馬台国里程戸数再考

はじめに

邪馬台国は「魏志倭人伝」に初めて登場する国名であり、女王卑弥呼が率いる二九国からなる連盟体の中で最も強力な盟主国として知られている[1]。

同伝によれば、この二九国以外に、狗奴国と呼ばれるもう一つの強国があり、その国王は卑弥弓呼と呼ばれる男性であり、兼ねてから卑弥呼と仲が悪かったという。したがって、狗奴国は上記の邪馬台国連盟体に属しておらず、卑弥弓呼は卑弥呼とは別に独立した国王に違いなく、引いては数国による「狗奴国連盟体」の盟主だった可能性も否定できない。

当時、邪馬台国は武力と神権の力で周辺諸国を次々と統合していき、狗奴国もその統合対象になっていた反面、後者も自分の周辺諸国を統合していこうとした中で当然両者は対立関係にあったと考えられる。このように、「魏志倭人伝」は西暦三世紀における日本列島の歴史文化を探究する上で最も重要な文献史料であり、また考古学、民俗学とも密接な関係を有するため、先行研究による成果も多いが検討する余地も少なくない。

ここでは、邪馬台国に至るまでの里程問題とその連盟体に属する諸国の実力に繋がる戸数、即ち人口問題について再検討したい。[2]「魏志倭人伝」によれば、女王卑弥呼が居住する邪馬台国は、三国時代の魏王朝が再建した帯方郡から一万二〇〇〇里も離れたところにあると記している。現在の中国では、一里＝五〇〇メートルで、一万二〇〇〇里は六〇〇〇キロメートルに相当する。ところが、例外がなく中国も古代から度量衡が何度も変わったため、歴代の度量衡を知る必要がある。魏の一里は現代に比べて短く、約四三〇メートルに相当するため、一万二〇〇〇里は五二〇〇キロメートル未満である。

今日の直線距離に近い空路の長さではあまり参考にならないが、北京国際空港から大阪関西国際空港までの距離は二〇〇〇キロメートル未満である。また、韓国の仁川国際空港と関西国際空港の間は直線距離で八六〇キロメートルである。いずれにせよ、平壌とソウル間の朝鮮半島の西海岸中部にある帯方郡（遺跡）から邪馬台国に至るまでには一万二千里、即ち五〇〇〇キロメートル以上の距離となる。勿論、古代の海上ルートはジグザグで想像以上険しく長かったと思うが、果たして五〇〇〇キロメートル以上あったのか、実に興味深い問題である。

それでは、なぜこれだけ長い里程が記されているのか。また、同伝の冒頭に登場する対馬国から邪馬台国に至るまで、各連盟国の戸数（人口）が基本的に増えていくことに注目したい。これらの問題に入る前に、背景知識として、まず「魏志倭人伝」が載っている『三国志』などの中国正史の成立について触れておきたい。

1　「二十四史」の中の「前三史」

「二十四史」とは中国の正史の総称である。清の乾隆末年、政府が各時代の代表的な紀伝体の歴史書二四種を選定して、これを正史としたので「二十四史」の名がある。中国史研究の基本的なもので、『史記』、『（前）漢書』、『後漢書』、『三国志』、『晋書』、『宋書』、『南斉書』、『梁書』、『陳書』、『魏書』、『北斉書』、『周書』、『隋書』、『南史』、『北史』、『旧唐書』、『新唐書』、『旧五代史』、『新五代史』、『宋史』、『遼史』、『金史』、『元史』、『明史』が含まれる。なお、これらに『新元史』を加えて「二十五史」ともいう。北京にある中華書局が出版した「二十四史」が最も精良な版本として知られているが、上海古籍出版社が出版した「二十五史」も広く利用されている。(3)

また、完成年代順から前漢司馬遷の『史記』、後漢班固の『前漢書』と西晋陳寿の『三国志』を「前三史」といい、いずれも正史として重要な史料価値を持っている。しかし、王朝興亡の順から見た場合、三国、西晋の前にあった後漢王朝の歴史をまとめた『後漢書』は、南朝の范曄が著した史書であり、その成立年代はかなり遅れている。

陳寿は蜀人として、三国時代の歴史文化を経験した学者であり、より信憑性の高い史料をもとに、『三国志』を編纂したと見られる。特に日本を含む東夷伝などは、後世にできた『後漢書』に大きな影響を与えた。確かに『後漢書倭伝』には『三国志』に見られない史料、たとえば倭国が派遣した外交使節に伴う大量の「生口」の送り込み、後漢光武帝による奴国王の冊封や金印などの記事で注目されるが、その史料的根拠においてはなお疑問が残り、また邪馬台国に関しては基本的に「魏志倭人伝」を踏襲したことが明らかである。

一般的に日中文化交流は二〇〇〇年以上の歴史があると言われているが、その根拠は現存する最古の文献史料――『漢書・地理誌・燕地条』に出てくる「夫楽浪海中有倭人、分為百余国、以歳時来献見云」である。これを現代日本語で翻訳すれば、「楽浪（郡以南の）海中（に）倭人あり、百余国に分けられ、歳時を以って献見すという」となる。(4) これは前漢中期に武帝が設置した朝鮮四郡のうち、楽浪郡が首郡として東方諸国の所在を指す重要な地理的座標となっていたことを示す。

この記事から、前漢時代、即ち弥生時代中期の日本列島に既に百以上の地域小国が存在していたことが分かる。これは考古学発掘調査で確認した、長崎県壱岐市原の辻遺跡、福岡県福岡市の板付遺跡、佐賀県唐津市の菜畑遺跡、同吉野ケ里遺跡、大阪府南部の池上曾根遺跡、滋賀県湖東地域の伊勢遺跡などに代表される一〇〇カ所以上の環濠集落遺跡と概ね一致する。(5) つまり、このような中心的、または拠点的な環濠集落を各国の「都」遺跡と見ることができる。これは、

『史記・夏本紀』の「夏有万国」の記録と類似している。万国とは必ずしも一万の国があったという意味でなく、その数が非常に多かったことを意味するもので、約四五〇〇年前に始まった龍山文化時代から次第に巨大化する各地の城郭遺跡や夏王朝の中心とされる河南省二里頭遺跡などが考古学的根拠となっている。

ここで言う「国」は、近代国家、またはそれ以前の帝国や古代国家（たとえば殷王朝、秦帝国、大和王朝、奈良王朝）などと異なり、先史時代から歴史時代への過渡期に発生した、ある特定血縁関係・氏族集団をもとに、一定の領域（人口、軍隊、武装、農耕地、水源、山林などの資源）を持つ「邦国《ほうこく》」、「邑《ゆう》」のような、初期段階の国々であった。注目されるのは、これらの国は、「他国」からの侵入と略奪に備えて、環濠や木柵などの防御施設を設けていることである。吉野ケ里遺跡などでは、脊椎に鏃が刺さったままの人骨、首のない人（所謂「首狩り」の結果）が大形甕棺に葬られていることから、弥生時代には既に比較的激しい戦いがあったことは間違いない。このような激動時代の末、西暦三世紀半ば頃から日本は古墳時代に入り、纏向《まきむく》遺跡や箸墓など、これまでにない大きさの都城遺跡と巨大な前方後円墳が現れ、邪馬台国の実在を裏付ける考古学的根拠となっている。

2　「魏志倭人伝」の里程戸数問題

「魏志倭人伝」を含む『三国志』は三世紀の後半、西晋王朝の史官である陳寿が編纂した、後漢末に起きた黄巾の乱から三国時代についての史書である。前述したように、この史書は「第三史」として高く評価されており、文学史上においても重要な文献である。

陳寿は現在の四川省南充市生まれで、自国の蜀漢が滅んでから西晋の中心地である洛陽に入り、史官の仕事に務めた。彼が『三国志』を編纂する際に、主に西晋王朝が所有する魏の実録をもとに資料整理を行ない、また西晋に征服された蜀漢、東呉両王朝の実録なども多く実見したと推定される。したがって『三国志』は後世に編纂された『後漢書』に比べて、実録を含む一次史料の面においても信憑性が高いと考えられる。また、魚豢の『魏略』などの史書も参考にした。このような経緯から考えると、「魏志倭人伝」も信憑性が高いように思われる。魏国側の記録係が魏国の高官と卑弥呼の使いが面会する際に、通訳の話を記録した内容が実録の一部になった可能性がある。勿論、魏の使いや商旅が往復する際に残した見聞や帰国報告なども重要な材料になったと思われる。

しかし、「魏志倭人伝」をよく読んでみると、本来ならば朝鮮半島東南部の海上から北東へ弓状に長く伸ばしていくはずの日本列島の一部、少なくとも西日本が、逆に南向きになっており、さらに約六〇〇年前の李氏朝鮮時代に描かれた古地図――「混一疆理歴代国都之図」（龍谷大学大宮図書館蔵）によれば、日本列島全体が完全に南行し、現在の台湾島近くまで下がっている。漢魏時代には、既に発達した羅針盤で方向を測定する技術があり、渤海や黄海を渡る船があったにも関わらず、なぜこのような地理的誤りがあったのか。一部の先行研究では、李朝の学者が元から持込んだ中国大陸地図に朝鮮半島を描き、また日本列島を描き入れたとされているが、「魏志倭人伝」との関連についてはあまり論じなかった。まず、『魏志倭人伝』に出てくる邪馬台国に属する諸国の相対位置や里程の部分を見ることにする。

「倭人在帯方東南大海之中、依山島為国邑。旧百余国、漢時有朝見者、今使訳所通三十国。」

冒頭に倭の所在を示す方位の地理的座標を、前漢時代以来の楽浪郡ではなく、帯方郡の名称を使っている。魏晋時代には、楽浪郡より帯方郡の地位が高かった。また、後の記述で分かるように、魏は日本列島にある三〇国と通交しており、うち二九国が邪馬台国連盟体に属し、あと一つは狗奴国《くなこく》である。

「従郡至倭、循海岸水行、歴韓国、乍南乍東、到其北岸狗邪韓国、七千余里。」

次に書いたのは、帯方郡から倭に至る直前までの距離は七千里あまりの水路である。

「始度一海、千余里、至対馬国、其大官日卑狗、副日卑奴母離。所居絶㠀、方可四百余里。土地山険多深林、道路如禽鹿徑、有千余戸。無良田、食海物自活、乗船南北市糴。」

韓国東南部の海岸から対馬国に至るに千里あまり、この国には千戸あまりある。漢魏時代の一般状況を参考に一戸平均五人家族で換算した場合、対馬国には五千人あまりの人口があると推測される。

「又南渡一海、千餘里、名日瀚海、至一大（支）国。官亦日卑狗、副日卑奴母離。方可三百里、多竹木叢林。有三千許家。差有田地、耕田猶不足食、亦南北市糴。」

また南へ千里余りの海を渡り、一支国（壱岐）に至る。ここには民家が三千戸余り、約一万五千人の人口がある。

「又渡一海、千餘里、至末盧国。有四千餘戸、濱山海居。草木茂盛、行不見前人。好捕魚鰒、水無深淺、皆沈没取之。」

また南へ千里あまりの海を渡り、末盧国《まつらこく》に至る。ここには四千戸余り、約二万人の人口がある。民は海の深浅を問わず、みな潜って魚介類を捕る。今に残る「海女の漁」を連想させる。

「東南陸行五百里、到伊都国。官日爾支、副日泄謨觚柄渠觚。有千餘戸、世有王、皆統属女王国、郡使往來常所駐。」

これから進行方向が変わり、東南へ五〇〇里行くと伊都国《いとこく》、人口は意外に少なく、戸数は一千、約五千人余りの人口だが、代代に王あり、女王国に属し、帯方郡の使節がよく駐在する。ここには、恐らく邪馬台国の迎賓館のような施設があり、帯方郡のほか、三韓諸国の外交使節や商旅も滞在しただろう。また、各連盟国を監視する「大倭」も常駐するなど、これだけ重要な伊都国に僅か千戸の人口があったとは信じがたく、恐らく一万戸の誤りではないか、という疑問が残る。

「東南至奴国百里。官日兕馬觚、副日卑奴母離。有二萬餘戸。」

さらに東南へ百里進んで奴国《なこく》に至り、伊都国との距離は短いが、民家は二万戸、約一〇万人の人口がある。ここは現在の福岡平野にあたり、『後漢書』に登場する奴国の後継者がいただろう。

「東行至不彌国百里。官日多模、副日卑奴母離、有千餘家。」

方向が少し変わり、東へ百里進んで不弥国《ふみこく》に至り、五千人の人口がある。

「南至投馬国、水行二十日。官日彌彌、副日彌彌那利。可五万余戸。」

これから方向は南へ変わり、水行（船行）二十日で投馬国《とうまこく》に至り、ここには民家五万戸余り、約二五万人の人口がある。「水行」だけ書き、陸行は不便だったのか。人口が大いに増えたことに注目したい。

「南至邪馬壹（臺）国、女王之所都。水行十日、陸行一月。官有伊支馬、次日彌馬升、次日彌馬獲支、次日奴佳鞮。可七万余戸。」

さらに南へ水行一〇日に陸行一月で女王の都がある邪馬台国に至る。高級官階とみられる四つの職名が目立つ。特に七万戸余り、約三五万の人口があるという。したがって、邪馬台国は最も人口を多く持っていることが分かる。

「自女王国以北、其戸数道里可得略載。其余旁国遠絶、不可得詳…次有斯馬国…次有奴国。此女王境界所盡。」

今度は方向が一変し、女王国の「北」にある諸国については、国名程度、または状況不明という表現で終わるが、女王国の果てだそうである。筆者は、うち伊邪国《いやこく》と支惟国《きいこく》は、その発音から律令時代の伊予国と紀伊国に近いと考えている。したがって、これらの国々は四国を含めて、大体現在の西日本各地に分布していたと見られる。

上記の内容をよく考えると、帯方郡から女王のいる邪馬台国までは、途中で僅かなところを除けば、長距離の移動はすべて南行である。しかし、邪馬台国からは逆に北へと方向が変わり、現在の東海地方から本州島が次第に北折していくところまで触れたように思われるが、邪馬台国が南の果てにあるという記事とは明らかに矛盾している。

続いて、

「其南有狗奴国、男子為王。其官有狗古智卑狗、不屬女王。自郡至女王国、万二千余里…計其道里、當在會稽東冶之東…所有無與儋耳、朱崖同。」

その（邪馬台国）南に狗奴国があり、男性の王がいる。女王国に属していないということから邪馬台国連盟体には編入されていない国に違いない。また、帯方郡から女王国まで計一万二千里あり……その道里においては、会稽、東冶の東に当たるという。それは、現在の長江下流域の浙江省やさらに南方にある福建省の東方までに至り……その物産は儋耳、朱崖と同じ、つまり今の中国海南島一帯と同じだと記している。

ここでは二つの問題がある。一つは、如何なる計算法を駆使しても「一万二千里あり」についての解釈は難しい。もう一つは、女王国までは非常に遠い南方に位置し、かつ三国時代の東呉王朝の版図に近いということだが、あとの非連盟体の国々は北にあるということである。

唯一考えられるのは、「魏志倭人伝」は実際それほど遠くない距離を故意に長く誇張し、「親魏倭王」の卑弥呼が率いる邪馬台国の領土が魏王朝の宿敵である東呉王朝の近くまで広がっていると宣伝するなど、魏側にとってはとても都合のいいことであろう。

結局、魏と倭のどちらがわざわざこのような誤った里程や版図を言い出したのかが問題だが、筆者は双方とも故意に偽りの記述をした可能性があると推測している。

まず、魏から見た場合、全国統一のため、敵対国の呉、蜀に同盟国があることを誇張し、所謂情報宣伝攻勢が必要であった。なお、邪馬台国に三五万の人口があるなど、その軍事勢力をアピールする狙いが窺われるが、実際三五万の人口が生活するには広大な農地、大量の食料が必要である。ここでは、もう少し各連盟国の規模を比較してみたい。全体的には対馬国から女王国まで、次第に人口が増加していく傾向がある。
①対馬国：千戸余り、②一支国：三千戸、③末盧国：四千戸余り、④伊都国：千（万？）戸余り、⑤奴国：二万戸余り、⑥不弥国：千戸余り、⑦投馬国：五万戸余り、⑧邪馬台国：七万戸余り。上記の八国を合わせて一五万戸（伊都国の戸数を一万と見た場合は一五万九千戸）あり、約七五万人があったと推測される。
「魏志東夷伝」によれば、①夫余《ふよ》：八万戸、②高句麗《こうくり》：三万戸、③東沃沮《ひがしよくそ》：五千戸、④挹婁《ゆうろう》は土地が広すぎて戸数不明、⑤濊《わい》：二万戸、⑥馬韓《ばかん》：「凡五十余国。大国万余家、小国数千家、総十余万戸」、⑦辰韓《しんかん》「始有六国、稍分為十二国」、弁韓「亦十二国」とあり、合わせて「弁《べん》・辰韓合二十四国、大国四五千家、小国六七百家、総四五万戸。」とある。これによれば、挹婁を除いて大よそ二八万戸、約一四〇万の人口がある。もし挹婁の戸数を二万と見た場合、全部で約三〇万戸になり、ほぼ邪馬台連盟国戸数の二倍と読み取れる。言い換えれば、日本列島を除く東夷世界には約一四〇万の人口があったことになるが、果たして邪馬台国連盟体にその半数に当たる人口があったのか。この問題について、今後更なる検討が必要である。一方、卑弥呼からすると、西暦二三八年に魏の司馬懿らによって公孫氏勢力が一掃され、遼東は勿論、帯方郡も魏の手に入ったことを注意深く観察してから、翌年にすぐ外交使節を送り出すなど、魏と友好関係を結びたい考えがあったと考えられる。次に兼ねてから卑弥呼と仲が悪かった狗奴国のことについて見てみよう。

「其（正始）八年（二四七）太守王頎到官。倭女王卑弥呼與狗奴國男王卑弥弓呼素不和、遣倭載斯烏越等詣郡、説相攻撃状。遣塞曹掾史張政等因齎詔書、黄幢、拝假難升米為檄告喩之。」

正始八（二四七）年に王欣が帯方郡太守に赴任した。女王卑弥呼は兼ねてから狗奴国の男王である卑弥弓呼と仲が悪く、使いを帯方郡に送って、狗奴国との攻守状況を申したため、帯方郡太守は張政らを派遣するなど、男王を告諭させた。

この記事から、魏が女王の味方としての性格が読み取れるが、なぜ男王国と戦ったのかが問題である。一部先行研究では、男王国が現在の中部一帯にあったと考えるようで、その可能性はないとは言えない。ただ、魏の外交利益に直接関係しない限り、女王が支援を求める可能性は小さい。筆者はまず倭の魏への外交に大きな脅威となり得る地域を考える必要があると指摘したい。前に分析した通り、「魏志倭人伝」は現在の福岡平野を中心に数国の概況に触れてから邪馬台国に至るまでの諸国を記したが、脊振山を境とする筑紫山地以南の状況については一切触れていない。つまり有明海に面する佐賀平野などを含む山南諸国も魏国と外交関係を結ぼうとしていたが、女王が怒って阻止したため、双方の関係が悪くなったと推定される。結局、魏国はより大きな勢力を持つ邪馬台国を同盟国として選んだと考えられる。しかし、冒頭に「今使訳所通三十国」とある通り、魏は邪馬台国とは別に、狗奴国とも外交関係を有していたに違いない。もし狗奴国が中部一帯にあったとすれば、魏の外交使節にとっては交通の問題があるため、邪馬台国の目を避けて行くのはほぼ不可能である。したがって、狗奴国の所在を九州に比定するのが合理である。一方、狗奴国はさらに南にある呉国とも外交関係を結ぼうと考えた可能性もあるが、『三国志・呉書』などには関連記事は見当たらない。しかし、当時魏と仲が悪かった高句麗は呉と友好関係にあり、一度に大量の馬を呉に送り、呉も外交使節を高句麗に送ったという記事が見られる。これは当時の東アジア海域において、既に長距離航海が可能となり、大型の帆船が活用されていたことを裏付ける。このような大型帆船製造技術は極秘事項とされ、魏、呉、高句麗などの国に独占され、他の国には知られていなかった。そのため邪馬台国の外交使節は航海安全のため、朝鮮半島の南海岸と西海岸に近い航路を利用し、更に帯方郡が出した大きい船で海を渡って萊州で上陸し、黄河沿線の道路を利用して都の洛陽に着いたと見られる。同様の理由で狗奴国も更に遠い南方にある呉国と外交は出来なかったと推測される。

おわりに

以上、「魏志倭人伝」に見られる邪馬台国の里程、戸数、狗奴国の所在問題について再検討した。結論は下記の通りである。

①邪馬台国までの里程「一万二千里」は実際の距離ではなく、邪馬台国との友好関係と地理的位置を巧みに利用し、宿敵の呉に対する外交的な宣伝攻勢を強めるための魏国側の策略であった。しかし、客観的にどのような効果があったのかは不明である。当時、「遠交近攻」の目的で結ばれた高句麗と呉の友好関係に刺激を受けた魏にとって同様な外交政策を取る必要があり、また卑弥呼は国内統合戦争の中で国際社会の承認と支持が必要だったのである。

②兼ねてから女王国と仲が悪かった狗奴国の所在については、これからも筑紫山地、引いては九州山地以南の大国、または諸国連盟体のような集団勢力を想定する必要があると考えている。今後の更なる考古学発見に期待したい。

注

（1）「魏志倭人伝」は東夷伝の一部として、『三国志・魏書・烏丸鮮卑東夷伝』の最後の部分にあたる。東夷伝の前には、北方民族の烏丸、鮮卑の伝記があり、まずは北方、次に東北地方、朝鮮半島、日本列島の順に記したものである。

（2）拙文「魏志倭人伝における諸国の里程問題について」、安田喜憲・七田忠昭編『東シナ海と弥生文化』、雄山閣、二〇一八年。

（3）ブリタニカ国際大百科事典日本語版によるが、版本については筆者が補充した。

（4）編纂年代がより古いと見られる『山海経』などにも倭に関する記事が見られるが、その内容は乏しく、正体も不明である。また、『史記』には倭に関する記事が見当たらない。したがって、ここでは『漢書・地理誌』の関連記事を現存する最古の史料としたい。

（5）ここでは、主に各遺跡の発掘調査報告書を参考した。報告書の数量が膨大であるため、具体的な書名を省略させていただくことにした。

参考文献

佐伯有清［二〇〇〇］『魏志倭人伝を読む——邪馬台国への道——』（上・下）吉川弘文館。

西谷正著［二〇〇九］『魏志倭人伝の考古学——邪馬台国への道——』学生社。

設楽博己・藤尾慎一郎・松木武彦編［二〇〇九］『弥生時代の考古学』（シリーズ）、同成社。

一瀬和夫・福永伸哉・北條芳隆編［二〇一一］『古墳時代の考古学』（シリーズ）、同成社。

田中俊明［二〇一一］「魏志倭人伝を読む」、歴史読本編集部『歴史読本』五六—四、新人物文庫。


（徐　光輝）

終章 私の民俗学

1 福島県南会津郡下郷町大内

私の学生時代は昭和四〇（一九六五）年代の前半であった。当時私は武蔵野美術大学の建築学科に在籍していた。学生運動がさかんな時代で大学改革を求める学園紛争、ベトナム戦争反対運動、成田空港設置に反対する三里塚闘争等の政治的闘争が続き、活潑な活動をする学生が多い時代であった。しかし経済は順調に成長していたことで、就職先はたくさんあって学生が自由に選ぶことができ、またあえて就職しない者もあった。比較的おおらかで自由な空気が流れていた時代でもあったように思う。

昭和四四年初夏の頃であった。当時大学の授業は学生運動の影響もあって休講が多かった。しばらくぶりに大学に行ったとき「古い宿場町で民家の実測をすることになって学生を募集している。一緒に行かないか」という話を友人から聞いた。そのとき迷うことなく「行きます」と返事をした覚えがある。「食費も宿泊費もただらしい」といううわさが流れていたこともあるが、魅力的な話であった。

建築学科の先輩の相沢韶男さんは、草屋根を葺く職人さんやかつての宿場町などをたずねる旅をされている中で、大内という江戸時代の面影を残した宿場町に出会った。大内は福島県南会津郡下郷町にあって、会津若松と栃木県日光を結ぶ街道の宿場町であった。その街道は馬の背に荷物をつけて超える山越えの道であり、明治一七（一八八四）年に馬車が通る広い道が川沿いに完成すると、大内は街道集落としての機能を失うことになった。そして古い面影を残した集落がずっと維持されてきたのであった。

友人からの誘いはこの集落と民家の実測調査を行なうためであった。大内の調査には一五人余の学生が参加し、宿泊は古い空き家であった。むらの中で好意的に迎えてくれた家から敷布団をお借りして自炊の生活が始まった。高原地帯であったので夏はとても快適であったが、お盆が過ぎると急に寒くなってきた。

さて昭和四四年七月上旬に、あまり頼りになりそうもない調査団は大内に到着した。そして集落の実測班と民家の実測班に分かれた。集落の実測班はレベルという実測器と赤白のポール、巻き尺を使って集落の配置図を実測していく。また民家実測班は三角スケールと小型の巻き尺を使って民家の間取り、立面図、断面図を実測していく。そして集落実測班が作成した全体配置図に各家の平面図をのせていくと、集落全体の配置平面図が出来上がる。また民家班は平面図、立面図、断面図を一セットにして、二週間ほどでほぼすべての家の図面の野帳が出来上がった。

今改めて思い起こしてみると、大内での実測作業は大変な事業であったことがわかってきた。この事業を準備された相沢さんの立場に立ってみると、複雑な問題が山積していたのである。大勢の学生がむらに入ることの許可を得ること、借家の交渉、食糧や生活素材の調達、それらと共に重要なことは、一軒一軒の民家の実測の許可を得ることであった。

複雑なそして多様な問題を解決するには、むらの人びととの信頼関係を築くことが大前提になる。とくに現在家族が住んでいる家の中を数人の学生が上がり込んで、部屋の隅々まで実測して回るのである。中には開放的な人もいるが、なかなか許可を与えてくれない家があっても不思議ではない。しかし作業が終わった時点では、五〇軒ほどのほとんどの民家の実測できていた。

大内での実測作業の期間に、宮本常一先生と伊藤ていじ氏が来られた。伊藤氏は建築史学や民家研究の分野で仕事をされていたので、建築学科の学生は皆知っておりあこがれの人であった。宮本常一先生は民俗学を中心に幅広い活動されていたが、私はこの時初めてその名を知ることになった。

ある日、宮本先生はむらの人びとと車座になって何やら話をされていた。大学の先生がむらの人びとと同じような服装で、一緒に輪の中に入って話し合う姿をみて、不思議な印象をもったことを覚えている。当時の大学教授は背広を着てきちんとネクタイを締めて、高い教壇に立ってとうとうと講義をする、という印象がつよかったからであろう。

宮本先生は大内というむらの将来を考えるには、しっかりとした調査が必要であることを強調されたという。つまり今日に至るまで、むらがどのような歩みをしてきたのか、どのようなサイクルで生活が行われてきたのか、どのような組織をもっているのか、どのような習俗を継承してきたのか、といったむらの歴史や暮らし方を具体的に記録していくこと、それに基づいて将来計画を立てることが大事であることを話したという。当時、伝統的建造物の文化財受け入れに対して、賛成派と反対派にわかれていて調整が難しい時期であった。

またこの期間中に宮本先生に同行して、田村善次郎氏、藤田清彦氏、須藤功氏という若い三名の研究者が大内の社会構造、経済構造、民俗の調査を担当した。何やら面白そうなことが始まったので、皆関心をもってその作業を見つめていた。私は藤田さんの経済構造の調査に興味があったのでその後をついて回った。藤田さんは東京農業大学を卒業されて農林漁業金融公庫につとめておられた。

ある日、藤田さんに急用ができて東京に帰ることになった。そのとき「君、やってみるか」という一言がきっかけで作業を継ぐことになった。まったく自信はなかったが、すでに基本的なことはおさえられていたので、その上をなぞるだけで大内歴史年表の生業の部分が完成した。この時に書いた文章が私の生まれて初めての研究報告になった［相沢 一九六九：二八］。

むらの実測作業は約二週間で終了し、学生は皆それぞれ帰っていった。しかし私は帰らずに残った。このむらに対して何か思うところがあったのである。むらの中央部の小高い所に高倉神社という鎮守が鎮座していた。その境内に大きな杉の木の切り株があった。相沢さんと神社に上りその年輪をかぞえた。三二四の年輪を数えた。神社の境内の杉は人が植えた可能性が高いので、三二四年＋〇年が大内の歴史を考える上で大事な年数であることを教えられた。この頃から私の学生生活は一変していた。

2　生活文化研究会

民俗学の宮本常一先生の研究室では、毎週水曜日に生活文化研究会が開かれていた。この研究会には活発に学生が集まっていた。学生運動をしている学生と、運動に興味を持たないノンポリといわれる学生の両方がいた。多様な考えをもつ学生が集まっていたことがわかる。「理論を振りかざすだけではなく、現地に出かけて行って人びとの暮らしに接し、学んでくることが大切だ」という先生の考え方が浸透していたのだと思う。

この研究会はもちろん先生の話が中心になるのだが、学生が調査に出かけて行き帰ってからその報告をする場でもあった。報告が終わると先生は当該地域の補足説明や、ものをみていく上で大事な点を指摘される。また「これをみてきたか、このことを聞いてきたか、それはなぜなのか？」といった質問をすることがある。答えられなければ、もう一度現地に出かけていくことになる。

当時福島県の大内以外の地域を知らなかった私は、そのようなやりとりが非常に新鮮に映っていた。どこか知らない所に行ってみたい、という気持ちがわいてきてその候補地として能登半島を選んだ。どんな所であるかわからないが、ただ行ってみたいというだけの理由であった。先生は奥能登の三カ所の集落を提示されて、この集落は必ず見てくるようにというコメントをくださった。

能登に行くことを決めたとき、建築学科と芸能学科の二人の学生が手を挙げてくれて三人で行くことになった。二週間ほどの旅行であった。このときは金沢で宿泊した一泊五〇〇円の「素泊まり旅館」という名の旅館を含めて、五日間ほど旅館に泊まった記憶がある。そのほかはお寺や農家に泊めてもらった。たまたま泊めていただいたお寺では法事が終わった後で、たくさんの御馳走に囲まれて幸せな一夜を過ごしたこともあった。能登のむらを見て帰り、生活文化研究会で報告した結果、奥能登の珠洲市若山町火宮を選び調査に入ることになった。昭和四五年夏のことであった。

学内で学生を募集したところ各学科から二〇人ほどが集まった。建築学科の学生は集落実測班と民家実測班にわかれ、ほかの学科の学生は社会構造や経済構造、民俗調査に関わった。福島県大内の調査の形をそっくり真似たもので相沢さんも参加してくれていた。この調査期間中も、宮本先生は忙しい夏の調査や講演の合間をぬって訪ねてくださった。そして火宮滞在中に、集落の実測班が作成した図面と大きな空中写真を見くらべながら二時間ほど話をされた。このときの話は強烈な印象として残っている。

その話は中世の荘園時代から始まり、近世をくぐり抜け、明治、大正時代を経て昭和に至るまでの、火宮という集落がたどってきた歴史を集落の実測図面と航空写真、そして現地を歩くこと、つまり景観を分析することで語られたのである。奥能登は戦乱が少なかったので、古い形での景観がよく残っているという話であった［須藤ほか 一九七二：六―四五］。景観は生活を豊かにするために人びとが自然に手を加えた跡であるから、景観を見る目を養うことで人が手を加えた跡をたどることができる。つまりその地域の歴史がみえてくるというのである。この方法は宮本民俗学特有の手法であり「景観歴史学」とよぶにふさわしい分野であった。有形のものから歴史的過程や、物事の構造をみていくことが可能であることを学んだ最初のできごとであった。

3　日本観光文化研究所

これも昭和四〇年代前半のことであったが、当時近畿日本ツーリストという旅行会社が新たな研究所（資料室）の設立を考えていた。折から旅行ブームが到来し、会社の業績は上向きであった。しかし旅行会社として大事なことは受け入れる側、つまり観光地の側の立場に立って正確な情報を把握する必要性を感じていたのである。日本各地の観光地がどのような歴史的変遷をとげてきたか、どのような観光資源を有しているか、新たな観光資源の開発は可能なのか、というような研究を目指していたものと思う。

観光に対して宮本先生は、「観光客を受け入れる側は豊かな資源をもち、その資源を活用して豊かな生活を築き、その豊かさを観光客と共有することであり、けして観光客にこびてはならない」という持論をもっておられた。「私たちは素晴らしい景色の中で暮らしています。こんなにおいしいものを食べています。また伝統文化を継承しています。どうぞ見に来てください」というのが観光の本質であるという考えであった。

近畿日本ツーリストと宮本先生の考えが一致して、日本観光文化研究所が設立された。昭和四一年のことであった。会社の内部組織としては資料室となっている。私は卒業すると吸い込まれるようにこの研究所に入っていた。当時武蔵野美大には大学院がなかった。そこで大学院と同じような研究を行なう施設が必要であった、と後になって伺ったことがある。しかしとても居心地がよかったので、一度入ってきた者はなかなか出て行こうとはしなかった。

観文研のシステムは非常にユニークなものであった。所員は何歳になっても自称大学院生なので給料はない。しかし目的をもった旅行の計画を立て、帰ってから報告書をまとめることを条件に企画書が通れば交通費、宿泊費、日当（昼食代）、そしてフイルム代が支給された。目的をもった旅行計画の中で、旅費や宿泊費をうまく使うことができれば、かなりの日数の現地滞在が可能であった。

たとえば一カ月分の旅費と宿泊費を申請すると、当時の大学院生にとってはかなりの金額になった。その大金を抱えて南会津郡田島町針生というむらに出かけた。昭和四八年のことであった。先にみてきた宿場町大内から十数キロメートルほど南に入った山のむらである。このむらで空き家であった大きな農家一軒借りることができた。そこで武蔵野美大の学生を集めて共同の民俗調査を行なうことにした。一〇人ほどが参加してくれた。

観文研から支給された一人分の旅費は、一〇人が一カ月の間会津のむらで過ごしても、十分賄うことのできる金額であった。もちろん地元の皆さんの温かい行為が応援してくれていた。朝起きてみると土間の一角にジャガイモや野菜が山積みされていることは珍しくなかった。後には米の差し入れもあったが、毎日ジャガイモが主食の日が続くことがあった。このときは観文研から支給された旅費を余らせて帰ってきた記憶があるが、このことはすでに時効になっているものと思う〔須藤ほか 一九七五：四―四一〕。

また紅葉がきれいなころにむらを訪ねて正月を過ごし、桜が咲くころに帰郷したこともあった。観文研は約二〇年間にわたって存在したが、この間、多くの若い旅行者や研究者が育っていったと思う。ふり返ってみると、私の場合は一定期間滞在して何らかの形で資料収集ができた地域はすべての都道府県にわたっていた。

観文研では『あるくみるきく』という旅の月刊誌を出していた。文字通り研究所の研究方針をみごとに表現したタイトルであった。自らの足で歩き、自らの目でしっかりと観察し、自らの耳で話を聞くことが基本的な研究姿勢であった。当初は小さな冊子であったが、後にはだいぶ厚くなっていた。近畿日本ツーリストは修学旅行が主要な営業分野であったので、『あるく』の内容は高校の先生や学生が楽しめるものが優先された。しかも専門家にも通用する内容であること、という緩やかな申し合わせがあった。

何度目かの旅から帰って資料がまとまり始めると、事務局長と『あるくみるきく』の編集長に伺いを立てる。十分な話し合いを経た後に掲載が決まると、担当の編集者が原稿をうけとり、そこから著者と編集者との議論が繰り返される。最初の頃は原稿の文字がみえなくなる程真っ赤な修正が入って返ってくることが珍しくなかった。書き直しが続き、補足調査に出ることになると、最初の原稿ができてから印刷所に入るまで半年もかかることもあった。私も共著を含めて一〇冊ほど刊行させていただいた。

昭和六四（平成元）年に観文研が役割を終えて閉鎖を迎えることになった。『あるくみるきく』は実に第二六〇号に及んだ。近年『あるくみるきく双書――宮本常一と歩いた昭和の日本――』題して、全二五巻が農山漁村文化協会から出版された。

4　民具の収集活動と収蔵展示

昭和四〇年代、五〇年代は、日本の地域社会が大きく変わっていく時代であった。農村では耕うん機、トラクター、その後田植機、稲刈鎌等、農作業の機械化が進んでいった。そこで使わなくなった犂、馬鍬、唐箕、籾の選別鎌、土摺臼などの大型の農具から廃棄されるようになっていく。農業機械を入れるために邪魔になってきたのである。

日本人の生活が大きく変わっていく中で、衣食住に関わる多くの道具類も廃棄されるようになっていく。このような状況に危惧を抱いた人びとが全国におられて、姿を消していく民具を自力で収集し保管する作業が行われた。この作業に関わった人びとの中には、本書の冒頭に「民俗学という発想とその学風」で記したアチックミューゼアムの考え方を学んだ人びとが少なくなかったように感じている。

福島県南会津郡田島町（現南会津町）では、佐藤耕四郎さんという洋服屋さんが中心になり、町が協力して二万点近くの民具を集められたと記憶している。宮本先生が訪れたときは三〇〇〇点ほどであったが、一つの地域の生活と生業の歴史を民具で語ろうとすると、二万点ほどが必要であることを提案された。佐藤さんは一念発起して多くの民具の収集に努めた。そのほとんどが寄付によるものであった。その資料は奥会津博物館で展示・収蔵されている。

滋賀県大津市上田上では真光寺住職の東郷正文さんと、当時国鉄の職員であった田村博さんの二人が大型ごみの収集日に出かけていって、箪笥ごと置かれていた着物類を持ち帰り、寺の境内に保存することを始めた。この地域では娘が嫁入りする前に、祖母や母親が布を織り、着物に仕立てて送り出すことが行なわれていた。古くは綿の栽培をして、綿から糸をとり、布を織って着物に仕上げていたという。

嫁入りの際には自分自身の作業着、日常用の着物、晴れ着、そして夫になる人の訪問着、お客さん用を含めて三組の布団などを用意した。箪笥が三、四竿になることが普通であったという。しかしながら嫁入り後は毎日の作業が忙しく、日常着を着て家でくつろぎ、訪問着を着て出かけることがほとんどなかった。作業着での暮らしが続いたのである。

しかも一旦おろした作業着は、元の布がみえなくなるほど補修を繰り返して着用し、新しい作業着は嫁や娘のために大事にしまっていた。補修の方法は随所に工夫がみられ見事なものであったがここでは省略せざるを得ない。しかし収集された資料には元の布地がみえなくなったような作業着は一着も含まれていない。その後、別の用途に使用したのである。恥ずかしくて出すことができなかったという人もいた。

世代が新しくなるにつれて衣類は簡単に手に入る時代になり、重たい木綿の着物は長い間箪笥の中に眠り続けていた。ごみの集積場に置かれてたいた箪笥の中には、一度も手を通したことのないような衣類が詰まっていた。仕付け糸がついたままの着物が多かったことでそれがわかった。これら衣生活資料は田上郷土史料館に収蔵され、その一部が国の登録有形民俗文化財として登録された［東郷ほか 二〇一九］。

なぜ数多くの民具を収集し、収蔵することが必要なのかという問題があるのだが、一例だけ示してみたい。たとえば靴やサンダルが普及する以前は草鞋や草履、あしなか、下駄などが履物として使用されていた。地方において日常的に使用していたのは藁製の草鞋や草履であり長持ちする履物ではなかった。仮に二日に一足必要とすると、一年間に一人が必要とする数は一八〇足ほど、五人家族の場合は年間に九〇〇足ほどが必要になる。

ある博物館を見学した際に、九〇〇足もの草鞋と草履の大群を目の前にした場合と、美しい藁製の履物が数点展示されている場合とでは、そこから発想することに大きな違いが生ずるであろう。前者の場合はこれだけの履物を作るにはどれほどの時間を要するだろうか、忙しい日常の作業の中でいつ誰が作るのだろうか、そのためにどれほどの藁が必要だろうか、どれほどの水田面積が必要だろうか、といった疑問が出てくるはずである。履物を通して、研究の目的が大きく広がっていくことが予測されるのである。

5　異文化地帯への移住

平成八（一九九六）年、龍谷大学に国際文化学部が誕生し、縁あってこの学部に籍を置くことになった。滋賀県大津市に居を構えることになったが、その利点は大きかった。今までは宿泊をともなった近畿圏の調査であったが、日帰りが可能になったことである。紀伊半島や丹後半島などは別として、大概の地域は日帰りが可能であった。

近江地方は木地師のふるさとと呼ばれた所であった。昭和五〇（一九七五）年の頃に、先に記した福島県南会津町の針生という村で、山から下りて定住していた二人の木地師さんにお会いする機会に恵まれた。木地師は良木のある山に居住して、漆器の素地になる木地物を作る木工職人であった。以来木地師の作業に関心をもち、木地小屋の作り方、木地椀の製作工程、そして会津木地の歴史をさぐるために会津全域を歩いたことがあった。

その後、木地師のふるさとといわれる滋賀県旧永源寺町の小椋谷（現東近江市）と、旧志賀町北小松（現大津市）にお住まいの木地師の研究者、橋本鉄男先生のお宅をお訪ねしたことがあった。永源寺から蛭谷へ、そして君ヶ畑へは二〇キロメートルほどの道を歩いた。したがって現地に滞在する時間があまりなかった。

橋本先生のお宅ではじっくりと話をうかがい、資料をみせていただいたのであるが、やはり関西は遠いという印象がつよかった。滋賀県に移ってからは小椋谷へは車で行くことができるようになった。車で同じ道を走ってみると、当時はたいへんな苦労をした割には収穫が少なかったことを思いだした。

小椋谷の君ヶ畑では一月三日と九月九日に、大皇《おおきみ》器地《きじ》祖《そ》神社《じんじゃ》において「御供盛り《ごくも》」という神事が行なわれる。大皇器地祖神社は木地師が信仰する惟喬親王《これたかしんのう》を祀った神社である。「御供盛り」は氏子の若い衆一一名が長老と神職の前で、円筒形に仕立てた飯、スルメ、カマス等の海のもの、ダイコン、ゴボウ等の畑作物、そして近江地方特産の鮒寿司の御供（神饌）を調整し祭神に供える神事である。このような行事を日帰りで見ることができるようになったのである。

もう一つの大きな出来事は、近畿地方において無形民俗文化や伝統芸能が生活の一部として組み込まれていて、日常的に接する機会が多くなったことである。しかも非常に深い所に文化の根元があって、歴史の層を何枚も何枚も剝がしていかないと到達できないような深さがある。しかもそういうものが身近に存在していた。

ゼミの授業の中で宮座をテーマにした学生がいた。宮座に関しては文字の上での知識しかなく、実際どのようなことが行なわれているのか知る機会がなかった。「あなたの地域では宮座は今でもあるのですか」と学生に聞くと、「いま秋祭りの最中で、私の家で宮座の集まりがあります」という返事がかえってきた。一度お宅にうかがったことがあったが客を迎える作法をきちんとわきまえた家であり、礼儀を失することさえなければ宮座の行事に接する機会があることを知った。

また壬生《みぶ》狂言《きょうげん》がゼミの授業の中で話題になった。狂言の内容を理解することとともに、年齢に応じてどのような稽古をするのか、また壬生狂言を維持継承するための組織や仕組みを理解することも大事であるという話をした。すると「うちのおじいちゃんが壬生狂言の役をやっているので、練習風景をみることができます」という。つまり非常に身近なところに貴重な無形文化財が存在し、しかもその中にとっぷりと浸かっているということが、東日本との大きな違いであることがわかってきた。私にとっては別世界に入ってきたという印象がつよかった。

龍谷大学に籍を置いて二年後の一九九八年に、同じ大津市の坂本に居を移した。井神通りに沿った地区に古めかしい住居を求めた。井神通りは全国の日吉社の総本宮である日吉大社の参道に通ずる通りである。通りをはさんで向かい側に日吉御田神社が鎮座していた。その神社の氏子に入れるようお願いしたところ、寄合いの席上で話し合いがなされ、受け入れられることになった。前の家の持ち主が氏子であったことが幸いした。

日吉御田神社においても宮座を踏襲した組織が存在していた。宮座はきびしい年功序列制であった。つまり年齢の高い者が高位の座に着くことを皆が了解していた。タテ社会における象徴的な慣習である。年齢が高いことは多くの経験を積み徳が高いということであり、一番神に近い所に座る資格のある人と認識されていたのである。

しかしこのルールは地域によって、また時代が下がるにしたがって変化しているようであった。日吉御田神社の事例であるが、例年であれば座敷の上座の中央に座るはずの長老であっても、宮番の組にあたる年は長老の座を明け渡すことになる。宮番の組は祭りの運営と宮の管理を行なうことになっていて、数年に一度その役がまわってくる。

宮番の組の中で家の並びの順に頭屋がまわってくる。頭屋は組員の協力を得ながら一年間の宮行事と宮の管理をする役である。祭りの準備と執行の責任者であり、参拝に来る氏子衆の接待にまわることになる。したがって頭屋、および宮番を担当する年の長老は下座に正座し、氏子衆全員の協力により無事祭事が終了したことに対してお礼のあいさつを述べる。そして年間を通して上座に座ることはない。

近江坂本では正式な行事において、皆が必ず守らなければならないヨコ社会のルール（宮番の制度）があって、そのルールの範囲以内において年功序列というタテ社会のルールが守られており、いずれのルールも尊重することが求められた。公平というヨコ軸の関係と年功序列というタテ軸の関係が織り込まれた人間関係が、共同体の秩序を維持してきたのである。無事宮番の役割を終えると長老は上座に座り、元の威厳のある長老に戻ることになる。

地縁的関係が優先された西日本の社会を象徴する光景であったが、東日本とは異なる社会がいつ頃どのようにして成立したのか、という問題については今後の課題として残っている。しかし宮座の世界が今日なお形を変えて継承されていることが、ある意味で安定した共同体を維持していると思われるのである。

いずれにしても坂本に移る前は、垣根の外側から背伸びをするようにして眺めていた種々の風景であったが、日吉御田神社の氏子に加わったことで垣根の内側に入り込み、落ち着いて物事をみられるようになった。宮番の組がまわってくると宮行事に直接関与することになる。しかも頭屋がまわってくると、責任をもって宮行事を執行する役を果たすことで、地域社会の中では一人前（人並）の存在として待遇を受けることになる。

おわりに

自らが歩んできた道を駆け足でたどってきた。振り返ってみると私の民俗学の基本は「あるくみるきく」に凝縮されていたように思う。もちろん文献による研究も重要であることは間違いないが、私にとっては補助的な作業になる。現場に立ってものごとを確認し、考えてみないと何となく落ち着かないのである。

人との付き合い方を教えてくれたのも民俗学であった。民俗学を志すには地域に出かけていくことが基本であり、そこでもさまざまな人に出会う。よそ者が地域に入るということは、逆に地域の人びとから見られている（調査されている）ことと同意であろう。よそ者の言動や行動により、信頼できる人かそうでないか、地域の人びとは賢く判断する。そのことによって得た資料の質が左右されることが少なくないように思うのである。

もう少しの間坂本にとどまって、地域の人びととの理解を深めつつ「私の民俗学」を継続してみたいと考えている。

（須藤　護）

参考文献

相沢韶男［一九六九］「特集大内―調査報告と提案」『都市住宅六九一二』加島出版会。

須藤護ほか［一九七二］「奥能登の村」『あるく みる きく No. 64』日本観光文化研究所。

須藤護ほか［一九七五］「奥会津の村」『あるく みる きく No. 105』日本観光文化研究所。

東郷正文ほか［二〇一九］『田上の衣生活資料』大津市田上郷土史料館館報 No. 5。

田村善次郎・宮本千晴編［一九八〇］『あるく みる きく双書全二五巻』農山漁村文化協会 二〇一一〜一二。

福島県田島町教育委員会『奥会津地方の山村生産用具（一）（二）（三）』。

コラム1　はじめての民俗学
——丹後半島、佐渡、雲南の旅を通して——

はじめに（一九九六年）

一九九六年四月、国際文化学部の一期生として私は龍谷大学に入学した。民俗学との出会いも、須藤先生との出会いも偶然で、振り分けられた基礎ゼミクラスの担任が須藤先生だった。民俗学が普通のひとの暮らしに寄り添う学問であることを知ると、自分の周りの風景が少し違って見えた。日常が、より大切に思えた。普通という言葉は好きではないけれど、ここではあえて。

そしてアルバイトをしては旅に出かけた。知らない土地を見ることは、楽しかった。旅に出ると、先生に褒められた。よく歩いたと褒められ、人と話をして褒められ、写真を撮って褒められ、現地のものを食べたらまた褒められた。何を撮ったか分からないような写真、歩きながらの写真、車窓からの写真にもとても価値があることを学ぶ。デジカメのまだない時代に、たくさんの写真を撮った。

私の撮った写真を「仲間が撮った写真です」と先生が授業で使ってくださることもあった。それはインドネシア・バリ島の棚田であった。先生は最初から私たちを仲間として接してくださり、ゼミの授業は輪になって行われた。そんなゼミはとても自由で、うどんの研究をする仲間はうどんを打って皆に食べさせることがゼミ発表として認められ、バイクで海岸沿いを走り日本一周をした仲間の「途方もなく広い日本」［溝畑 1999：43］という言葉は心に刺さった。このような環境の中で、私の体

2000年1月　演習ゼミクラス

出所）筆者撮影.

験した旅をいくつか紹介したいと思う。

1．ゼミ合宿（一九九八年）

一九九八年夏、ゼミ合宿でフィールドワークを体験する機会を得た。三回生で演習のゼミを選択する時にも迷わず私は須藤ゼミを選んだ。ゼミ合宿は、フィールドワークを直に体験することが目的で、京都府丹後半島にある弥栄町（現：京丹後市）で行われた。ほとんどのゼミ生が三日から九日間参加した。弥栄町には稲作、祭り、観光、伝説など、私たちの多様なテーマを受け入れてくれる素晴らしい環境があり、距離も遠くないことから合宿地に選ばれた。弥栄町味土野は細川ガラシャ隠棲の地としても知られる。弥栄町は日本海も近く、またアユやアマゴ、蛍が生息する清流があり、キャンプ場やスノーパークでは豊かな自然を満喫できる。その反面、過疎化が進み、小学校は当時でも全校生徒一〇〇名くらいで、二〇〇四年には市町村合併により京丹後市となったが、そこにある、歴史や魅力は変わらない。

私たちは温泉施設「あしぎぬ温泉」の一角を借り、共同の自炊生活をはじめた。あしぎぬとは、絹織物・ちりめんの遠い先祖で、税金として奈良の平城京へ納められていた。その名称をとった温泉施設である。まずは、話を聞かせてもらえそうな人に出会うこと。初日は全員で役場へ挨拶に行き、それぞれの研究テーマに合った人を紹介してもらい、分かれて行動することになった。私たちは、「野間蕎麦」と呼ばれる蕎麦の栽培から蕎麦打ちまでされている農家さんを紹介してもらい、訪ねた。毎日、畑に通って焼畑などの手伝いをさせてもらいながら話を聞いた。高地で栽培される野間蕎麦は、コシが強く風味が高い。

焼き畑

出所）1998年８月筆者撮影.

弥栄町野間地区での蕎麦栽培は、山の木を切り、傾斜地を利用する。焼畑は草を刈って草を乾かし一週間後に行う。火が燃え広がらないように、畑の周りに防波堤のように土を積み、枯草に風上から火をつける。枯草に上から下へと少しずつ火をつけていく。下から火をつけると猛烈に燃え広がってしまうからである。焼畑をすることによって虫や菌を焼き、灰が肥料になり畑は元気になる。一年目は蕎麦、二年目は粟、小豆を、養蚕を行っているところは三年目に桑をつくる。かつて野間周辺では蕎麦の栽培が盛んで、蕎麦は米の代用食として食べられていた。朝から蕎麦打ちの工程を見せてもらったその蕎麦の香り、つるつるとしたのど越しとおいしさ、また畑の脇で飲んだ山の湧水が冷たく、やわらかかったことを二〇年以上経った今も思い出すことができる。

畑の帰りにはいつもお土産にたくさんの野菜をいただいた。そのうちに米をいただくことがあった。その時、須藤先生からものをもらうことは信頼関係ができた証で、さらに手間のかかる米までいただけることはとても貴重だと教わった。信頼関係を築くことが何より大切だと。この合宿で一番評価されたできごとだったように思う。野菜もお米も、大切に料理をして有り難くおいしくいただいた。予算がない中で買い物に行き料理をしていたので本当に有難く、心に染みた。過ごした時間は数日間であったが、その数日間がとても長く感じられ、別れの日には涙が溢れた。忘れられない経験である。

2. 佐渡芸能大学と猿まわし（二〇〇一年）

二〇〇一年夏、第二回佐渡芸能大学「宮本常一　没二〇周年」が開催された。この催しは、猿舞座を主宰する村崎修二氏が中心となって企画され、須藤先生が事務局長をされていたご縁で参加した。佐渡芸能大学は、伝統芸能の調査・研究、民俗芸能の継承と再生を目的としてはじまり、第一回は一九八三年、提唱者である宮本常一先生が亡くなられた二年後に開催された。多くの芸能が昔に近いかたちで残っていたこと、その芸能が島の人びとに大切にされていること、そして、宮本先生ゆかりの地であったことから佐渡が開催地に選ばれ、伊勢神楽、鬼太鼓座《おんでこざ》、つぶろさし（春駒）、人形劇、浅草雑技団、手踊りなどの芸能集団が集った。宮本先生は、佐渡で鬼太鼓座を支援し、八珍柿（平種無柿）の栽培に力をつくされてきた。鬼太鼓座は若い人たちが受け継いだ佐渡を拠点とする芸能集団であり、八珍柿は佐渡の産業振興のために選ばれた作物である。

お寺での合宿生活はゼミ合宿を思い出させた。千葉大学と龍谷大学の大学院生と学部生、私は卒業生として、食事の準備や、会場の設営、後片付け、送迎など、スタッフとして関わることができた。私が合流できたのは会の中盤からだったが、準備や後片付けの合間に貴重な伝統芸能を見せてもらうことがあった。屋外で夜に行われた人形浄瑠璃、猿まわし、八丈太鼓、そしておわら風の盆。暗闇の中で松明に照らされ浮かび上がる光景に息を飲む。中でも、目の前ではじまった猿まわしは特に印象的で、子どものように夢中になり同じ目の高さになりたいと手が届きそうな近さで座り込んだ。輪の芸能、芸能の原点とも言われる理由を実感した。

佐渡島で私が出会った猿まわしは、一度途絶えた猿まわしを復活させた、村崎修二さんのグループによるものだった。千年も続いてきた猿まわしは、昭和三八年にその姿を消した。それから一五年後、村崎さんたちが苦労の末復活

伊勢神楽

出所）2001年８月筆者撮影.

猿まわしの見学の後で

出所）2001年８月黒﨑英花撮影.

させたものである。猿まわしが始まった瞬間、現実世界から一気にその世界にひき込まれた。そこにいる人たちのエネルギーがひとつになる。

　猿まわしの歴史は古く、江戸時代には百姓の家々で厩《うまや》の祓いをして猿の芸を見せて歩いていた。今でも猿は魔除けやお守りなどに見られる。北川は「古い猿舞は、厩払いの馬の活力を復活させるという呪術的な芸能であった。今日、そうした目的は、社会変化の中で消えた。しかし、今日では猿舞座の芸能は、馬ならぬ民衆の、人間の活力を呼び起こす国民的な芸能をめざしている」［北川 1986：10］と述べている。

　猿まわしの復活は、以下のような意義があった。ひとつは、劇場や舞台で見せる芸能ではなく、道の辻、神社の境内、民家の庭などで観客が輪になってその真ん中で演ずる芸能で、観客と一体となってつくる、大道で行われる芸能であること。民俗芸能の立場から見ても重要な芸能であったのである。また、猿は普段の生活では四つ足で動き回る、しかし訓練され猿まわしで芸をする猿は二本足で歩きまた走る。このことがヒントとなり、人類学の立場からの研究対象になっていく。霊長類研究の視点から京都大学、日本モンキーセンターによる研究の対象として注目された。

　少しかわいそうにも思えた猿まわしの見え方が変わる。世代や時代を超え、自然と人、人と人を繋ぐ芸能であることを知った。

3．雲南省ナシ族との出会い（二〇〇二年）

　二〇〇二年、須藤先生が派遣留学中であった中国雲南省の雲南大学に、佐渡島で知り合った後輩と共に先生を訪ね、雲南大学の寮に泊めていただいた。私が、ナシ族の聖地であると聞いたシャングリラ（桃源郷）と呼ばれる場所に位置する白水台の話をすると、すぐに行ってみようと先生は車と通訳の方を手配され翌朝出発することになった。

　白水台は、標高二三八〇メートルに位置し、石灰分を豊富に含んだ地下水が湧き出し、長い年月をかけて作り出した棚田状の地形である。その風景をこの目で見てみたかった。何時間も舗装されていない山道を車で走り、土砂崩れや道を横切る牛の大群に何度も足を止められながら辿り着いた。目の前に現れたのは、見たこともない美しい青と白の世界。水と石灰岩がつくる壮大な光景に、私は言葉を失った。白水台は、ナシ族の人びとにとって生活の場であり、代々大切にされてきた祈りの場所でもあった。

そこには世界で唯一今でも使われている象形文字、東巴文字（トンパ文字）が存在する。どこからか聞こえる祈りの言葉、子どもたちは石灰岩のプールで遊び、花を摘み、踊り歌う。私も子どもたちと一緒に輪になって踊った。人びとが祈りを捧げる水の頭と呼ばれる水が湧き出る場所は、宗教のはじまりの場所（トンパ教）、文字のはじまりの場所（トンパ文字）であるとそこで会ったナシ族の女性から教わった。その後訪れた麗江の街でも、たくさんの手描きのトンパ文字を目にした。彩色されたもの、文字なのか絵なのか、今にも動き出しそうで見ていて楽しい。はじめて目にする象形文字から内に込められた力のようなものを感じずにはいられなかった。

少数民族ナシ族の自治区である麗江県に到着する頃にはとっぷり日が暮れていた。途中で訪れたナシ族の方の家では自家製のヤクのチーズをごちそうになった。家の中には囲炉裏以外の家具は見当たらず、その囲炉裏の上から大きな丸いチーズをとり、ちぎって手渡された。最上級のおもてなしだと須藤先生から聞き、有難く、少し恐々口にした（その夜、私は体調を崩し、一晩中苦しむことになる）。

麗江の街を紹介する案内書によると、麗江古城は、宋代の末期一一二六年に少数民族ナシ族によって建設された王都であった。長い道のりの末に辿り着いた麗江の街並みは、丁寧に並べられた石畳が美しく、建物は木造で赤く塗られ瓦屋根を乗せていて懐かしさを感じさせる。軒先には野菜が吊るされ、日本の床几のように家の前には小さなテーブルとイス、まだ誰もいないテーブルにお茶受けが用意されているところがあり、人が集う姿を想像した。車には出会わず、代わりに多くの動物とすれ違った。荷物を運んでくれるのも牛や馬で、時間がゆっくり流れているような気がした。

石畳でつくられた街には水路が張り巡らされ、玉龍雪山（五五九六メートル）の雪解け水をポンプなど使わずにすべての家に配られる。その水を朝、飲用や料理用に汲み、昼には洗濯に利用、夜に汚水や排水を流す。そのため、川や泉まで水汲みの必要はない。

遊牧民であったナシ族は、カム高原から南下してきたと考えられる。母系社会であり、夫が妻の家に通う通い婚で、生まれた子供は母方に帰属する。ナシ族が信仰するトンパ教は、七世紀頃にはすでに存在していたとされる。起源は明確ではないが、自然崇拝や先祖崇拝をもとに二四〇〇以

白水台

民族衣装を着たこどもたち

石畳と水路

トンパ文字

出所）2002年筆者撮影.

上にものぼる神々が信仰の対象となっているといわれる。トンパ教は、トンパと呼ばれる祭司によって伝えられ、トンパは厄除け、お祓い、先祖を祭る祭典、死者を鎮める儀式を執り行い、人びとはさまざまなことを占い師でもあるトンパに相談する。トンパはトンパ文字の伝承者でもあり、経典を記すために祭司（トンパ）のみが文字を使用した。トンパは一子相伝で継承されてきたという［王 1996］。

合理的に、自然と共に生きる暮らしを続けてきたナシ族だが、滞在しているうちに、観光の波に押され生活を変えていかなければならなくなったことを知り残念な気持ちにもなった。地域に住む人が豊かになるためのものであるはずの観光が、自然を壊し、そこにあった人びとの暮らしを追いやってしまった様子を観光地で目にすることがある。白水台も麗江の街並みも、とても美しく映った。しかしその奥にある人びとの生活、受け継がれた思いに目を向けることを、微力ながら子どもたちの世代に伝えていきたい。

おわりに

卒業から二〇数年、子育てをする中で今の私が一番感じることは、民俗学は〝やさしさ〟の学問であること。人のやさしさを想像し、受け取り、繋ぐこと。この経験がなければ、人との繋がりをもっと苦しく感じることがあったかもしれない。あるいは変わらない日常をたいくつに感じたかもしれない。

小学生になった息子と娘が、必死で文章を書く私を見て楽しそう、書きたい！と言ってくれる。そして「かあさんの」旅の話を喜んで何度も聞いてくれるので、私は何度も旅を振り返ることができる。「一番大切なことは、信頼関係をつくること」「先入観を持たずにその場に立つこと」恩師の言葉を胸に、急がずに、焦らずに、落ち込みすぎずにきっとこの先も私は、足を止めてしまうことなく、小さな歩みを重ねることができる。

参考文献

王超鷹［一九九六］『トンパ文字』株式会社マール社。

香月洋一郎［一九九一］佐藤佳子『猿曳き参上』平凡社。

北川鉄夫［一九八六］「佐渡芸能の継承をめぐって」『佐渡の芸能』文理閣。

村崎修二［一九八六］『花猿誕生』清風堂書店出版部。

村崎義正［一九八〇］『猿まわし復活』部落問題研究所出版部。

溝畑秀明［一九九九］「日本一周12、000㎞」龍谷大学国際文化学会『国際文化ジャーナル』大日本印刷。


（神先　明日香）

コラム2　海の京都から地域の持続可能性を考える

はじめに

筆者は平成一二（二〇〇〇）年に龍谷大学国際文化学部を卒業後、故郷に帰り一企業に就職した。一社会人としてこの論集に寄稿している。故郷からぜひ発信してみたい事があったからである。筆者の故郷は京都府の北部、日本海に大きく突き出した丹後半島である。

近年になってからのことであるが、生まれ育ったこの地域が好きになっていることを感じている。その理由は、この地域が長い歴史の上に成り立ってきたことを知り、さらに将来を考えていくときに大きな可能性を秘めた地域ではないか、と考えるようになったからである。しかも地域の将来を創りあげていくなかで、筆者自身が参加できる余地が十分にあるのではないかと考えている。

京都府は丹後半島を含む北部地域一帯を「海の京都」と位置づけ、地域の魅力づくりに力を入れている。海の京都地域の市町はほかの地方と同様、人口減少や過疎化、高齢化、また、経済活動の縮小など大きな問題を抱えた地域であり、その課題の解決に向けて多様な取り組みが始まっている。この論集ではその取り組みを提示するとともに、全国各地で抱えている共通した課題に対して、対応可能な仕組みを構築することが望ましい。そのためにも同じ思いを持った各地の人びととの連携の可能性についても探ってみたい。

1．「海の京都」構想

「海の京都」とは、日本海に面した京都府北部五市二町（福知山市、舞鶴市、綾部市、宮津市、京丹後市、伊根町、与謝野町）をさしている。

「海の京都」構想は、京都府が京都府北部五市二町の歴史的・地理的背景や京都縦貫自動車道や舞鶴若狭自動車道の全線開通、京都丹後鉄道による鉄道事業の再生等の交通基盤の整備の進捗を活用したものである。この地域を全国有数の競争力のある観光圏にするため、マーケティングや

海の京都の位置

出所）筆者作成.

観光プロモーションなどのソフト面の施策と、観光地の景観整備や観光施設のリニューアルなどのハード面への集中投資を行うものである。さらに、京都府北部五市二町をひとつの経済圏と位置づけ、魅力ある観光まちづくりを地域住民とともに推し進める構想を打ち出し、これらの地域を「海の京都」と位置づけたことに始まる。

ちなみに、京都府では「海の京都」以外にも、「森の京都」や「お茶の京都」、「竹の里　乙訓」を推進する構想が打ち出され、それらの地域は、世界に知られている観光都市「京都」に対し、「もうひとつの京都」と呼ばれている。

2. 海の京都の観光資源

この地域には、いにしえより脈々と受け継がれてきた歴史や文化があり、豊穣なる山海に育まれた多彩な食材などの観光資源に恵まれ、多くの神話の舞台にもなっている。以下主なものを概観してみる。

(1) 神　話

① 元伊勢籠神社と天橋立にまつわる話

宮津市大垣地区に元伊勢籠神社という神社がある。その参道の延長線上に日本三景のひとつである天橋立が位置しており、現在では男女を結ぶ良縁成就の地として伝えられ

天橋立

出所）筆者撮影，以下同.

ている。

丹後国風土記では天照大神に命を受け、天におられたイザナギノミコト（男神）が地上の元伊勢籠神社の奥宮である眞名井神社に鎮座していたイザナミノミコト（女神）のもとに通うために使っていた梯子が倒れて天橋立になったと語られている。

また元伊勢籠神社は、三重県伊勢市の伊勢神宮に奉られる天照大神と豊受大神の旧鎮座地であると伝承されている。この地から現在の伊勢神宮に勧請されたという故事が残っており、伊勢神宮の内宮と外宮の元宮ということで、地元では元伊勢とよばれている。本殿正面には伊勢神宮と籠神社だけに祀ることが許された五色の座玉《すえたま》が輝いている。

② 穴穂部間人《はしうど》皇后にまつわる話

京丹後市の北に位置する丹後町に間人《たいざ》という集落があり、次のような話が伝承されている。聖徳太子の母である穴穂部間人《はしうど》皇后は六世紀末、大和政権の蘇我氏と物部氏との争乱を避けるため、厩戸皇子（のちの聖徳太子）とともに、現在の京丹後市丹後町間人《たいざ》に身を寄せた。争乱が終わり、大和の国に帰られる際、人びとへの感謝として自分の名前である「間人《はしうど》」を村に贈り、この地に自分の名前を付けるように言った。しかし、村人達は、口にするのは畏れ多いとして、大和に帰られる＝御退座にちなみ「たいざ」と読むことにした。

その他にも、大江山に住んでいたという伝説上の鬼の頭目が、都に出ては婦女や財宝を奪ったので、勅命により、源頼光が四天王を率いて退治したという酒呑童子伝説や、伊根町が伝承の発祥とされている浦島伝説もある。

（2）歴史時代

この地域は、古墳をはじめ史跡も多い。古代には大陸との交流の窓口として栄え、多くの文化や技術が伝来し、強大な古代国家「田庭《タニハ》」が形成されたと言われている。日本海に隣接し京都府最北端に位置する京丹後市だけでも五〇〇基を超える古墳の存在が確認されており、ヤマト政権と同等な独立した勢力がこの地にも形成されていたことが伺える。

平安時代には、和泉式部の娘である小式部内侍が「大江山　いく野の道の　遠ければ　まだふみも見ず　天の橋立」

と歌に詠み、室町時代には、室町幕府第三代将軍足利義満や水墨画家の雪舟といった偉人も天橋立に足を運ぶなど、天橋立は憧れの地とされ、歴史に登場している。

戦国時代には、織田信長の家臣であった明智光秀が丹波を平定し、現在の福知山市に福知山城を築いた。二〇二〇年の大河ドラマ「麒麟がくる」で話題になったのも記憶に新しい。また、明智光秀の娘で細川忠興の正室であった細川ガラシャが幽閉されたとされる京丹後市弥栄町味土野（現在の京丹後市弥栄町須川付近）には、細川ガラシャ隠棲地として石碑が建立されている。

江戸時代には、日本海海運で活躍した北前船が、舞鶴市や宮津市、京丹後市にも寄港するなど記録が残っている。

明治時代以降においては、舞鶴市がシベリア抑留者の引き揚げ港として歴史の舞台に登場。現代となった今でも、舞鶴市は日本海の要として海上自衛隊や海上保安庁が置かれるとともに、税関が設置されるなど海上警備の要所とされ、輸送・輸出入においては外国との玄関口にもなっている。また、大型客船が入港できるよう整備され、多くの外国船籍の旅客船が入港し、インバウンドの増加に寄与している。

（3）生活文化

伊根町には、全国でも珍しい海に近い生活文化が今でも

舟屋の中

舟屋の景観

続いている。一階が船のガレージ、二階が住居という珍しい建物で、地元では「舟屋《ふなや》」と呼ばれている。船を格納するため、建物が海との際に建っているのだ。こういった建物は全国的にも珍しく、漁村では全国で初めて国の重要伝統的建造物群保存地区に選定された。

京丹後市や与謝野町では、古くより絹織物文化が発展した。それが「丹後ちりめん」である。元々丹後ちりめんは、現在の京丹後市峰山町出身の絹屋佐平治や現在の与謝野町出身の手米屋小右衛門、山本屋佐兵衛が京都・西陣でちりめん織りの技法を学び、それを丹後に持ち帰って、今までにない独特の風合をもったちりめん織りに成功し、それを広く伝授したことに始まる

とされている。ただ、京丹後市や与謝野町を中心とした絹産業は、それより遥か昔の古代に始まっており、第四三代元明天皇が丹後や但馬など二一カ国に挑文師《あやとりし》をつかわし、錦綾を織ることを習わせたのが絹織物生産の起源とされ、一三〇〇年を越える歴史ある産業となっている。

また、京丹後市内には温泉が多くある。旅館や民宿がある京丹後市網野町の夕日ヶ浦温泉をはじめ、市民の憩いの場としての日帰り専用の温泉施設も充実している。特に、京丹後市弥栄町にある弥栄あしぎぬ温泉は、環境にやさしい温泉施設として、近年、使用済てんぷら油を再利用した廃油ボイラーや木質チップを燃料とするバイオマスボイラーを導入するなど、ＳＤＧｓ時代にあった温泉施設となっている。

(4) 食

幻のカニとされている間人ガニや日本三大ブリのひとつである伊根ぶりなどに代表される海の幸や、良質な品質である特Ａに幾度も認定された京丹後産コシヒカリ、京のブランド産品にも選ばれている万願寺甘とうや丹波くりに加え、京たんご梨や京たんごメロンといった果物などに代表される山の幸が豊富な地域である。豊富な食材の宝庫であるがゆえに、先人によって生み出された四季折々の天候を上手に活用した食品加工の知恵と技術は高いものがある。古くから大衆魚として親しまれていた鯖は、塩漬けにした後さらに粕漬けにして保存した「へしこ」や、焼いて保存した焼き鯖を用いた郷土料理「ばらずし」など、鯖を長く味わうための工夫の末に誕生した料理がその代表である。そういった背景もあり、現在において食品を製造加工する企業が多いのもこの地域の特徴である。そういった企業は、都市部への販売に力を入れるなど地産外商への意欲は非常に高い。

このような海の京都の観光資源が、日本らしさが見られる日本の和の源流として認められ、二〇一四年七月に近畿圏で初めて、海の京都観光圏として国から認定された。観光圏とは、自然・歴史・文化等において密接な関係のある観光地を一体とした区域であり、その観光地同士が連携して二泊三日以上の滞在交流型観光に対応できるよう、観光地の魅力を高めようとする区域のことである。また、京丹後市の日本海に面する地域は、ユネスコ世界ジオパークが認定する山陰海岸ジオパークの一部にも含まれている。

3. 地域の取組み

海の京都においても全国の地方と同様に人口減少が加速している。若者の流出による高齢者比率の上昇が主な要因であり、この流れは止められないのが実態だ。一方で地域を見つめ直し、観光客を増やす、産業を残す、若者が増える町にしたいなど、地域を活性化させたいという志を持って取り組んでいる人もいる。具体的な事例を紹介したい。

与謝野町に、与謝野町出身の大学生（当時）が起業した会社がある。地域の旗振り役として自らが事業を創り出し、その事業を通じて、持続可能な地域をつくっていくというミッションを展開しているローカルベンチャー企業である。現在社長は二〇代半ばと若いが、自社が展開する事業を通じて、地域で当事者意識を持ちチャレンジするプレーヤーを増やしたいという志を持っている。とにかく自分が生まれ育った町を元気にしたいとの思いだけである。まちの地域商社として与謝野町産のホップを活用したクラフトビール事業や、まちの人事部として地域企業と都市圏の人材を繋ぎ、プロジェクトを進めることを通じて、地域企業に新たな価値創造するふるさと兼業という事業の展開、まちの事業開発部として地域課題について議論や意見交換する場を創出し、新たなプロジェクトを創り出すなど、手掛ける事業は多岐に渡っている。

京丹後市には、移住者が主体となり地域おこしを手掛けている法人がある。歴史や文化、食に加え、心温かい人びとに魅せられ移住した人びとが協同して立ち上げた法人で、主に移住支援やコミュニティづくりを手掛けている。この法人の特徴は、京丹後市と繋がっていることである。移住支援により地域で活動するプレーヤーは増えたが、その活動の見える化に課題を持っていたところ、大学進学と同時に若者が流出するという課題を抱えていた京丹後市のプロジェクトである「京丹後未来Ｌａｂ」との連携が成立した。京丹後未来Ｌａｂは、若者が希望に輝くまちづくりを進めるという目的で、若い世代が自ら「住みたいまち」や「働きたいまち」づくりへのアイデアを出し、意見を交換する場である。こういった取組みを通じ、京丹後市の職員との近しい関係性を構築し、活発に活動を行っている。地域にしっかりと腰を据えて生活している人びとが中心になって事業を進め、それを行政が後押しする形が地域振興の理想的姿であるが、その形が整いつつある。

その他にも、海の京都地域を観光の側面から面的に支援している法人がある。一般社団法人京都府北部地域連携都市圏振興社（海の京都ＤＭＯ）（以下、海の京都ＤＭＯ）である。その目的は、海の京都地域の連携とネットワークの強化を図り、観光地域づくりの推進と交流人口の拡大、定住促進および京都府北部地域連携都市圏の取組みの具体化により、京都府北部地域全体の振興に寄与することとされており、役員は京都府や各地域の観光協会、当該地域と運命をともにする地域金融機関の役職員などで構成されている。

二〇一六年の発足以来、着地型観光商品の開発、国内外への観光プロモーションの展開などに取組み、国内観光客やインバウンドの増加に寄与する取組みが行われている。近時では、海外の旅行会社とパートナーシップ協定を締結するなど、今後の取組みにも期待ができる。

4．地域の持続可能性を考える
——筆者の経験を踏まえて——

近年、国策として「地方創生」が掲げられ、全国各地で多くの地方創生に関する施策が取り組まれている。海の京都地域においても例外ではなく、前述した取組みの他にも多くの取組みが、志の高い多くの人びとによって実施されている。

筆者も地域活性化に関わる仕事に従事した経験がある。地域で蠢く場所に出向き、その場を五感で感じ、同じ目線で考え共感し協働してきた。その行動を通じて、熱い思いを持つ人びとや会社、行政等の機関との繋がりが持てた。繋がりが繋がりを生み、また新たな展開を創出することも目の当たりにした。

かつて筆者が勤務する会社から、自分の住む町の三つの自慢を考えるようにと言われたことがある。その三つの自慢がすぐに出てこなかったのを鮮明に覚えている。何故すぐ出てこなかったのか。その答えは簡単である。地域のことをほとんど知らなかったからである。

地域を活性化したいと思ったら先ず行うことは、地域を見つめ直し、地域を知ることであると思っている。これは私の経験足であるが、大変重要なことである。観光資源を知ること、地域の人びとを知ること、地域の動きを知ることと等、色々な「知る」を始めるところがスタートであると思っている。その行動を通じて、繋がりができ、個々の力の集結を経て連携が生まれる。小さな力が大きな熱量になり、地域を変える原動力になる。そんな好循環が地方創生には不可欠であると感じたことを覚えている。

一方で、その好循環を創出するためには、場づくりも重要になる。その場づくりをできるのが、市役所や町役場の行政機関、商工会議所や商工会、地域金融機関といった支援機関であると思っている。これらの機関が連携しながら場づくりを協働し、一緒になって地域で頑張る人を応援し、後押しすることで、地域でチャレンジ精神豊かなプレーヤーが増えると思っている。

その一例が、「地域おこし協力隊」である。海の京都地域の各市町には、多くの地域おこし協力隊の隊員が活躍している。海の京都の隊員には、地元出身者でUターンした人や、この地域に魅せられて移住し活躍している隊員がいる。三年の任期が終了したのち、そのまま地域に残り事業を営み、地域での活動を発信しながら、地域の魅力に磨きをかけている。観光資源は、こういった地域で頑張る人と掛け合わさることで、魅力がブランド化されることに繋がっていくだろう。

おわりに

筆者は地域の中では場づくりをする立ち位置にいる。場づくりをしながら人や地域と繋がり、一緒に考えて協働することの繰り返しが、地域の魅力を高める活動になると信じている。その活動の延長線上に地域の魅力がブランド化され、人びとが魅力を体感しようと足を運ぶ。足を運ぶ人びとがやがて観光客となり、交流する人口が増加することで、地域の持続可能性に寄与するのではないかと思う。魅力ある町には人が集まり、生産年齢人口の減少を関係人口の増加で補え、市場規模の縮小を弱めることへの一助にもなるだろう。

地域振興は、先ず地域の人びとが豊かな暮らしを構築することを目標にして、人や地域が繋がることであると感じている。繰り返しになるが、「場づくりをしながら、人や地域と繋がり、一緒に考えて協働する」、これが地域を元気にする取組みには必要となるということを、私の体験から皆さんに伝えたい。

（田中　康則）

参考文献

京都府「海の京都」構想（平成二五年三月策定）。
一般社団法人京都府北部地域連携都市圏振興社（海の京都ＤＭＯ）法人概要。
宮本常一［一九七五］「旅と観光」『宮本常一著作集第一八巻』未来社。

あとがき

本書は、須藤護龍谷大学名誉教授（以下、須藤先生）との共同研究者やあるいは教えを受けた者たちが、徐光輝教授（龍谷大学）を中心に、私たちの暮らしを見つめ直す視点をもって編纂した書籍である。

当初、喜寿を迎える須藤先生を祝っての研究書を検討していたが、それでは読者を限定することになり、なおかつそれぞれの研究が読者へ届きにくいのではないかと考えあぐねていた。

もう一つの大きな目的は、若い研究者による日ごろの研究成果の発表の機会を設けることであった。大学や学会等に所属している研究者は比較的恵まれているのであるが、とくに市井において学問に興味を抱き、また自身の仕事の向上を目指している人びとにとって、研究成果を発表する場が少ないのが現状である。「研究」という行為は必ずしも特別なことではなく、身近なものであることをこの書を通して多くの人びとに伝えたいという意図があった。

さらには学校を卒業して社会に出て行くことになれば、日々の仕事に従事し、家庭生活を営むことになる。そこで学校教育、とくに大衆化された高等教育が学術の世界において、また現代社会に生活する人びとにとって、どのような形で貢献できているのか、卒業生の論文を通して知ることであった。この二点が須藤先生と徐教授の考えの根底にあった。

そこで、日本観光文化研究所で活動していた当時、須藤先生のかつての友人であった森本孝氏に相談したところ、晃洋書房はどうかと提案を頂いた。この提案に同意したところ、さっそく森本氏は、旧知である晃洋書房の丸井清泰氏に連絡をとられ、本企画の意図と目的を伝え、検討の依頼をして下さった。それを踏まえ、丸井氏から須藤先生へ連絡があり、まずは徐教授のほか、中心となる執筆陣との打ち合わせを執り行うこととなった。そこで、考古学、文献史学、そしてそれらを活かした民俗学を学ぶ学生のテキストとして活用できるのではないか、というご提案をいただいた。このような経緯で、本書は刊行にこぎつけることができたのである。したがって、森本氏のご尽力に追うところが大きい点を加えておきたい。

　各章は、衣食住を含む基層文化から精神文化、現代社会の諸問題、歴史資料の考察と、テーマは多岐にわたっている。また資料収集に関しては、フィールドワークを主要な方法として選んだものと、文献の解読と検証作業を選んだものに分かれるが、それぞれの専門分野の特性がよく表れたものになり、民俗学という学問の懐の深さを改めて理解できる良い機会であった。

　テキストとして活用する際には、テーマ設定の理由、資料収集の方法を踏まえて、何が明らかにされているのかを理解されたい。そして、研究への関心を持ってもらい、しっかりと取り組めるテーマ、興味深いと思うテーマを選べば、研究そのものの深まりも増すことになる。なぜなら、関心の高いテーマであれば研究意欲がわき、ねばり強く探求できるからである。方法論についてはその手の内（手順）がよくわかる形で提示したが、実際には先学の真似をしつつ試行錯誤しながら覚えていくものである。同じく、収集した資料を体系化し論文として仕上げる作業も同様である。

　本書の執筆者も、数名の研究者を除いて、テーマを設定した当時は初心者であった。資料収集や資料整理の段階では試行錯誤を繰り返し、かなりの時間を費やしている。また原稿を仕上げていくまでは何度も編集者との原稿のやり取りをして推敲を重ねるという、論文作成の行程を忠実に踏襲している。未熟な部分が多々あることは否めないが、調査・研究の基礎を学ぶ初心者にとって格好の教材になっているのではないだろうか。つまりこれから民俗学、文献史学、考古学など、人文科学系の学問を目指す大学生や初心者向けのテキストとして、役割を果たすことが期待できると考えている。

　そこで本書編纂のきっかけとなった須藤先生のエピソードを紹介しておきたい。「終章　私の民俗学」で言及されているように、武蔵野美術大学時代に宮本先生に須藤先生は教えを受けている。そしてこの出会いこそが、そこで須藤先生の「民俗学者の眼」が培われたといっても過言ではない。大内宿（福島県南会津）の集落構造の調査、石川県珠洲市若山町の景観分析、徒歩による会津全域の木地師の作業の調査で現場を観る眼を鍛えられ、大学卒業後に20年間所属した日本観光文化研究所での月刊誌『あるくみるきく』の調査報告では、現実に応え得る思考をも鍛えた。

その後、龍谷大学への着任をきっかけに生活の本拠を滋賀県大津市坂本に構え、木地師の調査を滋賀県旧永源寺町で再び始め、そして現在もなお継続されている。さらに、民俗学と深い関連のある民族学研究にも従事するかたわら、地域文化保護事業にも精力的にかかわっている。龍谷大学の里山研究の一環による滋賀県大津市上田上牧地区の調査を機に、退職後も田上郷土資料館に収蔵された民具や日常着、作業着、訪問着などの調査・実測を数年に渡り継続してきた。これらの資料は二〇一九年に国の登録有形民俗文化財に登録される運びとなった。現在でも定期的に東近江市立埋蔵文化財センターを訪れ、地元の方々と協力し、木地製品や道具の調査・実測を実施し、木地師関連の資料を有形民俗文化財への登録を目指している。

現在も研究をつづけ、そして人々の暮らしを見つめ続けていることとは、現場を徹底的に歩き、そしてそこで生活を営む人と多くを語られた宮本常一先生の遺志を継承されている証左である。二〇〇四年一〇月に起きた中越地震により破滅的な被害を受けた新潟県旧山古志村の人々を勇気づけ、村を再興するために、仲間や地元の方々とともに「山古志村写真集制作委員会」を発足し、『ふるさと山古志にいきる』（農山漁村文化協会、二〇〇七年）の公刊、山古志地区全戸への寄贈にも大きく貢献してきた。

また、日吉・日枝・山王神社の総本社である日吉大社の「山王祭」に注目し、日本の祭りや信仰についても追究しつつ、ご自身も町内の日吉御田神社の氏子に入り、宮番を実際にまかされながら当地域の宮座の組織や共同体の秩序を、当事者として垣根の内側から二〇年以上にわたり研究されている。実に、「途方もなく広い日本」を自らの足で歩き、自らの目で観察し、自らの耳で話を聞き、自らの肌で感じ取る、この基本的な姿勢を常に持ち続け、有形、無形の民俗学を深く掘り下げながら追究していらっしゃる。それができるのは、現地の文化や人々に敬意を持ち、常に学びとるというご姿勢を堅持され、信頼を得てきたからである。これは、民俗学を志す人だけでなく、人が生きる上で大切なことであるのは言うまでもない。

本書の執筆者の中には二〇〇一年に新潟県佐渡で行われた「第二回・祭りはええもんじゃ」――宮本常一先生没二〇周年――に、運営スタッフとして参加した人も多い。宮本常一先生とゆかりの深かった芸能集団（猿舞座、伊勢神楽の一座、春駒、人形芝居などの芸能集団）をお招きし、一週間にわたり佐渡の各地域を回りながら講演会や民俗芸能が催された。この催しは日本の代表的な大道芸を学び、楽しむ会として企画されたものであり、大道芸を間近で観察し、その運営に自ら携わることができた贅沢な「学問の場」となった。

以上述べてきたように本書は、須藤先生の研究スタイルを通して、宮本先生の研究と意志を引き継いだ「過去（これまで）」と「現在（いま）」から、われわれが当事者として構築し、発展・進化させる「未来（これから）」への縁を紡ぐ太い糸となれば幸いである。

なお本書の刊行に際して、徐教授には企画の段階から編集作業、そして出版に至るまで惜しみないご協力をいただいた。また冒頭に述べたように、本書の出版に関しては森本孝氏（民俗研究家）と丸井清泰氏（晃洋書房）のご助力によるところが大きい。最後になったが、私たちの研究を温かく見守ってくださった多くの方々にたいして、この場を借りて感謝申し上げたい。

二〇二二年五月吉日

編者を代表して　黒﨑英花・山田貴生

索　引

さ

た

な

は

ま

や・わ

いる．

柏尾珠紀（かしお　たまき）［第８章］

滋賀大学環境総合研究センター客員研究員．奈良女子大学大学院人間文化研究科博士後期課程修了．農山漁村の暮らしと社会の研究をしている．

中島　智（なかじま　とも）［第９章］

羽衣国際大学現代社会学部准教授．同志社大学大学院総合政策科学研究科中退．文化政策専攻．学生時代に宮本常一の世界に魅了され，同時にまちづくりや環境教育の活動に関わったことをきっかけに，地域文化政策の視点から「観光」を考えている．

ラーザール・マリアンナ（LAZAR MARIANNA）［第10章］

カーロリ・ガーシュパール・カルビン派大学日本学科助教授（ハンガリー）．カーロリ大学日本学科日本史専攻（修士），龍谷大学大学院国際文化学研究科博士後期課程修了（博士）．東アジアにおける四神思想の変遷，四神壁画・四神旗・四神相応の研究，高松塚・キトラ古墳の壁画の研究を行っている．

温　穎（おん　えい）［第11章］

龍谷大学国際学部国際文化専攻．茶文化，特に中国茶文化と人々の暮らし方，社会の在り方，茶の多種類化，飲用習俗等の関わりに関心を持っている．

楊　方昊（よう　ほうこう）［第12章］

龍谷大学大学院国際学研究科博士後期課程単位取得退学，日本中国考古学会会員．専攻は隋唐考古学，ソグド人墓とシルクロード文化交流研究．黄河流域のソグド人墓は長い間研究してきたが，新疆地区で古代東西文化交流によってできた「面白い物語」にも興味を持つようになった．

阪口有美子（さかぐち　ゆみこ）［第13章］

JASSO 大阪日本語教育センター非常勤講師．龍谷大学大学院国際文化学研究科博士後期課程修了．現在の日本がどのように形成されたのか，古代にさかのぼり周辺地域とのかかわりを，人口，文化の移動，その原因について考察する．

神先明日香（かんざき　あすか）［コラム１］

龍谷大学国際文化学部卒業．馬で旅したモンゴル草原，曾祖父母の故郷の能登の海岸など，「自分の足で歩き，人と話し，同じものを食べた」「須藤式」の旅を子どもたちに繋ぎたい．

田中康則（たなか　やすのり）［コラム２］

龍谷大学国際文化学部卒業．人との関係性とコミュニケーションのアプローチの方法に関心を持つ．

《執筆者紹介》(執筆順，＊は編著者)

徐　光輝（じょ　こうき）［はじめに，第14章］

龍谷大学国際学部教授．(中国) 吉林大学大学院考古学研究科博士後期課程修了．中国考古学専攻．東アジア環濠集落と初期国家形成過程のほか，近年には魏志東夷伝や仏教文化にも関心を持っている．

＊須藤　護（すどう　まもる）［序章，終章］

武蔵野美術大学造形学部建築学科卒業，日本観光文化研究所員を経て2014年まで龍谷大学国際文化学部教授．歴史・民俗・地域研究に従事し，近年は「常民文化とは」という問題をテーマにしている．

葉山　茂（はやま　しげる）［第１章］

弘前大学人文社会科学部准教授．総合研究大学院大学文化科学研究科日本歴史研究専攻修了．自然や人間関係などの「環境」を，人々がどのように解釈し，自らの生活の文脈に引き入れて向き合おうとしているかに興味がある．

＊山田貴生（やまだ　たかお）［第２章］

播州三木大宮八幡宮総代，播州三木明石町屋台奉舁会，三木市文化財保護審議会委員，龍谷大学大学院国際文化学研究科博士前期課程修了．祭礼関係者や在野の屋台（太鼓台)・だんじり研究者，職人のご教示を受けながら，屋台本体や装飾品の研究を近年は行っている．

＊黒﨑英花（くろざき　えいか）［第３章］

龍谷大学コリア語非常勤講師．奈良女子大学大学院人間文化研究科博士後期課程修了（学術博士)．中国朝鮮族農村の変容を研究している．東アジア民俗学に探究心をもっている．

櫻井　想（さくらい　そう）［第４章］

龍谷大学社会学部実習助手．龍谷大学大学院国際文化学研究科博士後期課程修了（国際文化学博士)，文化人類学専攻．人々の暮らし（主に，生業や社会関係）と環境との関係について空間と場所の人類学の視点から研究を行っている．

和田光生（わだ　みつお）［第５章］

大津市市民部文化財保護課主査．佛教大学大学院文学研究科日本史学専攻修士課程修了．地域の信仰を中心とした民俗誌，民俗文化財の保護行政について研究している．

越田純市（こしだ　じゅんいち）［第６章］

佛教大学文学部卒業．人の営みによってつくられる景観を研究している．民具の実測調査と聞き書きを続けている．

柴本綾乃（しばもと　あやの）［第７章］

釜炒り茶柴本（静岡県牧之原市の茶農家)．龍谷大学大学院国際文化学研究科博士後期課程単位取得退学．お茶の民俗学を研究し，日本の釜炒り茶，地方茶等の製茶法・喫茶法をはじめ，生活に根付く日常茶に関心を持ち続けている．現在釜炒り茶農家に嫁ぎ，その魅力発信に努めて

民俗学の射程

2022年11月30日　初版第１刷発行　　　＊定価はカバーに
表示してあります

編著者　須　藤　　　護
　　　　山　田　貴　生©
　　　　黒　﨑　英　花

発行者　萩　原　淳　平

印刷者　江　戸　孝　典

発行所　株式会社　晃　洋　書　房
〒615-0026　京都市右京区西院北矢掛町７番地
電話　075（312）0788番㈹
振替口座　01040-6-32280

装丁　野田和浩　　　印刷・製本　共同印刷工業㈱
ISBN978-4-7710-3659-8

JCOPY 〈(社)出版者著作権管理機構　委託出版物〉
本書の無断複写は著作権法上での例外を除き禁じられています.
複写される場合は，そのつど事前に，(社)出版者著作権管理機構
(電話 03-5244-5088, FAX 03-5244-5089, e-mail: info@jcopy.or.jp)
の許諾を得てください.

ニコラ・ボーメール 著／寺尾 仁 監訳
酒　日本に独特なもの
A 5 判 298頁
定価4,180円（税込）

高岡弘幸・島村恭則・川村清志・松村薫子 編著
民俗学読本
――フィールドへのいざない――
A 5 判 248頁
定価2,640円（税込）

島村恭則 著
民俗学を生きる
――ヴァナキュラー研究への道――
A 5 判 250頁
定価2,750円（税込）

西 聡子 著
四国遍路と旅の文化
――近世後期民衆の信心――
菊判 210頁
定価3,190円（税込）

中村隆文 著
スコッチウイスキーの薫香をたどって
――琥珀色の向こう側にあるスコットランド――
A 5 判 180頁
定価2,200円（税込）

松宮 朝 著
かかわりの循環
――コミュニティ実践の社会学――
A 5 判 198頁
定価2,530円（税込）

中村忠司 編著
人はなぜ食を求めて旅に出るのか
――フードツーリズム入門――
A 5 判 186頁
定価2,200円（税込）

岩崎達也・高田朝子 著
本気で，地域を変える
――地域づくり3.0の発想とマネジメント――
A 5 判 136頁
定価1,650円（税込）

晃洋書房